《2023—2024中国区域经济发展报告》

学术委员会

2023—2024

中国区域经济发展报告

——面向"十五五"的区域协调发展

2023—2024 ZHONGGUO QUYU JINGJI FAZHAN BAOGAO

上海财经大学城市与区域科学学院
上海财经大学长三角与长江经济带发展研究院
国家区域重大战略高校智库联盟

张学良　主编

人民出版社

前　言

　　2003 年以来，上海财经大学根据我国区域经济发展的重大命题，邀请国内相关学者共同参与进行专题研究，每年编写并出版《中国区域经济发展报告》，针对中国区域经济发展中的重大理论及现实问题进行专题研究。2003 年的主题是"国内及国际区域合作"，2004 年的主题是"东北老工业基地振兴"，2005 年的主题是"长江三角洲区域规划及统筹发展"，2006 年的主题是"长江经济带区域统筹发展及'黄金水道'建设"，2007 年的主题是"中部塌陷与中部崛起"，2008 年的主题是"西部大开发区域政策效应评估"，2009 年的主题是"长江三角洲与珠江三角洲区域经济发展比较"，2010 年的主题是"长三角区域一体化研究"，2011 年的主题是"从长三角到泛长三角：区域产业梯度转移的理论与实证研究"，2012 年的主题是"同城化趋势下长三角城市群区域协调发展"，2013 年的主题是"中国城市群的崛起与协调发展"，2014 年的主题是"中国城市群资源环境承载力"，2015 年的主题是"中国城市群可持续发展"，2016 年的主题是"长江经济带建设与中国城市群发展"，2017 年的主题是"'一带一路'建设与中国城市群发展"，2018—2019 年的主题是"长三角高质量一体化发展"，2019—2020 年的主题是"长三角一体化与区域协同治理"，2020—2021 年的主题是"江南文化与长三角一体化"，2022—2023 年的主题是"区域协调发展与中国式现代化"。2007 年还以"区域发展总体战略与城市群规划"为专题撰写了《2007 年中国区域经济发展报告特刊》。2003 年至今，这一系列报告已连续出版了 21 本，在社会上形成了很好的口碑，成为上海财经大学的一大学术品牌。2024 年是系列报告持续发布的第 22 年，

《2023—2024 中国区域经济发展报告》将紧扣党的二十届三中全会精神以及区域协调发展重大理论和实践问题，聚焦"面向'十五五'的区域协调发展"主题，深入开展调查研究，系统谋划发展思路。

"十五五"时期是实现第二个百年奋斗目标第一阶段任务、基本实现社会主义现代化承前启后的关键时期。2024 年 7 月，中共中央政治局会议强调，要做好"十五五"规划前期研究谋划工作。党的二十届三中全会强调要"完善实施区域协调发展战略机制"，为"十五五"期间进一步优化区域经济布局、促进区域协调发展明确了前进方向，提出了更高要求。《2023—2024 中国区域经济发展报告》在系统梳理国家重大战略区域"十四五"时期建设发展现状的基础上，研判未来发展态势、机遇、挑战，深刻剖析区域协调发展面临的深层次问题及其原因。研究提出完善区域协同化、一体化、同城化、融合化发展体制机制的总体思路，精准聚焦区域重大战略、发展新质生产力的路径举措，以及区域产业共兴、服务共享、环境共保等方面的具体对策。报告对于科学编制国家、区域、省（自治区、直辖市）"十五五"规划，增强规划的前瞻性、科学性和实效性，实现更高质量的区域协调发展具有重要参考意义。

本报告的研究思路和整体框架如下：第一部分即第 1 章，为总论部分，回顾了"十四五"时期推进区域协调发展取得的成效，并分析了"十五五"时期区域协调发展面临的新形势和政策取向。第二部分为专题研究部分，是本报告的主体部分，包括第 2 章到第 11 章的内容。其中，第 2 章重点介绍了"十五五"时期西部大开发面临的机遇挑战、重点任务以及政策举措，第 3 章介绍了东北全面振兴的总体思路和创新举措，第 4 章分析提出了中部地区实现崛起的重点方向和建议，第 5 章重点分析了东部地区如何加快推进现代化的制度和政策体系，第 6 章介绍了京津冀协同发展的新使命和发展方向，第 7 章重点分析了粤港澳大湾区如何更好发挥高质量发展动力源作用，第 8 章重点着眼于长三角更高质量一体化发展，第 9 章重点分析了成渝地区双城经济圈建设的深入实施，第 10 章介绍了长江经济带发展取得的成就、存在的瓶颈问题以及发展新思路，第 11 章分析了优化黄河流域生态保护和高质量发展机制的战略任务与政策建议。第三部分为数据分析部分即第 12 章，重点整理了中国城市群"十四五"时期的发展现状与"十五五"时期的发展趋势。需要说明的是,本研究报告参考了许多文献资料,在此表示感谢,没有一一列出的,敬请读者谅解。

本研究报告的主题设计、框架确定、观点整合、团队组织由张学良负责。各章撰写工作如下:第1章,张学良、杨羊、吴胜男、易金彪、刘雅琦、玄泽源;第2章,郭爱君、谭君印、段雅斐、王健、张传兵;第3章,刘海军、李方喜、张文烨、闫莉;第4章,杨刚强、侯佳莹、江佳慧;第5章,张贵、胡晋月;第6章,李国平、冯雨雪;第7章,贾善铭,覃成林;第8章,刘乃全、油建盛;第9章,欧璟华、江凌杰、姚树洁;第10章,王振、唐晓超;第11章,余东华、陈海谦、李慧昭;第12章,张学良、杨羊、苏欣怡、曾德源。

张学良

2024 年 12 月

于上海财经大学红瓦楼

目　　录

第一部分　总　　论

第二部分　主体内容

第三部分　数据分析

第一部分　总　论

1

"十五五"时期区域协调
发展形势及政策取向

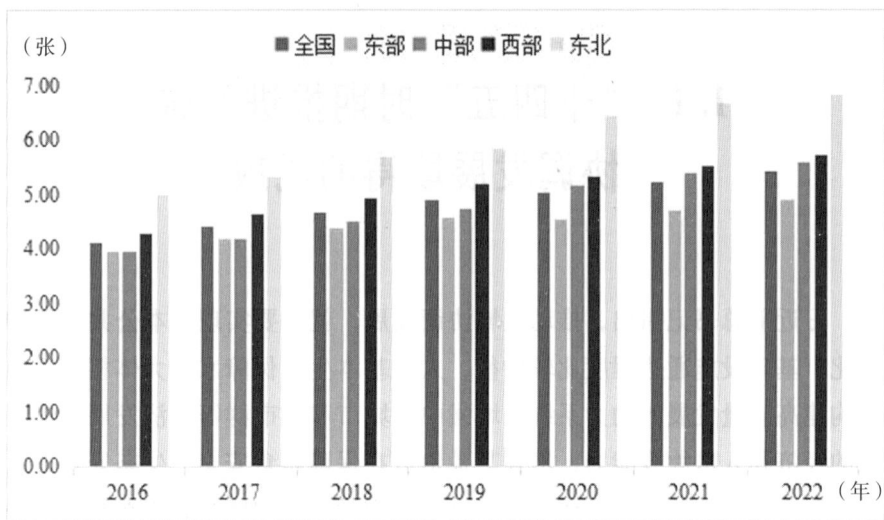

图 1-1　每千人口医院床位数

资料来源：《中国统计年鉴》。

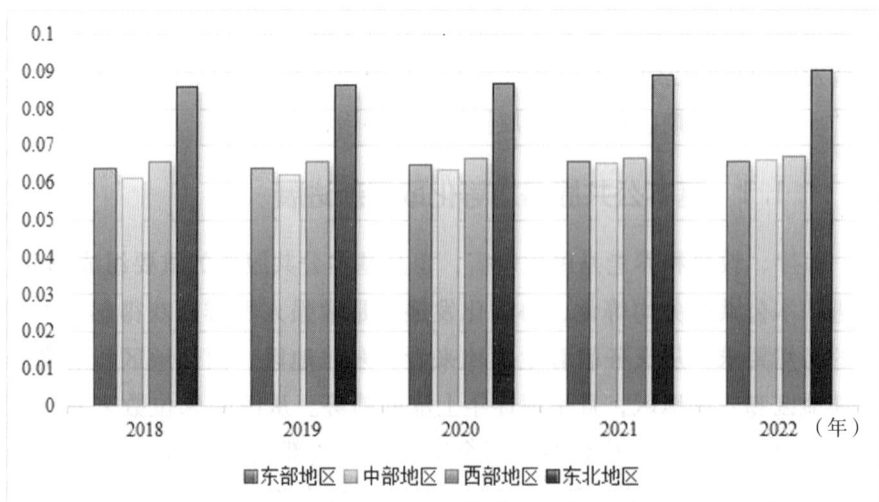

图 1-2　义务教育师生比

资料来源：《中国统计年鉴》。

1.1.2 基础设施通达程度更加均衡

交通基础设施是促进区域协调发展的有力支撑,其中铁路和公路扮演着关键角色。作为国民经济的大动脉和交通基础设施现代化的重要标志,铁路和公路的发展不仅为广大人民群众出行提供安全舒适便捷的交通方式,更能深刻影响城市格局、人口布局、经济版图的变化,加速推进区域协调发展。2022年,我国铁路营业里程154906.5公里,其中中部占比约23%,西部占比约41%,中西部占全国比重超过60%;东北地区铁路营业总里程超过1.9万公里,路网密度超过全国平均水平。西部地区高速公路、国省干线公路连线成网,路网密度日益提升。此外,中西部地区新型基础设施建设成效显著,区域电网结构持续优化,特高压工程建设加快推进,跨区域输电能力有效提升。

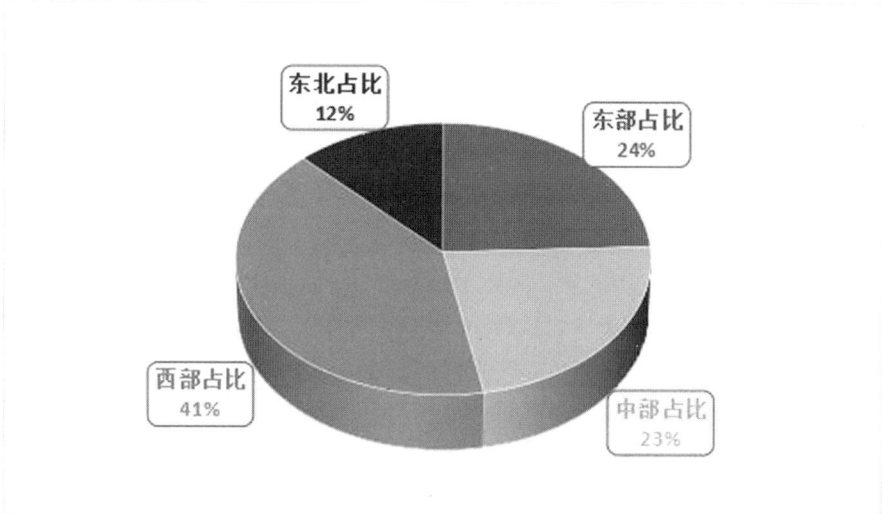

图1-3 2022年铁路营业里程的区域占比图

资料来源:《中国统计年鉴》。

1.1.3 区域间人民生活水平差距进一步缩小

人民生活水平是展现人民美好生活的直接体现,缩小区域间人民生活水平差距是推动区域协调发展和共同富裕的应有之义。东—西、中—西、东北—西、东—中、中—东北的居民人均可支配收入之比较为稳定，多数比较呈现波动中下降趋势。从城乡发展差距来看，农村居民人均可支配收入增速远超城镇居民人均可支配收入。2023 年城镇居民人均可支配收入 51821 元，扣除价格因素比上年实际增长 4.8%；农村居民人均可支配收入 21691 元，扣除价格因素比上年实际增长 7.6%。

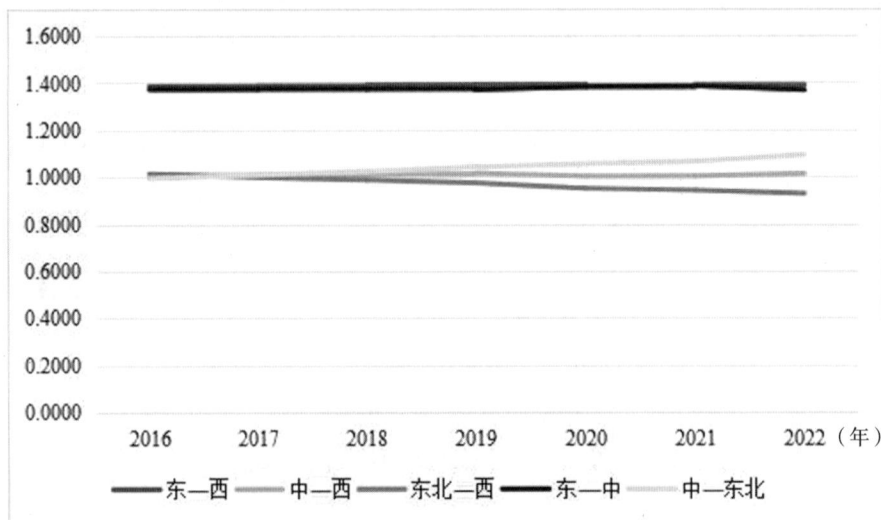

图 1-4 区域居民人均可支配收入之比

资料来源：《中国统计年鉴》。

1.1.4 区域发展的平衡性明显增强

随着西部大开发、东北振兴、中部崛起和东部率先发展等战略的实施，我国区域发展的平衡性明显增强，总体来看，区域经济总量不断增加，相对差距呈现逐步缩小态势。2023 年，东部地区生产总值 652084 亿元，比上年增长 5.4%，对全国经济增长的贡献率达到 53%，持续发挥"挑大梁"作用；中部地区生产总值 269898 亿元，增长 4.9%；西部地区生产总值 269325 亿元，增长 5.5%，基础设施条件大为改善，陆海新通道建设加速推进；东北地区生产总值 59624 亿元，增长 4.8%，统筹资源型地区转型发展。

1.1.5 中心城市和城市群承载力不断提升

中心城市和城市群是承载发展要素的主要空间形式，形成以中心城市为核心，大中小城市和小城镇合理配置的城镇体系是实现区域协调发展的必然要求。"十四五"时期，京津冀协同发展、长三角一体化发展、长江经济带发展、粤港澳大湾区建设、黄河流域生态保护和高质量发展等区域重大战略深入推进，中心城市和城市群引领带动作用持续显现。2023 年京津冀地区生产总值 104442 亿元，比上年增长 5.1%；长江经济带地区生产总值 584274 亿元，增长 5.5%；长江三角洲地区生产总值 305045 亿元，增长 5.7%。粤港澳大湾区深中通道等系列民生工程建成投入使用；长三角地区"GDP 万亿之城"达到 9 个；长江大保护稳步推进，黄河流域生态屏障功能稳固提升。从国家中心城市人口密度来看，西安市、武汉市、郑州市等中心城市人口承载能力持续上升，北京市受到非首都功能疏解的影响，人口密度有所下降。

1.2 "十五五"时期推进区域协调发展面临的形势

宏观经济环境复杂多变，全球经济格局加速调整，不确定性因素增多。在此背景下，推进区域协调发展不仅是破解发展不平衡不充分问题的关键路径，也是推动高质量发展的内在要求。"十五五"时期是我国迈向社会主义现代化强国新征程的关键时期，深入分析这一时期推进区域协调发展面临的形势，对于制定科学合理的区域发展政策、实现高质量发展具有重要意义。

1.2.1　全球热点问题持续发酵

近年来，全球局势的不稳定性、不确定性、不均衡性持续上升，俄乌冲突、巴以冲突、中美角力等全球热点问题持续发酵，逆全球化趋势日益抬头，国际环境紧张形势不减，对全球能源、资源、粮食及地缘政治格局产生了深远影响，对我国维护安全稳定和区域合作交流提出了更高的要求。在此背景下，区域协调发展的重要性日益凸显。国际冲突和地缘政治紧张局势引发的一系列紧急事态对国家安全稳定构成威胁，如能源供应中断、国际市场动荡、粮食价格波动等。一个强大的、协调有序的区域应急管理体系能够有效应对这些挑战。通过区域协调发展战略在全国范围内协调区域间的行动，各地可以快速响应，形成合力。例如，在物资调配、能源供应保障、人员疏散和救援等方面，全国各地可以迅速整合资源，调动力量，从而实现高效的危机应对。

伴随着创新、协调、绿色、开放、共享发展理念的提出，区域协调发展战略进一步走深走实，京津冀协同发展、长三角一体化、粤港澳大湾区建设、长江经济带发展、黄河流域生态保护和高质量发展等区域战略之间合作联动，通过优势互补、协同发展来增强整体抗风险能力，形成内外联动、互相支撑的格局，以应对外部环境变化对单个区域的冲击，有助于增强国家整体的发展韧性，推动区域协调发展向更高水平迈进。

1.2.2　全球产业链重构加速

近年来，全球产业链在疫情和贸易摩擦的冲击下加速重构，各国更加注重产业链的安全性和稳定性。随着国内劳动力成本上升、经贸摩擦等长短期因素叠加，我国逐步深入全球产业布局调整之中。部分地区产业链和价值链面临空间重组和网络重构的压力，这在对国内产业链内部主体间稳定性和升级进阶造成影响的同时，也为区域间产业协同发展和增强产业链韧性提供了机遇。

全球产业链的重构使得部分依赖国际市场和全球供应链的行业受到较大冲击，随着国内劳动力成本的上升和国际市场竞争的加剧，劳动密集型产业面临着生产环节外迁和市场份额萎缩的风险。同时，国际贸易摩擦也进一步凸显核心技术"卡脖子"和脱钩断链等问题。"十五五"时期，全球产业链的加速重构迫使产业协同发展仍然需要重点关注供应链风险、技术壁垒和市场变化的多重挑战。与此同时，全球产业链重构也为"十五五"时期产业协同发展带来新机遇。国内产业升级和创新能力提质增速，推动高端制造业、信息技术、新能源等战略性新兴产业的发展，为全球产业链重构提供了新的动力。全球产业链的不确定性促使我国加快产业链自主可控的进程，特别是在关键核心技术、原材料和高端装备制造领域，更加注重增强国内产业链的韧性和稳定性。

全球产业链调整为区域间的产业协同发展提供了新的契机。我国不同区域的产业基础、资源禀赋、技术水平等各具特色，通过区域间优势互补、资源共享实现产业链上下游联动和创新协同，能够增强产业体系的整体竞争力和抗风险能力。

1.2.3　科技创新竞争加剧

全球科技创新竞争日益激烈，新技术、新业态不断涌现正在深刻影响经济社会文化方方面面，成为推动社会经济发展的主要动能。新时代中国经济的发展动力正逐步由传统生产要素投入、资源投入、出口拉动等向科技创新驱动转变，科技创新日益成为中国经济发展的主引擎。当前，我国形成了以京津冀、长三角、粤港澳大湾区为支撑的创新高地，战略性新兴产业、高端制造业、数字信息产业等空间集聚趋势不断增强，产业特色日益明显。然而我国各大区域板块以创新为引擎的核心竞争力分化明显，仍然存在科技创新的薄弱环节，例如，区域协同创新和创新要素跨区域配置仍然有提升空间；关键核心技术领域仍存在"卡脖子"问题，尤其是在高端制造、芯片、基础科学等领域的自主创新能力仍需提升；科研投入逐年增加但科研成果的转化率仍不高，很多技术和创新成果停留在实验室阶段，难以转化为实际的生产力；等等。

"十五五"期间，前沿和颠覆性技术迭代将持续加速，系列新技术新业态将不断涌现，技术创新到产业落地的"窗口期"将不断收窄，同时国家主导的未来产业政策在各国中的地位和作用进一步凸显。解决区域创新联动、科技支撑能力提升、创新链条衔接和科研成果转化等问题，不仅是科技创新面临的紧迫形势，也是推动我国新质生产力进一步提升的关键。

1.2.4　新时期对经济高质量发展提出更高要求

高质量发展是全面建设社会主义现代化国家的首要任务，相比于过去依赖资源投入、资本扩张和低成本优势的增长模式，高质量发展更加强调创新、协调、绿色、开放、共享。完整准确全面贯彻新发展理念，对区域协调发展提出了更高的要求，需要各大板块在经济发展、生态保护、绿色低碳、社会民生等方面实现协同共进。

新一轮科技革命和产业变革深度演进，全球主要发达国家和地区均加快未来产业布局，以抢占未来科技发展战略制高点。"十五五"时期，聚焦新质生产力发展特别是人工智能、量子科技、生物技术等前沿技术和未来产业发力是面向未来国际科技竞争的必然要求。随着全球气候变化和生态环境问题日益严重，绿色低碳已成为世界各国追求的共同目标。当前我国部分地区碳排放强度趋近饱和，如何发挥板块协同优势探索减污降碳的区域协调体制机制是未来面临的主要任务。

随着我国社会主要矛盾的转变，人民日益增长的美好生活需要和不平衡不充分的发展之间的矛盾愈加突出。要实现全体人民共同富裕，在推动经济高质量发展的同时，必须更加关注民生福祉，提升公共服务水平，缩小区域发展差距。探索区域间教育、医疗、养老等公共服务领域的合作与共享，有助于提升全国民生保障的均衡性，也是区域协调发展的重要方面。

1.2.5　经济地理新格局走向海权陆权并重时代

在全球化进程加速、国际格局深刻变化的背景下，我国的经济地理格局也逐渐从海洋时代转向海权与陆权并重的新时代。在过去，全球海洋经济的迅速发展以及海上贸易运输的不断扩张，使海权逐渐成为国家发展的重要战略支点。我国拥有漫长的海岸线和丰富的海洋资源，海权的拓展对于提升国家综合实力、保障国家安全具有不可替代的作用。与此同时，陆权作为国家发展的传统优势，依然在推动内陆经济发展、促进国家整体经济布局中发挥着不可或缺的作用。目前我国"八横八纵"铁路建设配合"一带一路"倡议及中欧班列,形成了沿江、沿边、沿界全方位开放。从更广泛的战略视角来看,正是对陆权与海权整合的积极探索。陆海统筹的战略布局既有助于巩固我国在欧亚大陆的陆路优势,也有助于在全球范围内拓展海洋权益。

海权与陆权并重的时代到来,要求区域协调发展不再是单纯的区域内部调整,而是全球视野下的战略考量。"十五五"时期,区域协调发展必须要考虑到全球经济格局、交通网络的变化以及海陆资源的联动使用,才能更好地应对复杂多变的外部环境,提升国家在全球竞争中的综合实力。

1.2.6 缩小城乡发展差距依旧是艰巨任务

尽管近年来我国在城乡统筹发展方面取得了显著成效,但城乡二元结构依然突出,特别是在基础设施、公共服务、产业发展等关键领域,农村地区与城市之间的差距仍然较大。

从产业发展来看,农村地区产业结构相对单一,产业链条相对较短,产业发展滞后限制了农村经济的发展活力。同时农村地区在新型基础设施、能源供应、高品质公共服务等方面仍存在明显不足。尤其是偏远山区和中西部农村地区,基础设施的薄弱导致城乡之间的要素流动不畅,限制了农村地区的经济发展,削弱了农村地区吸引投资和劳动力的能力,加剧了城乡间的发展不平衡。优质教育、医疗、养老资源高度集中在城市,农村地区长期面临"看病难、上学难、养老难"的问题。

城乡发展差距不仅是经济发展问题,也是社会和谐稳定和城乡融合发展的重要议题,更是区域协调发展的重要任务。"十五五"时期,面对仍然难以弥合的城乡发展鸿沟,当务之急是构建城乡融合发展体制机制,促进城乡要素的自由流动和资源的合理配置,特别是要推动农村土地制度改革,释放农村发展潜力;同时,鼓励城乡联动,推动城市的技术、资金、治理经验等下乡,促进城乡融合发展。

1.3 "十五五"时期统筹区域高质量发展和区域协调发展的思路

党的二十届三中全会审议通过了《中共中央关于进一步全面深化改革、推进中国式现代化的决定》（以下简称《决定》）。《决定》强调，要完善国家战略规划体系和政策统筹协调机制，加强国家重大战略深度融合，完善实施区域协调发展战略机制；完善区域一体化发展机制，构建跨行政区合作发展新机制，深化东中西部产业协作，构建优势互补的区域经济布局和国土空间体系。作为新时代国家重大战略之一，区域协调发展是实现高质量发展的关键环节，更体现了中国式现代化的价值取向。"十五五"时期，需要进一步优化区域经济发展空间布局，健全区域协调发展战略机制，确保区域高质量发展与协调发展并举。当前，优化区域经济发展空间布局应重点推进以"中心城市—都市圈—城市群"空间体系为基础的协调联动发展格局、完善区域江河联动，共筑中国"π"字形发展主轴的空间发展格局、构建区域大小"钻石菱形"空间协同发展新格局。为此，"十五五"时期应持续完善区域协调发展战略机制，以城市群、都市圈为依托，构建大中小城市协调发展格局；调整优化区域政策体系，以区域板块合作推进江河海联动；合理实施差异化区域政策，完善"钻石菱形"区域协调发展机制。

1.3.1 以都市圈、城市群为依托，构建大中小城市协调发展格局

一是破除联动发展的体制机制障碍，统筹资源要素空间配置。要加快破除限制资本、技术、产权、人才、劳动力等生产要素自由流动和优化配置的体制机制障碍，清除行政壁垒和市场分割；探索建立城市群发展协调机制，推动跨地区投资、地区生产总值、财税等利益分享机制构建，完善

共建共享、协作配套、统筹互助的区域协调发展政策体系；加强创新合作机制建设，构建开放高效的创新资源共享网络，推动跨区域城市间产业分工、基础设施、生态保护、环境治理等协调联动，推动各种生产要素按照市场规律在区域内自由流动和优化配置。二是要优化区域分工和产业布局。立足现代产业分工要求，合理配置产业分工特别是制造业分工，推动城镇间产业整合与园区共建，理顺城市群都市圈产业发展链条，形成区域间产业合理分布和上下游联动机制。结合资源禀赋和区位优势，明确各城市主导产业和特色产业，强化大中小城市和小城镇产业协同，逐步形成横向错位发展、纵向分工协作的区域发展格局。三是推进区域基础设施一体化，提升互联互通水平。统筹规划与推进区域重大基础设施建设，强化各类交通网络基础设施标准跨区域衔接，科学规划并建设以现代化、智能化交通网络为代表的基础设施体系，加快构建快捷、高效、安全、低成本的综合交通网络，为城市群与都市圈的协同发展奠定坚实基础。

1.3.2 优化调整区域政策体系，以区域板块合作推进江河海联动

一是建立区域战略统筹机制。一方面，由长江和黄河流域各省级政府牵头，制定跨部门、跨地区的综合性区域发展规划，充分考虑区域资源禀赋、产业基础与生态环境等因素，明确各区域的发展定位、目标及路径。强化区域政策的协同性，建立政策效果评估机制，对政策实施效果进行定期评估并及时调整优化。另一方面，建立江河海联动的区域协调发展联席会议制度。设立由相关部委、地方政府及专家学者组成的联席会议，研究解决区域协调发展中的重大问题，推进跨区域重大项目建设，形成上下联动、左右协同的工作机制。二是深化区域合作机制。鼓励长江和黄河流域地方政府、企业、高校及科研机构等主体建立多种形式的区域合作平台，如产业联盟、技术转移中心和创新合作园区等，通过平台促进资源共享、技术交流和市场拓展。同时，加强区域间人才交流与合作，建立区域人才流动机制，鼓励人才跨区域自由流动和创新创业。进一步加强区域间在人才培养、引进和使用等方面的合作与交流，提升区域整体人才竞争力。三是健全市场一体化发展机制。一方面，推进要素市场一体化，打破省际行

政壁垒和区域分割，推动劳动力、资本、技术等生产要素在区域间自由流动和高效配置。建立统一的市场准入标准和监管体系，降低市场准入门槛，营造公平竞争的市场环境。另一方面，加强区域市场信息共享。利用大数据、云计算等现代信息技术手段，建立区域市场信息共享平台，实现市场信息的互联互通。同时，鼓励区域间企业加强合作，共同构建跨区域的产业链和供应链体系。通过联合研发、技术转移、品牌共享等方式，促进区域间产业的深度融合和协同发展。

1.3.3 合理实施差异化区域政策，完善"钻石菱形"地区协调发展机制

一是创新区域政策调控机制。一方面，实施差异化区域政策，实现政策的精准施策和有效落地。例如，对于大小"钻石菱形"地区内部的省际毗邻地区等欠发达地区，可以加大财政转移支付力度，提供税收优惠和金融支持，促进产业发展和基础设施建设；对于生态敏感区域，则实施更加严格的生态环境保护政策，鼓励绿色发展和生态补偿机制建设。另一方面，建立政策效果评估与调整机制。定期对已出台的区域政策进行评估，分析政策实施效果及存在的问题。根据评估结果，及时调整和优化政策措施，确保政策目标的顺利实现。同时，建立政策反馈机制，及时收集市场主体和基层政府的意见和建议，为政策调整提供科学依据。二是健全区际利益补偿机制。通过财政拨款、社会捐赠等方式筹集资金设立区域发展基金，用于支持"钻石菱形"地区欠发达地区经济社会发展，对为区域协调发展做出贡献的地区给予适当的税收返还和转移支付支持，促进区域间财力均衡和公共服务均等化。同时，建立生态补偿机制，对生态保护区、水源涵养区等生态功能重要区域实施生态补偿政策。通过财政补贴、税收优惠等方式对生态保护者进行经济补偿和激励，促进生态环境保护与经济社会发展的良性循环。三是完善基本公共服务均等化机制。一方面，推动基本公共服务标准化。制定基本公共服务标准体系，明确各项服务的质量标准和供给要求。通过标准化建设提升基本公共服务的供给质量和效率，确保城乡居民享受到均等化的基本公共服务。另一方面，加强基层公共服务体系建设。注重加强基层公共服务机构和能力建设，提升基层公共服务水

平。通过实施基层公共服务设施改造升级工程、加强基层公共服务人员培训等措施,提升基层公共服务能力。

1.4 "十五五"时期推动区域协调发展向更高水平迈进的政策建议

1.4.1 激发经济要素活力,推动高质量发展

一是培育壮大新动能。首先,发挥中心城市的资源优势和辐射带动作用,加快形成研发在中心城市、制造在周边区域的产业链分工格局。同时,积极培育具有控制力与根植性的链主企业和龙头企业,推动产业链上中下游、大中小企业融通发展,健全提升产业链供应链韧性和安全水平,构建一体化、高效能的产业链供应链生态体系。其次,把握新一轮科技革命和产业变革趋势,以新一代信息技术赋能产业提质增效,加快传统产业改造升级,培育壮大新兴产业,前瞻布局未来产业,构建以先进制造业为骨干的现代化产业体系。最后,坚持数字化、智能化、绿色化导向,实施大规模设备更新和制造业技术改造升级工程,开展绿色创新企业培育行动,加快数字化绿色化融合技术创新研发和应用,推动制造业绿色低碳转型。

二是聚焦科技创新。首先,聚焦国家需求与科学前沿的重大问题,加强基础研究和原始创新,持续加大研究投入,集聚优势资源力量,实施重大科技攻关专项,滚动编制关键核心技术攻关清单,推动关键核心技术自主可控,实现更多"从0到1"的重大原创突破。其次,打造高能级创新平台体系,有效整合各类科技创新资源,推动"政产学研用"各环节紧密衔接,围绕关键领域开展核心技术及成果转化,为加快形成和发展新质生产力培育新动能。最后,注重高层次人才培养规模与质量,加强重点关键领域基础研究、产业技术研发等人才培养,同时完善科教融合和产教融合

育人机制，加快培育一批拥有科研创新能力、科技成果转化能力和创业潜力的人才，为发展新质生产力提供丰沛的智力支持和人才保障。

三是强化产业合作。首先，破除各类行政壁垒、地方保护和行业垄断，制定统一规则和标准，健全要素市场运行机制，推进各类要素在更大区域范围内高效流动、配置和增值，激发各类市场主体活力。深化公共资源交易平台整合共享，提高公共资源交易配置效率和公平性。其次，发挥各地比较优势，加强区域间"优势互补"与"错位发展"，优化生产力空间布局和产业分工体系，强化产业链上下游协同，打造跨区域产业集群，促进区域经济高效循环和产业关联畅通。最后，建立跨区域产业合作机制，创新多元化区域合作模式，探索涵盖技术交流、人才互动、税收分成等多方面的产业合作价值体系，支持跨区域共建产业园区、合作开发区，鼓励探索飞地经济等模式。推动跨区域产业基础设施和平台资源共享，强化资源跨区域对接共享、金融与人才要素的跨区域高效匹配、产业链创新链的跨区域融合提升。

1.4.2 打造宜居宜业环境，创造高品质生活

一是持续夯实生态本底。首先，将系统观念贯穿到生态保护全过程，建立健全环境污染联防联治机制，统筹推进大气、水环境和土壤污染防治工作，加强固体废物、新污染物、塑料污染治理。同时，要结合不同地区的自然资源禀赋和生态环境容量，因地制宜设定治理评价标准，分类确定治理标准和目标任务，确保生态环境治理工作常态长效开展。其次，建立健全源头保护和全过程修复治理相结合的工作机制，科学推进生态系统保护与修复，强化全过程跟踪监测、效果评估以及后期管护，将绿水青山转变为金山银山，提高区域协调发展的"绿色"。最后，探索完善生态系统生产总值（GEP）核算应用体系，加快核算成果多元应用，完善生态产品价值实现机制。建立健全生态产品市场交易体系，推动碳排放权交易市场化发展，并发挥绿色金融的牵引作用，引导金融机构和社会资本参与生态产品价值实现。同时，推进生态综合补偿，完善纵向生态保护补偿制度，健全横向生态保护补偿机制，建立市场化生态保护补偿机制。

二是提升公共服务能级。首先，加快完善综合立体交通网，进一步推

动干线铁路、城际铁路、市域（郊）铁路和城市轨道交通"四网融合"，并按照"零距离换乘、无缝化衔接"的要求，建设区域性、全国性的综合交通枢纽。其次，聚焦教育、医疗卫生、养老服务、就业创业、社会保障等重点领域，完善基本公共服务制度体系，加强普惠性、基础性、兜底性民生建设，健全覆盖全人群全生命周期的民生服务供给机制。最后，建立强有力的保障机制和严格的标准体系，实施一批城乡联动项目，加快发展城乡教育联合体和县域医共体以及推动乡村公共基础设施的建设和优化升级，促进城乡基础设施、公共服务联动发展。实施文化惠民工程，加快构建城乡一体的现代公共文化设施网络。

三是推动文旅融合发展。首先，增强文化自信，发展社会主义先进文化，弘扬革命文化，传承中华优秀传统文化，建立中华优秀传统文化数据库和资料库，实施文物建筑活化利用培育计划，完善非物质文化遗产保护传承机制。其次，顺应信息技术迅猛发展新形势，完善优秀文化人才队伍建设，优化文化服务和文化产品供给机制，实施"文化金名片"海外传播工程，加强国际传播能力建设，讲好中国故事。最后，优化文旅融合发展体制机制，发展高品质旅游产品，提升发展红色旅游、乡村旅游、生态旅游、康养旅游、研学旅行等特色服务，积极发展低空旅游、夜间旅游等新业态。同时，加强文旅大数据应用开发，搭建文旅资源信息服务平台和智慧旅游平台，培育线上数字化体验产品，开发沉浸式体验、虚拟展厅等服务功能。

1.4.3 扩大对内对外开放，实现高水平开放

一是扩大高水平对内开放。首先，处理好核心与边缘的关系，充分发挥中心城市、都市圈、城市群的带动作用，以区域重大战略联动为引领，提升中心城市的核心能级，并引导大城市功能有序向周边中小城市纾解。此外，不断深化城市错位发展理念，建立网络化产业集群组织，拓展城市合作广度和深度。其次，处理好核心与核心的关系，一方面，加强区域重大战略间的协调对接，加快构建由京津冀、长三角、粤港澳三大城市群、成渝地区双城经济圈以及郑（州）洛（阳）西（安）高质量发展合作带五大板块共同构成的大"钻石菱形"空间协同发展格局。另一方面，以武

汉、成都、重庆、郑州和西安五大国家中心城市为支点，联动相应的都市圈与城市群，共同构成中西部地区小"钻石菱形"巨型城市区域，强化长江与黄河的战略联动，推进区域协调发展全国一盘棋。最后，处理好边缘与边缘的关系，一方面，加快推进欠发达地区和城市立体化交通体系建设，以承接产业转移示范区、跨省合作园区等平台为抓手，建立发达地区和欠发达地区的联动机制。另一方面，鼓励省际毗邻地区打破行政地域和资源禀赋限制，积极融入国家重大战略和规划，探索省际毗邻地区合作新机制，并总结长三角生态绿色一体化发展示范区等小尺度、跨区域、精准化的区域合作载体建设经验，谋划一批省际毗邻区域融合发展新样板。

二是扩大高水平对外开放。首先，紧扣扩大制度型开放和优化区域开放布局等，大力推进国际开放平台建设，充分发挥各类对外开放平台的示范引领作用，稳步扩大规则、规制、管理、标准等制度型开放，扩大自主开放和单边开放，完善高水平对外开放体制机制。其次，扎实推进国际陆海贸易新通道，中西部地区坚持对内对外双向开放，陆权与海权并重，推动陆港型全球城市建设，东部地区依托先发优势在制度型开放方面先行先试，共同构建陆海联动、东西互济、各展所长的开放新格局。最后，深化外贸体制改革，拓展重点市场供应链产业链，促进产品贸易向价值链贸易升级，同时扩大自主品牌产品出口，利用数字化和绿色化推动传统外贸转型升级，提升在全球产业链价值链中的地位。

三是优化开放制度环境。首先，加快营造市场化、法治化和国际化一流营商环境，深化行政审批制度改革，最大限度精简行政审批事项和环节，强化部门协同联动，推行一站式审批。同时，加强营商环境法治建设，建立健全高效的知识产权综合管理体制，加大对经营主体权益保护力度，保障各类企业公平参与市场竞争。其次，积极推进有关法律和行政法规制定修订，主动与国际高标准经贸规则兼容对接，合理缩减外资准入负面清单，推动准入负面清单事项全流程网上办理，提升准入政策透明度和负面清单使用便捷性。最后，扩大鼓励外商投资产业目录，持续放宽外资市场准入，建立外商投资企业一站式服务联络点，完善投资便利化机制。完善外资企业圆桌会议制度，及时协调解决外资企业困难问题，依法保护外商投资权益。

‍

1.4.4 创新社会治理模式，探索高效能治理

一是强化安全治理。首先，严守国土空间规划红线，按照"三区三线"和城镇建设用地用途管制要求，结合区域一体化发展、城镇结构优化和城乡融合等需要，合理划定区域城镇开发边界，持续优化区域经济结构和空间结构。同时，依托国土空间规划"一张图"实施监督信息系统，推进国土空间治理数字化转型，加强国土空间规划全生命周期管理。其次，严守生态保护红线，巩固绿色发展底线，科学划定生态保护红线、底线和生命线，并全面落实主体责任，建立健全生态环境保护考核评价体系，定期开展生态红线保护成效监测评估，强化生态保护红线刚性约束。完善生态环境预警体系，建立健全跨部门、跨区域的环境事件应急协调联动机制。最后，严守安全生产红线，坚持安全第一、预防为主，层层落实安全生产主体责任，将安全生产纳入高质量发展评价体系，提高风险隐患排查整改质量。开展好"安全生产月"活动，消除安全监管盲区，加强风险监测预警。加强基层应急管理规范建设，定期开展干部队伍专业技能培训和实战化、常态化应急演练，提升基层应急管理能力。

二是推动社会治理智能化。首先，创新数字政府建设体制机制，充分利用先进数字技术，建立健全大数据资源平台。以问题导向和需求导向为引领，持续推进公共数据共享开放和开发利用，推动先进数字技术与公共服务和社会治理深度融合，提升社会治理效能。其次，拓展"一网通办"服务领域，实现与企业群众生产生活密切相关的服务全部接入，加快实现"一件事"全流程"最多跑一次"。推进线上线下标准一致、渠道互补，完善线下服务方式，充分保障运用智能技术困难人群的办事需求，提高各类人群办事便利度和普惠化服务水平，逐步消除"数字鸿沟"。最后，加强对基层社会治理工作者的培训，建立完善数字化转型培训课程体系，全面提高基层社会治理工作者的专业能力。优化社会治理人才培养体系和职业发展体系，健全激励机制和评价机制，完善专业人才职称评审。评选专业能力强、服务水平高、具有示范性的基层社会治理工作者优秀典型，以点带面，提升基层社会治理工作者队伍整体综合素质。

三是推进区域协同合作。首先，建立长效的联动合作机制，探索建立

以政府、市场、社会共同主导的长效联动合作机制，搭建多层次多领域合作平台，并针对区域合作过程中的关键性问题定期开展专题讨论，高效沟通区域协同发展诉求、面临问题及解决办法，加强跨区域跨部门间的联动。鼓励省际毗邻区域开展深度合作，以小尺度、跨区域、相对精准且有合作基础的示范区作为省际交界区域合作的重要突破口，率先打破跨行政区域发展中的体制机制障碍，推动跨区域产城融合发展。其次，以产业园区为突破口，推动跨区域产业转移、重大基础设施建设管理和园区合作，实现供应链、创新链、资金链的联动发展。在基础设施、产业协同、生态环境、要素流动、财税分享、公共服务、联防联控等方面共建区域合作机制和利益协同机制，构建共同治理新格局。最后，统筹新型工业化、新型城镇化和乡村全面振兴，全面提高城乡规划、建设、治理融合水平，促进城乡要素平等交换、双向流动，缩小城乡差别，促进城乡共同繁荣发展。推动"互联网+政务服务"向乡村延伸，加快部署政务通用自助服务一体机，完善政务自助便民服务网络布局，加快政务服务覆盖乡村基层群众"最后一公里"。

第二部分　主体内容

2

面向"十五五"的西部大开发战略

西部大开发是党中央作出的重大战略决策，"十四五"时期，西部地区发展成效显著，为国家发展提供了广阔的战略空间。面向"十五五"，西部地区要一以贯之贯彻落实好党中央推动西部大开发的政策举措，进一步形成大保护、大开放、高质量发展新格局，提升区域整体实力和可持续发展能力，在中国式现代化建设中奋力谱写西部大开发新篇章。

2.1 "十四五"时期西部大开发
取得的成就与存在的问题

2.1.1 取得的成就

"十四五"时期，在党中央、国务院的正确领导下，在西部地区各族干部群众的共同努力下，西部地区经济社会等各项事业建设取得全面进展。

一是经济实力显著增强。经济总量持续稳定增长，2020—2023 年，西部地区国内生产总值从 21.3 万亿元增长到 26.9 万亿元，年均名义增长8.1%，经济总量占全国比重较 2020 年提高了 0.44 个百分点。三次产业占比由 2020 年的 11.95：36.81：51.24，调整为 2023 年的 11.33：38.63：50.04[①]，第二产业占比进一步提升。市场主体发展加快，2021—2023 年新登记市场主体 2457.57 万家，年均增速达到 18.67%[②]。

---

① 作者基于西部各省、直辖市、自治区国民经济和社会发展统计公报整理得到。
② 数据来源于企查查官网（https://www.qcc.com/）。

二是开放合作成效显著。2021—2023 年西部地区布局建设 6 个自贸试验区和 40 个综合保税区，累计开行中欧班列 3.5 万列，覆盖欧洲全境，占全国总数的 50.5%①，累计开行西部陆海新通道铁海联运班列 1.42 万列，货物流向全球 124 个国家和地区的 518 个港口，进出口总额达 16.47 亿美元，开创了国际运输新格局②。

三是生态环境明显改善。"十四五"时期，西部地区组织实施 24 个国土绿化试点示范项目以及 7 个全国重要生态系统保护和修复重大工程的 30 项重点任务，山地绿色覆盖指数均值达到 82.1%，植被覆盖率达到新中国成立以来的最高值，现拥有 29 处国际重要湿地、21 处国家重要湿地和 308 处国家湿地公园，以及 140 处湿地类型的自然保护地③，森林和草原面积逐年增加，河流湿地保护恢复初见成效。2021—2023 年水土流失面积累计减少 4.28 万平方公里，较 2020 年累计减少 1.88%④，水土流失防治持续改善。

四是基础设施建设取得突破性进展。截至 2023 年末，西部地区高速公路网总里程超过 7.8 万公里，13 个城市开通轨道交通，总里程达到 2248 公里⑤，交通基础设施供给和服务能力得到明显提升。2022 年东数西算工程正式启动，国家在内蒙古、四川、重庆、贵州、甘肃和宁夏布局建设了六个国家数据中心集群，新型基础设施建设稳步推进。目前西部 5G 基站数量达到 104.3 万个，5G 移动电话用户数达到 2.41 亿户，463.2 移动互联网接入流量 463.2 亿 GB，千兆以上固定宽带接入用户渗透率达到 28.6%，与东部、中部地区的差距逐渐缩小。⑥

五是城乡融合发展取得积极成效。西部地区农业转移人口市民化进展

---

① 数据来源于《开新局、闯新路、绘新篇——新时代西部大开发观察》，见 http：//www. news. cn/politics/20240511/71e9a91d6bfd40d5a6d59710f09a1125/c. html。

② 作者基于西部各省、直辖市、自治区国民经济和社会发展统计公报整理得到。

③ 数据来源于国家林业和草原局（https：//www. forestry. gov. cn/）。

④ 数据来源于 2021—2023 年《中国水土保持公报》，见 http：//www. swcc. org. cn/qgstb-cgg/？ eqid=8d8f38e00000f7b00000000664784a0d。

⑤ 作者基于西部各省、直辖市、自治区国民经济和社会发展统计公报整理得到。

⑥ 数据来源于中华人民共和国工业和信息化部官网，见 https：//wap. miit. gov. cn/gxsj/tjfx/txy/index. html。

明显，常住人口城镇化率提升至59.94%，城区常住人口300万以下城市的落户限制全部取消，持续深化城市综合管理体制改革，各类智慧城市项目相继实施，城镇基本公共服务加快向常住人口覆盖、供给水平不断提高。农村土地制度改革稳妥有序推进，农村承包地确权登记颁证基本完成，重庆和广西2省市、成都市等11市和陕西省志丹县等14县入选国家农村产权流转交易规范化试点。

六是民生福祉持续增进。就业方面，2021—2023年西部地区城镇累计新增就业1787.94万人，居民人均可支配收入达到30969元，年均增速为8.98%。社保覆盖方面，养老、失业、工伤、基本医疗四项社会保险参保人数分别从2020年的2.66亿人、0.41亿人、0.54亿人、3.91亿人，增加到2023年的2.83亿人、0.47亿人、0.62亿人、3.68亿人。教育方面，每十万人口在校小学生、初中生、高中生、中等职业教育学生、本专科生和研究生人数达到8210人、4354人、2355人、1189人、3048人和251人。[①]医疗卫生方面，2023年拥有30.91万个医疗卫生机构，每千万人拥有5.89张医疗卫生机构床位数。

2.1.2　存在的问题

一是县域经济规模小，新旧动能转化有待加快。我国县域经济呈现东强西弱格局，西部经济总量仅占全国的21%左右，县域居民可支配收入约为全国平均水平的78.97%。[②]根据2024年发布的《中国县域经济发展报告》，2023年西部县市仅有7个跻身全国综合竞争力百强县市，10个入选投资潜力百强县市，对应排名均比较靠后。[③]究其原因在于：产业结构不合理，许多西部地区仍以煤炭、石油、矿产等资源型产业为主，产业链条较短，缺少高新技术产业和生产性服务业支撑，限制了产业的转型升级。营商环境方面，西部省份企业和群众办事难、办事慢、办事烦，市场准入限制仍然偏多，《城市营商环境评估报告（2023）》公布的全国营商环境指数排名前十的城市中，无一西部城市入围。技术创新方面，自主创新能力

---

① 作者基于西部各省、直辖市、自治区国民经济和社会发展统计公报整理得到。
② 作者基于西部各省、直辖市、自治区国民经济和社会发展统计公报整理得到。
③ 作者基于西部各省、直辖市、自治区国民经济和社会发展统计公报整理得到。

不足，原创性技术和产品少，产品附加值相对较低。2021—2023 年，西部省份发明专利授权量为 23.8 万件，发明专利有效量为 44.15 万件，分别仅占全国的 11.33% 和 10.79%。①

二是对外开放水平还有待提高。第一，贸易便利化水平偏低。西部缺乏海运交通，陆上交通设施水平较低且成本较高。第二，出口通道受阻。俄乌冲突发生以来，大部分欧洲货运代理公司拒绝为与俄罗斯、白俄罗斯两国有关联的贸易活动提供运输服务，中外货主也担心货物损失或结算遇阻，西部省份途经俄罗斯、白俄罗斯、乌克兰以及中东半岛货运需求量大幅下降。以甘肃省为例，2023 年甘肃省对欧洲国家出口额下降了 33%，对西亚国家出口额下降了 12.68%，尤其是对西欧地区出口下降了 49.24%。②第三，部分出口通道开发不足。西部省份开展对中亚贸易，要途经阿拉伯沙漠、大盐沙漠、里海、青藏高原等地理区域，冷链运输需求巨大，但各节点城市物流设施较旧、管理水平较低，沿途国家多、沟通少、协调难度大，导致中亚贸易在货运能力、转运效率上与中欧班列存在较大差距。而且，中亚贸易为跨越里海，要进行铁—海、海—铁两次换装，运输效率低下。

三是环境保护压力大，长效保护机制有待建立。"十四五"时期，中央生态环境保护督察组进行了 6 批次环境督查，集中通报了 59 项西部省份典型案例。主要表现在：第一，践行习近平生态文明思想有差距。部分地区和部门落实绿色发展理念有偏差，生态环境保护主体责任落实不到位，出现地方过度开发、盲目布局"两高"项目、局部地区生态空间面积减少等现象。第二，生态保护修复不力。湖泊、草原、林地，以及自然保护地生态破坏时有发生，矿山违规开采及生态修复滞后问题依然存在。第三，生态环境基础设施短板明显。西部省份不同程度存在城镇生活污水处理设施建设滞后、污水处理设施运行管理不到位、生活污染防治基础设施欠账多等问题。第四，生态安全屏障构筑不够牢。建筑垃圾、农业面源污染、重金属污染防治破坏生态问题突出。

---

① 数据来源于《知识产权统计年报》。

② 数据来源于中华人民共和国兰州海关，见 http：//www. customs. gov. cn//lanzhou_customs/553138/fdzdgknr76/bgtj90/553127/5642278/index. html。

四是老基建短板明显,新基建处起步阶段。西部地区普遍存在部分路段标准低、年久失修、规划衔接不畅等问题,有的甚至已丧失物流功能,导致部分区域物流效能大打折扣。新型基础设施尚处于投资建设阶段,整体规模偏小,其主导技术、产品形态、市场需求、配套产业、商业模式等尚未稳定成型,投资回报周期较长。

五是城镇化水平不高,城乡统筹发展有待提升。2023年,西部地区常住人口城镇化率低于全国平均水平6.22个百分点,与全面高水平小康要求仍有一定差距。西部地区人口规模大,但外流现象严重,青年劳动力缺乏使得产业发展和升级受限,县域发展出现"空心化"趋势,城乡收入差距问题普遍存在。2023年西部地区城乡可支配收入之比为2.51∶1,远高于全国平均水平(2.4∶1)。①

六是公共服务供给不足,服务质量有待提高。优质教育资源短缺,特别是高等教育资源,普遍存在人才流失和教育经费不足问题,尚无法满足社会对科学技术、知识文化的期盼要求。优质医疗资源不足,患者外出就医占比仍然较高,医务人才外流现象严重,乡镇卫生院医生配备不足问题长期存在。养老、卫生、公共安全、安全生产等领域仍存在一些薄弱点和风险点,需要加快提升完善。

2.2 "十五五"时期西部大开发面临的环境

当前全球百年未有之大变局正加速演进,世界不稳定与难预料因素增多,中国经济社会发展的底层逻辑将发生深刻转变。党的二十大报告提出"未来五年是全面建设社会主义现代化国家开局起步的关键时期",西部地区自身的资源要素禀赋决定了其在"十五五"时期将面临更加多变的外部

---

① 作者基于西部各省、直辖市、自治区国民经济和社会发展统计公报整理得到。

环境。要实现西部大开发进一步形成大保护、大开放、高质量发展新格局，必须遵循习近平总书记提出的"六个坚持"重大要求，将西部大开发置于中国式现代化建设全局中统筹推进，精准分析西部地区面临的机遇及挑战，推动西部地区实现高质量发展。

2.2.1 抓住机遇

一是面向高质量发展的时代接续。西部大开发战略是我国在改革开放后实施时间最长、影响范围最广的一项区域发展战略。早在1999年，党的十五届四中全会和中央经济工作会议正式提出了实施西部大开发战略。2000年，《国务院关于实施西部大开发若干政策措施的通知》发布，明确了西部大开发的范围及相关政策，2010年《中共中央国务院关于深入实施西部大开发战略的若干意见》提出深入实施西部大开发战略，2020年《关于新时代推进西部大开发形成新格局的指导意见》提出新时代推进西部大开发形成新格局，2024年中共中央政治局召开会议审议《进一步推动西部大开发形成新格局的若干政策措施》，系列政策举措推动形成西部大开发强大合力。习近平总书记更是对西部寄予高度期盼，在2024年4月召开的"新时代推动西部大开发座谈会"上，习近平总书记亲自部署，为西部发展定下"六个坚持"的总基调，并对各省份提出不同战略定位，如要求重庆打造新时代西部大开发重要战略支点、内陆开放综合枢纽，要求新疆打造亚欧黄金通道和向西开放的桥头堡，要求四川构筑向西开放战略高地和参与国际竞争新基地等，这标志着西部大开发战略进入新的发展机遇期，为西部地区提供了正确的方向选择。

二是面向新质生产力的发展导向。随着新一轮科技革命及产业变革的持续深入推进，全球科技创新活动空前密集活跃，国际供应链、产业链、价值链面临结构重组，加速制造业向数字化、绿色化、服务化转型；原创性、颠覆性科技创新成果竞相涌现，推动生产生活方式的全面变革，经济社会生产要素中的有形资源要素和无形资源要素结合的方式得以拓展，推动生产力的迅猛增长与演进，表现出与传统生产力不同的质态。"十四五"时期，西部地区已打造新材料、生物医药等9个国家级战略新兴产业集群和电子信息、航空等5个国家级先进制造业集群，未来产业培育稳步推进。

"十五五"时期,西部地区有望形成更多具备新质生产力的支撑产业,实现产业技术高级化、产业链现代化,形成具有更强竞争力、更有韧性的产业集群,以科技创新推进西部大开发深入实施。

三是面向生态大保护的绿色转型。实现经济发展低碳化是全球各国的共同目标,全球绿色低碳发展任务迫切且艰巨,实现 2030 年减排目标仍存在巨大绿色产能缺口。当前,我国生态文明建设仍处于负重前行的关键时期,促进经济社会发展绿色化、低碳化是解决资源环境生态问题的基础之策。西部地区是我国重要的生态安全屏障,在维护国家生态安全、能源安全、边境国防安全等方面具有重要战略地位。"十五五"时期,西部地区须以更高站位、更大力度、更宽视野谋划生态文明建设,以全面绿色转型为目标,着眼于经济社会发展的各领域,推动绿色低碳转型,促进经济发展与生态保护协调统一,塑造发展新优势。

四是面向高水平开放的战略选择。西部地区是内陆开放的主要阵地,"十四五"时期,西部地区对外开放多重利好叠加。首先,加快建设西部陆海新通道,是推动广袤中西部高质量发展的重要战略机遇。西部陆海新通道作为中西部"走出去"的便捷通道,已实现由线到面,覆盖全球 123 个国家和地区的 514 个港口,成为连接西部地区和众多国家的重要纽带。其次,"一带一路"建设进入第二个金色十年。2013 年秋,习近平总书记率先提出共建"一带一路"倡议,共建"一带一路"推进了西部地区对外开放,为西部跨越式发展提供契机。面向第二个十年,西部地区作为"一带一路"建设陆上桥头堡的作用逐渐凸显,西部陆海新通道的建设加速了沿线地区的进一步开发与开放。最后,多重战略机遇带动西部地区进出口贸易加速提升。泛亚铁路建设、《区域全面经济伙伴关系协定》(RCEP)国家直航精品航线网络进一步优化织密、中国—中亚五国建交 30 周年等战略机遇,带来了巨大贸易创造效应和更高社会福利水平,为中国经济持续增长提供了新机遇。

2.2.2　直面挑战

一是外部环境的复杂多变。当前时期,世界局势和国内环境正在经历剧烈而复杂的转变,全球发展面临一系列深层次的矛盾。其一,全球经济增长动力不足。为了对抗高通胀，一些发达经济体采取了激进的加息措施，扰乱全球金融市场的稳定，预示着未来数年内全球经济的发展前景充满了不稳定性。其二，国际秩序正在遭受重大冲击。世界贸易组织（WTO）的改革进程受阻，同时，俄乌冲突和巴以冲突等问题持续存在，推动国际秩序和全球治理体系进行深刻的调整。多重风险与挑战叠加，不仅对我国的整体发展构成了不确定性，也给西部地区的经济高质量发展带来了诸多不确定因素。

二是内部风险带来的挑战。人口结构呈现老龄化、劳动年龄人口减量化趋势，叠加经济增速放缓、资源能源消耗空间有限、"机器换人"加速、收入分配差距等制约因素，未来可能面临规模性失业风险和就业结构性矛盾并存、养老和社会保障压力加大、公共服务供需矛盾突出等难题，在传统安全风险上升的同时也蕴含着影响社会稳定的新风险，对西部地区统筹发展和安全、强化治理体系和治理能力现代化建设方面提出了较高要求。

三是基于"大保护"与"大开发"的矛盾冲突。面对国家发展的整体要求和区域经济的迫切需求，西部地区在加快基础设施建设和产业转型升级的同时，不可避免地会对生态环境造成一定影响。首先，西部地区自身生态环境薄弱，部分建设项目无法兼顾生态治理，缺乏整体性、系统性建设思维，该类项目的快速推进可能会对原有的自然景观和生态系统造成干扰，加剧水土流失，造成生态环境的持续退化。其次，产业的转型升级有助于减少对环境的依赖，但在短期内可能会面临经济效益与环境保护的权衡。西部地区县域经济占比较高，自身产业结构偏重于农业和重工业，生产经营方式集约化程度较低，农民增收和新旧动能转换存在一定程度上的矛盾，产业结构亟待优化与生态环境污染情况并存。

四是通道经济发展面临的考验。其一，"一带一路"共建国家内部问题日益复杂。多数共建国家为发展中国家，经济发展严重依赖能源资源或第一产业与第三产业的发展，工业化水平较低，经济结构存在不合理的问题；加之部分国家政治生态较为脆弱，难以吸引优质投资资源，使得财政赤字问题突出，导致共建项目的持续推进受阻。西部地区的边贸与口岸经济将不可避免受到以上不确定因素的波及，形成对外开放的堵点，影响对外开放经济的发展。其二，开放型平台建设水平较低。西部地区仅有6个自由贸易区，与东部地区相比仍有较大差距，相配套的沿边重点开放试验区和边境合作区、跨境经济合作区处于初始布局状态，限制开放平台综合效应的发挥，缺乏对国家级、国际级展会的吸引力，经贸交流的活跃度较低。

2.3 "十五五"时期西部大开发的重点任务

2.3.1 坚持以特色产业发展为主攻方向，加快西部地区产业转型升级

习近平总书记指出："传统产业不能说是落后产业，传统产业里面也有新质生产力，也有高科技。""十五五"时期西部地区要紧紧围绕传统产业转型、特色产业发展和绿色产业培育，加快构建符合西部特色优势的现代化产业体系。

一是重点发展特色产业，发挥西部地区的资源优势。"十五五"时期，西部省份要加快发展草原农牧、能源开发、边境旅游等优势产业，聚焦高原农业、绿色农业、特色医药等产业，提高西部地区产业附加值和技术含量。鼓励外资企业投资开发铜、铝和钾等金属矿产资源，让优势资源真正为西部地区释放发展红利。同时，西部地区拥有丰富的水力、天然气和风能等清洁能源，要积极推进西部清洁能源富集区清洁能源基地建设。推进西部地区先进制造业集群化、规模化、协同化发展，建设新材料等国家级战略性新兴产业集群和电子信息等国家级先进制造业集群，推进特色产业集聚发展。

二是加快传统产业绿色低碳转型，促进产业优化升级。传统产业是西部地区经济发展的主要载体，大部分西部传统产业依然拥有较大的市场空间和发展潜力，通过改造升级可以成为推动经济高质量发展的主要力量。

"十五五"时期，西部地区要以国家标准提升引领传统优势产业技术改造，大力推动钢铁、石化、建材、造纸、印染等行业绿色低碳转型，建立健全落后产能退出机制。要以重点行业设备的更新换代为契机，赋能传统优势产业做大做强，进而实现转型升级。同时，大力推动制造业数字化、智能化、绿色化发展，推动各类用户"上云、用数、赋智"，支持企业用数字技术、绿色技术改造提升传统产业。探索促进科技创新的"东西人才互换"新模式，将东部沿海的创新型人才和西部欠发达地区人才互派交流，用东部沿海的人才和资金加速西部产业的改造与升级。

2.3.2 坚持以高水平保护支撑高质量发展，筑牢国家生态安全屏障

习近平总书记指出："高水平保护是高质量发展的重要支撑，生态优先、绿色低碳的高质量发展只有依靠高水平保护才能实现。""十五五"时期西部地区要处理好高水平保护和高质量发展之间的辩证关系，通过高水平保护为高质量发展提供基础和方向，在大保护的基础上促进高质量发展。

一是"十五五"时期西部大开发要处理好高水平保护和高质量发展之间的辩证关系。深入贯彻习近平生态文明思想，把生态环境置于新时代西部大开发的首要位置，在人与自然和谐共生中实现高质量发展。开展基于西部特色的环境治理，持续进行退耕还林、退耕还草工作，加强"中华水塔"三江源国家级自然保护区建设，为高质量发展提供坚实支撑。统筹进行山水林田湖草沙一体化保护，继续推进美丽西部建设。同时，要优化国土空间开发，合理布局国家重点生态功能区，通过生态环境分区管控，为全国高质量发展和中国式现代化建设筑牢西部安全屏障。

二是"十五五"时期西部大开发要通过高水平保护为高质量发展提供基础和方向。通过高水平保护为高质量发展提供物质基础，西部作为国家的重要战略资源接续地，高水平保护保障了全国的水资源安全、能源安全和边境安全，为高质量发展提供了坚实的物质基础。要通过高水平保护为高质量发展建立新的环境标准和发展方向，引导产业结构、能源结构和交通运输结构向着绿色环保的方向转化，从而促进高质量发展迈向更高台

阶。继续深入推进蓝天、碧水、净土三大保卫战，强化环境监测与治理，为高质量发展提供方向指引。

三是要在大保护的基础上促进高质量发展，提供西部地区特有的生态价值。健全生态产品价值实现机制，完善生态补偿方案与措施。要树立"全国一盘棋"思维，建立相应的专项资金和制度安排为西部的生态贡献提供相应补偿，实现西部与东中部共同繁荣和高质量发展。同时，大力发展西部旅游业，积极培育西部特色旅游品牌。习近平总书记强调，要把旅游等服务业打造成区域的支柱产业。积极开发西部生态资源和文化遗产，在大保护的基础上实现大开发，提升旅游业的基础设施建设和服务水平，建设现代旅游业体系和旅游强国。

2.3.3 坚持以大开放促进大开发，提高西部地区对内对外开放水平

习近平总书记指出："依托我国超大规模市场优势，以国内大循环吸引全球资源要素，增强国内国际两个市场两种资源联动效应。""十五五"时期西部地区要加强基础设施建设，积极推进自贸区发展，融入全国大市场建设。

一是加强西部地区基础设施建设，为"一带一路"建设更加便利的交通物流体系。习近平总书记强调，要推动西部地区陆海新通道建设，促进沿线地区深度融入共建"一带一路"倡议。因此，要加大陆海空交通资金投入，扩大铁路运输规模，推进航空港建设，提高陆海联运能力，形成"三位一体"新型联动模式。提高中欧班列开行量和货运量，为高质量和高水平共建"一带一路"提供新动能。同时，加快完善交通枢纽建设和服务，提高货物吸纳能力，促进生产要素的便利流通。西部地区要加强区域合作，建设高标准的冷链物流体系，优化沿线地区物流配送服务，在降低运输成本的基础上提高物流效率。

二是积极推进自贸区建设，打造"一带一路"向西开放重要载体。自贸区是中国高水平对外开放格局的重要一环，也是我国建设开放型经济的新型体制。西部地区应将推进自贸区建设与参与"一带一路"建设相结合，不断构建开放型经济新体制。营造良好的国际合作环境，努力实现

"货物贸易—服务贸易—投资"的过渡与转变，通过自贸区建设提升西部地区经济的外向型水平。要通过自贸区建设提高国际竞争力，为参与"一带一路"建设注入新的动能。要在自贸区的国际合作中不断提升创新能力，积极把握前沿科技与热点，推动高端制造、数字经济、服务贸易、绿色产业迈向国际化。

三是融入全国大市场建设，畅通西部物流和消费通道。习近平总书记指出，要构建以国内大循环为主体、国内国际双循环相互促进的新发展格局。西部在全国区域发展格局中占有重要地位，"十五五"时期，应以黄河流域为主轴，深化西部各城市群之间的经济联系，加强西部地区与长江经济带和粤港澳大湾区的战略协同与产业对接，促进成渝城市群、关中平原城市群等城市群之间的协同发展，盘活区域资源，减少要素流动障碍。同时，发挥西部的资源禀赋优势，在建设全国大市场的进程中提供能源和资源基础，协调供给侧需求与消费，畅通西部地区与中东部的物流与消费通道，推动全国统一大市场高质量发展。

2.3.4 坚持统筹发展和安全，提升能源资源等重点领域安全保障能力

习近平总书记指出："我们要更好统筹发展和安全。安全是发展的基础，稳定是强盛的前提。""十五五"时期，西部地区要积极稳妥推进"双碳"战略，大力开发新能源，促进资源和能源的节约高效利用。

一是继续积极稳妥推进"双碳"战略，促进能源结构转型升级。坚定不移地实施"双碳"战略，建立能耗双控向碳排放双控全面转型的新机制。将"双碳"目标置于美丽西部建设的伟大蓝图中，精准施策，采取多途径并举、多主体参与的综合降碳机制，实现减污降碳的协同增效。通过减污降碳实现产业结构升级和能源结构优化，促进大开发与高质量发展同步推进。统筹处理能源安全与减污降碳的关系。

二是大力开发新能源，以新质生产力提高能源开发和利用效率，保障能源安全。面对新一轮产业革命和能源革命，新能源已成为应对全球气候变化的重要引擎。首先，西部地区要发挥区位优势，大力发展光伏发电，增强光伏产业国际竞争力。通过发展新能源带动能源结构转型，推进能源

领域高质量发展。积极开发国家级新能源大基地项目开发,根据西部地区特色布局风光项目,形成"火电+风电""火电+光伏"新能源组合。建设"西电东送"输电通道,增强运输清洁能源的能力。其次,以能源领域技术革命培育新质生产力,保障能源安全。立足世界能源科技前沿,加强能源领域科研攻关和技术创新,牢牢掌握全球新能源领域发展的主动权。

三是促进资源节约,建设节能高效的产业结构和消费结构。完成"双碳"目标既需要在能源端发力,也需要在资源端发力。"十五五"时期,西部地区要改变单纯依靠消耗大量资源驱动发展的产业结构,建设资源节约和环境友好的绿色发展体系。加大产业的科技投入和更新换代,提高全要素生产率,助力实现"双碳"目标与高质量发展。要优化生产流程和消费习惯,形成绿色生产方式和生活方式,推动经济社会发展实现绿色化和低碳化。大力推进垃圾分类处理,建立健全绿色消费体制机制,提倡简约适度和绿色低碳的生活方式。

2.3.5 坚持推进新型城镇化和乡村全面振兴有机结合,推动城乡融合发展

习近平总书记指出:"建立健全城乡融合发展体制机制和政策体系。""十五五"时期,西部地区要实施以人为本的新型城镇化战略,扎实推进乡村振兴战略,不断提升城乡公共服务水平。

一是要推动区域协调发展,深入贯彻实施以人为本的新型城镇化战略。协调推进工业化与城镇化,以县域为单位促进城乡融合发展。重点提升川东等城镇化潜力较大的西部区域的城镇化水平。依托西部地区的资源禀赋优势培育具有核心竞争力的产业集群,为城镇化提供产业基础和就业保障,形成"以城带乡、以工促农"的城乡融合发展格局。同时,要坚持以人为本的核心理念,推动实现农业转移人口市民化,实现共同富裕。防止西部地区农村脱贫人口返贫,巩固脱贫攻坚的成果,使全体人民共享改革发展的成果。保障农业转移人口在城市就业、就医、就学以及户籍管理方面的合法权益,逐渐缩小城乡差异,统筹推进城乡一体化建设。

二是要扎实推进乡村振兴战略,推动城乡融合发展取得实质性进展。加大科技和资金投入,大力发展现代农业、特色农业与生态农业。通过推

进高标准农田建设，保障粮食安全和增加农民收入。深入学习和推广"一村一品"等地方经验，形成体现当地特色的乡村振兴新模式。既要保证乡村振兴在统一规划和统一建设中扎实推进，又要考虑到西部区域特色，因地制宜发展特色农业。同时，要消除城乡二元结构，破解城乡融合发展的机制障碍。建立租购并举和多渠道保障的住房制度，增加租房供给与服务，满足农业转移人口的多样化住房需求。鼓励和支持大学生回乡创业，增强农村创业创新活力，引导科研人才和信贷资金向农村流动，破除生产要素在城乡间的流动壁垒。

三是提升城乡公共服务水平，实现基本公共服务均等化。西部地区要优先保障基本公共服务供给，重点关注农村脱贫地区和脱贫人口，照顾城市弱势群体，不断提升困难群众的获得感、幸福感与安全感。深入推进"智慧城市""数字乡村"建设，积极推进第五代移动通信（5G）网络城区连续覆盖范围，为城市居民的生产生活提供便捷的信息基础服务。在以人为本的理念下推进云计算、物联网等信息技术在交通、医疗、政务和生活服务领域的应用，扩大城乡公共服务覆盖面，保障城乡居民生活需求，实现基本公共服务普惠、共享。

2.4 "十五五"时期西部大开发的政策举措和推进路径

2.4.1 因地制宜发展新质生产力，构建现代化产业新体系

"十五五"时期，西部地区要将发展重心集中在培育新质生产力上，以促进传统产业的升级改造、特色产业的深化发展、新兴产业的规模化增长以及未来产业的系统孵化，全方位加速构建体现西部特有优势的现代产业生态系统。

一是发展新质生产力。习近平总书记指出："发展新质生产力，必须

进一步全面深化改革,形成与之相适应的新型生产关系。""十五五"时期,西部地区要以新质生产力的最大实际为出发点,改革创新生产要素配置方式,构建新型生产关系,促进劳动、资本、土地、知识、技术、管理、数据等生产要素向成渝地区双城经济圈、关中平原城市群、黄河"几"字弯都市圈、兰西城市群、天山北坡城市群等优势地区集聚,向发展新质生产力的方向集聚。

二是不断提升创新发展能力。"十五五"时期,西部各省份要加大对科技创新的重视力度,依托特色优势产业,有针对性地部署国家级创新平台和大科学装置等国家科技创新力量落户西部,实现创新链和产业链的深度融合和有效衔接,深化东西部科技创新合作,重点打造国家自主创新示范区和科技成果转化示范区。通过鼓励科技创新来促进产业升级,针对区域发展的紧迫需求,完善技术创新的政策环境,强化科技创新对经济增长的支撑作用。

三是加快构建现代产业体系。"十五五"时期,西部省份要充分发挥丰富的旅游资源、特殊的地理环境优势,加快特色农业及农产品深加工业发展,提高西部地区产业附加值和技术含量。加速推动新能源、新材料、生物医药、信息技术等前沿及战略性新兴产业的成长,深刻改变经济生产函数,为生产力发展带来积极影响;加快推动传统加工制造和能源开采业向研发设计、高技术、高附加值环节转型迈进,向高端化、绿色化改造升级,构建自主可控、安全可靠、竞争力强的现代化产业体系。

2.4.2 强化生态资源保护利用,促进人与自然和谐共生

西部地区作为我国重要生态屏障,也是水土流失、土地退化问题最为严峻的地区。"十五五"时期,需要持续强化生态文明与生态环境保护工作,为国家的生态安全和高质量发展提供坚实保障。

一是科学把握国土空间开发、生态环境分区管控与重要生态系统保护修复的内在联系。"十五五"时期,西部各省份要全面实施主体功能区战略,不断改善国土空间的开发保护布局,合理规划产业分布和产业结构调整,避免盲目发展资源消耗高、污染高、技术水平低的产业项目。以打好"三北"工程三大标志性战役为总牵引,高质量推进西部地区国土绿化行

动,形成全国防沙治沙和"三北"工程攻坚战"一盘棋",在特定生态功能区域实施重要河湖湿地生态保护修复工程,稳步推进自然保护区体系的构建和湿地的保护修复工作,进一步加大对生物多样性的保护力度。

二是以强化生态资源保护为目标改善生态环境质量。"十五五"时期,西部地区要开展重点区域综合治理,重点实施青海三江源生态保护和建设、祁连山生态保护与综合治理、岩溶地区石漠化综合治理、京津风沙源治理等项目。在森林草原防火方面,通过信息化手段加强火灾监测预警,强化防灭火能力。稳步开展大气污染防治工作,建设区域间大气污染联防联控机制,增强对重污染天气的预防和应对能力。同时,加大土壤污染防治力度,加强受污染土地的科学分类管理和安全利用,有序推进土壤污染治理与生态修复进程。

三是深入践行绿色低碳发展理念,健全生态保护补偿机制。"十五五"时期,要加强东西部地区合作,依据双方资源特色、产业根基及市场需求等,精准规划产业协作与转移策略,明确发展模式和路径,杜绝转移污染落后产能,防范破坏西部生态环境。挖掘草原、湿地、土壤及冻土等自然环境的碳储存潜力,增强生态系统对碳的固定能力,并推动排污权、能源使用权、水资源使用权及碳排放权等环境权益的市场化交易机制建设,以促进资源高效配置与环境保护。

2.4.3 积极参与国内国际双循环,实现高水平对外开放

"十五五"时期,西部各省份要紧扣"以大开放促进大开发"核心理念,深入参与"一带一路"共建倡议,积极促进陆海新通道建设,推动沿线区域的开发与开放,更有效地利用国内国际市场和资源,拓展发展新空间。

一是积极参与和融入"一带一路"建设。"十五五"时期,西部各省份要充分把握"一带一路"建设的巨大机遇,利用各自的交通枢纽、文化、资源等优势,扩大对外开放水平。新疆要积极提升中欧班列开行质效,加速建设中欧班列集结中心,推动乌鲁木齐国际陆港区资源整合;重庆要探索开行辐射印度洋周边的中老泰马国际铁路专列和公海联运线路;陕西应加快西安国际航空枢纽的建设步伐,增强西安作为中欧班列集结中

心的辐射能力;广西要持续推动中国—东盟开放合作走深走实;贵州要持续开行黔粤班列、西部陆海新通道班列、中欧班列和中老班列;内蒙古要以建设中蒙俄经济走廊为重点,推进开行中欧班列扩容提质;宁夏要拓展东盟等新兴市场,推动与蒙古、中亚五国务实合作;青海要加快构建"南下、西出"开放大通道,巩固中尼贸易陆路通道合作;四川要继续开展"川行天下·向西行"国际市场拓展活动,深化欧洲、中亚、西亚等重点国别和地区经贸合作;云南要强抓 RCEP 机遇,持续深化同周边国家经贸合作。

二是提升开放型经济水平。"十五五"期间,西部各省份要积极融入京津冀协同发展、长江经济带建设、粤港澳大湾区建设等国家重大发展战略,通过产业转移承接、区域协作及省际合作平台,吸引高技术、高成长潜力及高价值创造的企业和项目落户。实施更加开放透明的外资准入政策,稳步推进制造业开放,并逐步扩大服务业与采矿业的开放范围。同时,优化沿边开发区、边境经济合作区及跨境经济合作区的布局,鼓励在跨境金融、旅游、通关、执法及出入境管理等领域的创新实践,促进自由贸易试验区转型升级。

三是积极融入全国统一大市场建设。"十五五"时期,西部各省份应加速推进市场一体化进程,消除地方保护壁垒,确保产权保护、市场准入、公平竞争及信用体系等核心政策有效落地。各省份应根据国家的政策方向和投资焦点,提前规划并加速推进关键投资项目,强化地区内基础设施建设,促进与全国基础设施网络的融合。持续完善招商引资的策略和政策,从侧重于提供优惠政策转变为优化营商环境,持续优化政务服务,简化行政审批流程,提升审批效率,降低企业运营成本,提升服务和融入全国统一大市场建设能力。

2.4.4 深入实施新型城镇化战略,提升城镇化发展质量

"十五五"时期,西部地区要因势利导、顺势而为,因地制宜、分类施策,深入挖掘新型城镇化所带来的内需增长潜力,逐步提高城镇化的质量和层次,以推动经济实现质量与数量的稳健增长。

一是实施新一轮农业转移人口市民化行动。"十五五"时期,西部各

省份应聚焦于进城农民工及其家庭成员，同时关注城市间流动群体，深化户籍制度改革，助力农村劳动力在城镇稳定就业。适时出台并优化相关政策，如激励农业转移人口市民化、保障进城落户农民农村权益等，依据常住人口规模合理配置公共服务资源，逐步消除户籍壁垒，确保未落户常住人口享受与城镇居民同等的公共服务。同时，加强农业转移人口在住房、社会保障、子女教育等方面的保障措施，加速其城市融入进程。

二是推动大中小城市和小城镇协调发展。"十五五"时期，西部各省份要利用中心城市的辐射力带动邻近市县共同成长，打造一批具有高同城化水平的现代都市圈，以兰西、关中平原、成渝、北部湾及呼包鄂榆等城市群为发展重点，兼顾其他城镇化率低且人口规模大的县（市、区），在协调推进新型工业化、城镇化方面加快突破，促进通勤效率提升、产业逐级衔接、生活便利性共享，引导大中小城市及小城镇实现规模合理、集约紧凑布局，构建产业梯度布局、人口就近就业、大中小城市协调发展的良性互动格局。

三是实施城市更新和安全韧性提升行动。"十五五"时期，西部各省份要聚焦人口规模大、密度高的中心城区和影响面广的关键领域，集中力量推进城市更新，强化基础设施的现代化升级。以水电路气信邮、供热、消防、安防、生活垃圾分类等配套设施更新及小区内公共部位维修为重点，推进城镇老旧小区改造。抓好城市地下管网等"里子"工程建设，实施城市生命线安全工程，增强城市的安全韧性与抗灾能力，全面提升防灾、减灾、救灾的综合效能。

2.4.5 坚持农业农村优先发展，全面推进乡村振兴

"十五五"时期，西部地区要借鉴"千万工程"的经验，提高乡村产业发展、乡村建设以及乡村治理的水平，努力实现乡村振兴工作的新突破和持续提升。

一是持续巩固拓展脱贫攻坚成果。"十五五"时期，西部各省份必须严格执行"四个不摘"政策，持续实施防止返贫的动态监测和精准帮扶措施，坚决确保不发生大规模返贫。精准实施产业扶持政策，分类指导产业发展，推动脱贫人口收入增长，并加大对劳务输出和以工代赈的支持。主

动加强与东部协作省市和中央定点帮扶单位的沟通对接，深入实施携手促振兴行动，推进产业合作、劳务协作和消费帮扶，协同推进民族地区、边境地区帮扶和乡村发展。

二是全链推进乡村产业发展。"十五五"时期，西部各省份要在抓好粮食和重要农产品的生产基础上，大力发展乡村特色产业，改进技术设备，推进区域性预冷烘干、储藏保鲜、鲜切包装等初加工设施建设，提升农产品加工业附加值。建设一批优势特色产业集群、国家现代农业产业园、农业产业强镇，推动农业、文化和旅游业的融合与发展，选拔并推广中国美丽的休闲乡村以及乡村旅游的精品景点和路线，以促进农业与二、三产业的融合发展。完善农民增收的机制，将新型农业经营主体和涉农企业扶持政策与带动农户增收挂钩，把产业增值收益更多留给农民。

三是扎实推进乡村建设和乡村治理。"十五五"时期，西部各省份要深入实施农村人居环境整治提升行动，支持资源条件适宜且技术模式成熟地区稳步推进户厕改造，积极开展干旱寒冷地区适用技术产品研发与试点。有序进行村庄清洁行动，同步推进农村生活污水和垃圾处理，快速改善农村基础设施如水电路建设，整体提升村容村貌。推进数字化赋能乡村治理，鼓励地区探索乡村治理新模式新路径。推动新型农村集体经济稳健前行，倡导开拓资源租赁、物业经营、中介服务、资产入股等多元化发展模式，助力农村集体经济组织拓展生产服务、劳务供给等多元化业务范畴。

2.4.6　完善民生保障和改善体系，不断提升人民幸福感

"十五五"时期，西部地区要以人民为中心，完善基本公共服务的体系框架，强化普惠性、基础性、兜底性的民生建设，不断满足人民群众对更高质量生活的向往与追求。

一是促进高质量充分就业。"十五五"时期，西部各省份要特别关注高校毕业生、退役军人、农民工、零就业家庭及残疾人等群体的就业状况，实施精准帮扶。通过政府主导的重大基础设施项目，如农田水利、交通建设、生态治理等，创造更多就业机会，促进民众参与，构建更加完善的就业服务体系。制定吸引与激励政策，鼓励大学生赴西部就业创业，助

力西部发展。同时，加快零工市场与就业驿站建设，拓宽灵活就业渠道。

二是建设高质量教育体系。"十五五"时期，西部各省份亟须增强教育资源供给，确保学前教育普惠可及，义务教育均衡优质，高中教育多元特色，重点打造一批高水平的职业院校。借鉴四川"9+3"免费职教模式，拓宽民族地区学生接受中职教育的渠道。此外，提升西部高校综合实力与办学质量，助力其跻身"双一流"行列，并聚焦西部地区发展需求，强化特色学科建设。加大中小学紧缺学科教师补充和高校高层次人才引育力度，落实国家银龄教师行动计划。弘扬教育家精神和尊师重教风尚，吸引优秀老师来到西部、留在西部，热心从教、精心授业、安心治学。

三是加快健康西部建设。"十五五"时期，西部各省份要完善公共卫生体系，加强专业公共卫生机构、医院及基层医疗机构的公共卫生科室标准化建设。强化县级医院在区域医疗体系中的引领作用，提升其临床专科实力与管理效能，并推动乡镇卫生院与社区卫生服务中心的规范化发展。借助高水平医院建立国家医学中心，规划建设一批省级区域医疗中心，以提升医疗服务水平和应对重大传染病的能力。加强与东部顶尖的三甲医院对接合作，建立紧密合作关系，借用远程医疗、智慧医疗等技术手段，带动西部地区整体医疗服务水平提升。

四是健全多层次社会保障体系。"十五五"时期，西部各省份要深入实施农村居民养老保险参保提质行动，确保企业职工基本养老保险全国统筹的政策得到执行，继续推动失业保险、工伤保险省级统筹。稳妥有序推动个人养老金发展。深化基本医保参保扩面攻坚，有效实施分层次、分类别的社会救助，适度提升低收入群体最低生活保障的补助标准。完善积极生育支持政策体系，深入实施统一规范的全区生育保险政策，引导多元主体发展多样化的托育服务。支持发展居家社区养老，推进老年助餐服务，推动旅居养老示范基地、乡镇区域养老服务中心建设。

参考文献

［1］邓翔、李双强、袁满：《西部大开发二十年政策效果评估——基

于面板数据政策效应评估法》,《西南民族大学学报（人文社科版）》2020年第1期。

［2］郭爱君：《在中国式现代化建设中谱写西部大开发新篇章》,《群言》2024年第7期。

［3］李海龙、高德步、谢毓兰：《以"大保护、大开放、高质量"构建西部大开发新格局的思路研究》,《宏观经济研究》2021年第6期。

［4］马倩倩、陈诗一：《经济收敛与环境失衡：基于西部大开发战略的研究》,《世界经济》2023年第8期。

［5］宣晓伟：《西部大开发的历史征程、困难挑战和相关建议》,《中国发展观察》2024年第5期。

［6］《中共中央关于进一步全面深化改革　推进中国式现代化的决定》,《人民日报》2024年7月22日。

［7］《中共中央国务院关于新时代推进西部大开发形成新格局的指导意见》,《人民日报》2020年5月18日。

3

面向"十五五"的
东北振兴战略

3.1 东北振兴历程及阶段性特征

"十四五"以来，东北地区坚持以习近平新时代中国特色社会主义思想为指导，全面贯彻落实党的十九大和二十大精神，深入学习贯彻习近平总书记关于东北全面振兴重要讲话和指示精神，深入推动区域协调发展战略，扎实履行维护国家"五大安全"政治使命，坚持深化改革扩大开放，采取有效措施攻坚克难，经济持续回升向好，发展活力不断增强，东北振兴新突破迈上新台阶、取得新进展。

3.1.1 东北经济实现突破性增长

"十四五"以来，东北经济总量逐年迈上新台阶。2023 年，东北三省实现地区生产总值近 6 万亿元，达到 59624 亿元，增长 4.8%，比东北振兴战略启动之年 2003 年增长 3.6 倍。其中，吉林省经济增速 6.3%，高于全国水平 1.1 个百分点；辽宁省经济增速 5.3%，高于全国水平 0.1 个百分点，十年来首次跑赢全国平均水平。东北经济总量占全国比重为 4.73%，对全国经济增长贡献率为 4.3%，拉动全国经济增长 0.2 个百分点。经济结构不断优化，第一产业增加值增长 4.1%，第二产业增加值增长 2.8%，第三产业增加值增长 5.8%，三次产业结构为 13.1：34.6：52.3。发展质量明显提升，一般公共预算收入实现 5224.8 亿元，同比增长 12%，增速分别高于东部（6.7%）5.3 个百分点，高于中部（6.9%）5.1 个百分点，高于西部（10.7%）1.3 个百分点，高于全国水平 4.1 个百分点。其中税收收入 3429.7 亿元，同比增长 13.3%，高于全国平均水平 4.6 个百分点。

近年来，东北三省消费拉动强劲，呈现商贸流通、文化旅游市场繁荣活跃、购销两旺的态势。2023 年，社会消费品零售总额突破 2 万亿元，达到 20144.5 亿元，同比增长 8.6%，增速高于全国平均水平 1.4 个百分点。文化旅游、冰雪经济、餐饮住宿、娱乐购物、交通出行等大众消费活跃旺盛，共接待国内游客 10 亿人次，同比增长 135.2%，旅游业总收入高达 12515 亿元，同比增长 201.8%。其中，黑龙江省冰雪季游客数量和旅游收入分别增长 332.5% 和 898.3%，成为全国最热门的冰雪旅游目的地；吉林省全年接待国内游客 3.14 亿人次，同比增长 173%，旅游收入增长 242%；辽宁省致力打造"高品质文体旅融合发展示范地"，全年接待游客 5.1 亿人次，旅游总收入增长 166%。火爆出圈的文旅市场，反映了东北"山海有情"营商环境的明显变化，拓展了东北振兴新空间。

2024 年上半年，东北地区经济运行总体平稳，生产稳定增长，需求持续恢复，就业物价稳定，居民收入增加。其中，辽宁经济增长 5%，与全国增速持平；吉林增长 5.7%，高于全国 0.7 个百分点；黑龙江增长 1.5%，低于全国 3.5 个百分点。东北三省社会消费品零售总额 9799.2 亿元，增速与全国持平。一般公共预算收入 2962 亿元，增长 6.4%，增速高于全国 9.2 个百分点，体现了质的有效提升和量的合理增长。

3.1.2　粮食安全"压舱石"作用进一步夯实

东北地区土地面积 152.1 万平方公里，拥有广阔的平原和肥沃的黑土地，耕地面积约 5.62 亿亩，典型黑土耕地面积约 2.78 亿亩，占东北总耕地面积 86%，是中国重要的粮食生产基地之一。"十四五"以来，东北粮食综合生产能力逐年跃升。2023 年，东北三省认真落实黑土地耕地保护、高标准农田建设、种业振兴等国家重大战略，粮食播种面积 36220.7 万亩，占全国粮食播种面积比重达到 20.3%；粮食总产量 2907.6 亿斤，再创历史新高，占全国粮食总产量比重达到 21%，粮食增产占全国增产总量比重高达 23.5%。其中，黑龙江省粮食产量实现"二十连丰"，吉林省主要农作物耕、种、收综合机械化水平达 93.0%，辽宁省单位面积粮食产量位居全国主产省第二位。东北作为国家粮食安全"压舱石"地位不断巩固夯实，农业现代化建设扎实推进。

3.1.3　产业安全基础不断巩固

东北地区产业基础雄厚，具有较为完善的工业体系和产业配套能力，工业门类齐全，装备制造业根基深厚，素有"共和国装备部"之称，是国家战略安全的重要支撑。近年来,东北地区坚持以科技创新推动产业创新,科技实力、创新潜力和研发效率大幅提升,转型升级成效明显。《2022年全国科技经费投入统计公报》显示,东北科技研发经费投入突破1000亿元大关,达到1026亿元,同比增长4.8%。《中国区域创新能力评价报告》显示,2023年东北三省排名全面上升,其中吉林上升6位,黑龙江上升5位,辽宁上升2位。在科技研发投入和技术创新能力提升带动下,东北高新技术企业总量突破2万户,有效存量达到20898户,是2015年的8.3倍,连续9年呈现两位数增长,年均增长率达到29%。东北技术市场合同成交金额达到1982.5亿元,是2015年的4.7倍,年均增长率达到21.6%。

"十四五"以来,东北工业经济逐年企稳向好。2023年,东北三省全部工业增加值约1.8万亿元,占东北地区生产总值的比重31.3%左右,同比增长5.6%,超过全国平均水平1.4个百分点。其中,辽宁和吉林两省规上工业增加值增速分别高于全国水平2.2、0.4个百分点,在全国位次比上年分别前移20位和7位。辽宁省装备制造业、冶金工业、石化工业、农产品加工业4大支柱产业全面提速,增加值增速比上年分别提高6.9、10.6、8.4、5.9个百分点。吉林省重点产业增长强劲,汽车、装备制造、电子信息、冶金建材产业增加值分别增长11.4%、12.5%、47.8%和21.9%。黑龙江省战略性新兴产业加速发展,电子信息制造、高端智能农机装备产业产值分别增长11.7%和14.1%。中国一汽以品牌创新为灵魂,以产品创新为主线,打造红旗品牌核心竞争力。鞍钢成功重组本钢,重塑中国钢铁行业产业格局,探索特大型国有钢铁企业改革新路径。"国和一号"屏蔽电机主泵、"太行110"重型燃气轮机、时速600公里高速磁悬浮列车、超临界百万千瓦机组、核电重大技术装备等一批大国重器相继在东北问世,充分体现了东北维护产业安全的作用正在增强。

3.1.4 能源安全保障作用不断强化

近年来,东北地区聚焦"双碳"战略目标,围绕资源优势加速布局清洁能源,加快风光核储以及抽水蓄能、天然气、氢能等一系列清洁能源项目建设,能源总量占全国比重逐年提升,增速持续超过全国平均水平,为国家构建清洁低碳、安全高效的能源保障体系起到重要支撑作用。

2023 年，东北地区发电总量达到 4534.1 亿千瓦时，创下近十年历史新高，占全国比重 5.1%，同比增长 6.4%，增速高于全国水平 1.2 个百分点。其中，风力发电 739.1 亿千瓦时，同比增长 26.2%，增速高于全国平均水平 13.9 个百分点，发电量占全国 9.1%；太阳能发电 145.4 亿千瓦时，同比增长 20.4%，发电量占全国 5%；核能发电 500.9 亿千瓦时，同比增长 10.9%，发电量占全国 11.6%。2024 年上半年，东北三省风力发电量进一步增长 20.3%，太阳能发电量增长 10%。2023 年，东北原油产量达到 4350.9 万吨，原油加工总产量达到 12375.9 万吨，同比增长 0.4%，占全国比重 16.8%。东北三省清洁能源占比显著提升，新型能源体系不断完善，能源安全保障作用继续强化，维护国家能源安全的战略地位更加凸显。

3.1.5 生态安全屏障不断筑牢

东北地区生态资源丰富，地表水资源总量约 1500 亿立方米，可供开发利用水能资源约 1200 万千瓦，拥有水库、湖泊淡水面积 1358 万亩，为农业灌溉和工业用水提供充足水源。东北三省近年来深入践行习近平生态文明思想，持续深入打好蓝天、碧水、净土保卫战，打好污染防治攻坚战，严格落实生态保护红线制度，生态环境质量得到巩固提升，生态安全总体保持稳定，绿色转型迈出扎实步伐，碳达峰、碳中和积极稳妥推进，实现了生态环境质量的持续巩固和稳定提升。

2023 年，东北环境空气质量稳中向好，黑龙江和吉林优良天数比例分别达到 94.2% 和 92.4%，优于全国平均水平 7.4 和 5.6 个百分点；辽宁优良天数比例也达到 84.3%，接近全国平均水平。水质状况整体良好，黑龙江地表水国考断面优良水体比例 84.4%，其中松花江水系优良水体比例为 87.2%；吉林地表水国考断面优良水体比例为 86.2%，同比上升 4.4 个百分点，优于国家年度考核目标 10.1 个百分点；辽宁优良水体比例为 85.3%，近海海域水质优良比例为 89.2%。2023 年，黑龙江、吉林、辽宁三省生态质量指数分别为 70.67、66.99 和 64.28，生态质量状况持续保持良好稳定。东北地区自然生态系统生物多样性较丰富、生态结构较完整、生态功能较完善。黑龙江、吉林、辽宁三省森林覆盖率分别为 45.25%、45.42% 和 39.2%。黑龙江分布陆生野生动物 500 种，野生植物 2937 种，自然保护地总面积 892.49 万公顷，居全国第 7 位。

3.1.6 国防安全保障稳步提升

东北地区地处东北亚中间地带，地理位置独特，区位优势明显，维护国防安全战略地位重要，是我国向北向东开放的前沿。"十四五"以来，东北地区坚持统筹发展和安全，从维护国家国防安全战略高度，促进边境地区经济发展、社会稳定、边境安全、兴边富民、守边固边。按照军民两用、平战结合、提高标准、确保畅通的原则，推动军民融合发展，提升国防装备制造产业创新能力。重视边境村屯公共服务设施建设，鼓励发展边境贸易、边境旅游和农产品加工等特色产业，支持边境地区经济发展，增强边海防建设和守边固边能力，确保边民人口稳定。同时，积极参与东北亚开放合作，特别是对俄罗斯等周边国家贸易往来不断加强。2023 年东北地区实现进出口总额 12317 亿元，同比增长 1.7%，高于全国水平 1.5 个百分点。其中对俄罗斯进出口额实现 2966.6 亿元，占全国比重 24.1%，同比提升 4.2 个百分点。东北出口机电产品、运输设备分别增长 13.9% 和28.4%；出口汽车同比增长 90.9%，其中新能源汽车增长 30.2%。

3.2 "十五五"时期东北全面振兴机遇挑战研判

3.2.1 习近平总书记重要讲话为新时代东北全面振兴指明方向

2023 年 9 月，习近平总书记在黑龙江省哈尔滨市主持召开新时代推动东北全面振兴座谈会并发表重要讲话，强调新时代新征程推动东北全面振兴，要贯彻落实党的二十大关于推动东北全面振兴实现新突破的部署，完整准确全面贯彻新发展理念，牢牢把握东北在维护国家"五大安全"中的重要使命，牢牢把握高质量发展这个首要任务和构建新发展格局这个战略任务，统筹发展和安全，坚持目标导向和问题导向相结合，坚持锻长板、补短板相结合，坚持加大支持力度和激发内生动力相结合，咬定目标不放松，敢闯敢干加实干，努力走出高质量发展、可持续振兴的新路子，奋力谱写东北全面振兴新篇章。

习近平总书记重要讲话深刻阐述了东北地区在强国建设、民族复兴的战略全局中担负的重要使命，深入分析了东北振兴面临的新的重大机遇，对新时代东北全面振兴作出了系统性谋划和战略性安排，指明了需要牢牢把握的重要使命、首要任务和战略任务，强调了"三个相结合"的重要原则和思维方法，明确了新时代推动东北全面振兴的"五项重要任务"，从而为"十五五"东北振兴战略实施指明了前进方向，注入了强大动力。

3.2.2 新时代东北全面振兴面临新的重大机遇

当前和今后一个时期，是以中国式现代化全面推进强国建设、民族复兴伟业的关键时期。2023 年 10 月，中共中央、国务院审议《关于进一步推动新时代东北全面振兴取得新突破若干政策措施的意见》，全力支持东北地区发挥优势、锻长长板、取得突破，为"十五五"东北全面振兴提供了难得机遇。

一是国家实现高水平科技自立自强，强调把关键核心技术和装备制造业掌握在自己手里，为东北加快把科教和产业优势转化为发展优势注入了新动能。东北地区拥有较为完善的科技研发体系，中科院等国家级科研院所 20 个，国家重点实验室 27 个，拥有院士 113 位，并且汇聚一大批高层次科技人才和技能型人才。东北三省高等院校众多，共有普通高校 258 所，在校生 288.1 万人，其中"双一流"高校 11 所，具有博士学位授予权的大学 48 所。同时，东北具有完善的工业体系和产业配套能力，装备制造业根基深厚，是国家战略安全的重要支撑。面对新一轮科技革命和产业变革，国家时不我待推进科技自立自强，只争朝夕突破"卡脖子"问题，格外重视自主创新，为东北地区发挥科教优势引领产业创新提供了驱动力。

特别是依托数控机床、工业机器人、航空装备、核机装备、新能源汽车、高速动车、高性能医疗装备等高端装备制造业的长板优势,将对新形势下东北全面振兴形成战略性支撑。

二是我国加快构建新发展格局,以高质量供给满足国内需求、以高水平开放拓展发展空间,进一步凸显东北不可替代的重要战略地位。东北地区是我国重要的工业和农业基地,维护国家"五大安全"战略地位十分重要,关乎国家发展大局。构建新发展格局既要依靠实体经济,夯实经济发展根基,又要畅通国内国际双循环,保障产业链供应链安全可控。东北作为靠实体经济起家的老工业基地,具有独特的区位优势和产业优势,担负着我国向北开放的重任,同时在维护国家国防安全、粮食安全、产业安全上地位重要,具有统筹发展和安全的能力,能够为构建新发展格局体现更大担当,并在服务国家战略过程中实现振兴发展。

三是党的二十届三中全会决定以全面深化改革推进中国式现代化,为引领东北地区走出高质量发展、可持续振兴新路子拓展了新空间。落实中国式现代化战略部署,必须通过改革破解深层次体制机制障碍和结构性矛盾。东北振兴多年来的突出短板也是体制机制,诸如市场体系不健全,市场发育不充分,政府和市场的关系尚未理顺。东北地区唯有坚持深化改革,才能破除妨碍东北全面振兴的思想观念和体制机制弊端,为加快实现东北振兴新突破、谱写中国式现代化东北篇章提供制度保障。

3.2.3 "十五五"时期东北振兴面临新挑战

一是国际环境复杂多变、不确定性增多,东北地区周边国际经济、政治环境波动,安全与发展、和平与对抗、合作与竞争矛盾凸显。我国经济面临有效需求不足,企业经营压力较大,南北经济呈分化态势,发展动力极化现象突出。东北地区都市圈、城市群集聚辐射功能有限,在区域发展格局中优势不明显、差距在拉大。

二是东北地区产业体系大而不强、全而不精,产业结构相对单一,受经济周期冲击影响较大,应对风险能力较弱,因此在经济运行整体放缓情况下面临下行压力。传统产业竞争激烈,新兴产业占比偏低,领军企业数量不多,创新能力不适应高质量发展要求,科技创新投入和科技成果转化率偏低，创新环境优化和技术转移体系不健全，技术交易活跃程度不高。2022 年，东北研究与试验发展（R&D）经费支出增速为 4.8%，低于全国水平 5.3 个百分点。

三是东北民营企业和民营经济长期依赖国企发展模式，经营活力不足，影响力受局限，难以形成规模。2023 年中国民营企业 500 强中，东北地区仅有 5 家，其中辽宁 3 家、吉林 1 家，黑龙江 1 家。同时民间投资增速下降，占全社会固定资产投资比重明显低于全国平均水平。

四是东北地区常住人口持续减少，人口老龄化问题日益突出。2022 年东北三省常住人口合计为 9644 万人，比 2010 年减少 1308 万人，其中辽宁减少 178 万人，吉林减少 399 万人，黑龙江减少 731 万人。主要原因一是人口出生率下降和出生人口减少，二是人口持续外流，导致年龄结构变化，使东北率先成为人口老龄化程度最深的地区。2023 年，东北地区尽管吸引人口回流取得一定成效，常住人口呈现了增长趋势，但自然增长率仍然较低，并将成为长期趋势。人口老龄化程度加深，不仅加重了社会保障体系运行压力，也一定程度上影响着区域发展活力和消费增长。

面对这些困难挑战，东北地区将迎难而上、攻坚克难，坚持目标导向和问题导向相结合，坚持锻长板、补短板相结合，注重突出重点，注重改革实效，加大攻坚力度，不断实现新突破。

3.3 "十五五"时期东北全面振兴总体思路和主要原则

3.3.1 总体思路

"十五五"时期推动东北全面振兴，必须坚持以习近平新时代中国特色社会主义思想为指导，全面贯彻党的二十大和二十届二中、三中全会精神，深入学习贯彻习近平总书记关于新时代推动东北全面振兴重要讲话精神，完整准确全面贯彻新发展理念，牢牢把握东北在维护国家"五大安全"中的重要使命，牢牢把握高质量发展首要任务和构建新发展格局战略任务，健全和完善推动东北全面振兴取得新突破的制度和政策体系，提升统筹发展和安全的能力，以经济体制改革为牵引，以促进社会公平正义、增进人民福祉为出发点和落脚点，着力破除妨碍推动新时代东北全面振兴的思想观念和体制机制弊端，着力破解深层次体制机制障碍和结构性矛盾，坚持目标导向和问题导向相结合，坚持锻长板和补短板相结合，坚持加大支持力度和激发内生动力相结合，充分发挥东北地区比较优势，实施务实举措，激发动力潜能，力争在产业创新发展上形成新动能，在粮食能源保障上作出新贡献，在生态保护利用上取得新成效，在维护边疆稳定和国防安全上展现新作为，努力走出高质量发展、可持续振兴新路子，加快推动东北全面振兴实现新突破，谱写中国式现代化东北篇章。

3.3.2　主要原则

一要坚持把维护国家"五大安全"作为东北地区的重要使命和全面振兴的重要标志。准确把握统筹发展和安全的重大意义，深刻理解维护国家"五大安全"与高质量发展和全面振兴的内在关系，完善维护国家"五大安全"机制，强化维护国家"五大安全"功能，实现高质量发展和高水平安全良性互动。突出重点，抓住关键，不断强化战略支撑能力。

二要坚持把高质量发展作为东北全面振兴的首要任务，完整准确全面贯彻新发展理念，以创新、协调、绿色、开放、共享发展，促进发展质量、结构、规模、速度、效益、安全相统一，实现经济质的有效提升和量的合理增长。注重发挥优势、锻长长板，立足资源禀赋、区位特点、功能定位和产业基础，因地因时制宜，分区分类施策，以独特优势和重点突破带动东北地区高质量发展、可持续振兴。

三要坚持把构建新发展格局作为东北全面振兴的战略任务，紧紧依靠实体经济和制造业优势，自觉融入全国统一大市场，畅通国内国际双循环，增强历史使命感和现实紧迫感，咬定战略目标，增强战略定力，稳扎稳打，敢闯实干，以高度的责任意识在新时代东北全面振兴中展现更大担当作为。

四要坚持把全面深化改革作为东北全面振兴的强大动力和制度保障，坚决打破思想观念的条条框框，勇于改革创新，持续扩大开放，着力破解深层次体制机制障碍和结构性矛盾，进一步激发和增强社会活力，注重系统集成，注重突出重点，注重改革实效，增强信心，提振精神，以知难而进的勇气和攻坚必胜的自信，推动东北全面振兴取得新突破。

3.4 "十五五"时期推动东北 全面振兴创新举措

3.4.1 深化改革破解体制机制障碍

一是贯彻落实党的二十届三中全会重大改革部署，健全推动东北全面振兴取得新突破的体制机制。准确把握习近平总书记关于全面深化改革的一系列新思想、新观点、新论断，紧跟时代步伐，顺应振兴要求，始终把全面深化改革作为东北全面振兴新突破的关键一招，坚持破立并举、先立后破，增强改革系统性、整体性、协同性，坚决破除妨碍东北全面振兴的思想观念，着力破解制约东北振兴发展的体制性束缚和机制性障碍。

二是针对东北体制机制短板，全面落实市场经济基础制度，更好发挥市场机制作用，创造更加公平、更有活力的市场环境，实现资源配置效率最优化和效益最大化。完善要素市场制度和规则，推动生产要素畅通流动、各类资源高效配置、市场潜力充分释放，激发全社会内生动力和创新活力。推动国有资本和国有企业做强做优做大，增强核心功能，提升核心竞争力。创新央地合作模式，更好带动地方经济发展。大力支持和培育发展民营经济，持续激发市场主体发展活力，夯实全面振兴的微观经济基础。创造必要条件，为非公有制经济发展营造良好环境和提供更多机会，着力保护民营企业的经营权、财产权、人身权。完善激发社会资本投资活力和促进投资落地机制，形成市场主导的有效投资内生增长机制。促进各种所有制优势互补、共同发展。

三是进一步营造市场化法治化国际化营商环境，立足东北实际，对标先进地区，整合政务服务资源，切实解决政务服务便利化程度不高、诚信意识不强等问题。探索建立一体化服务联动机制，全面复制推广"深化综合窗口改革，协同推动高效办成一件事"。打通各层级各部门数据通道，实现信息实时共享、数据互联互通互转。

3.4.2 切实维护好国家"五大安全"

一是始终把保障国家粮食安全摆在首位，严格落实耕地保护和粮食安全责任制，深入实施粮食产能提升行动，稳住面积、主攻单产、扩种大豆，提高粮食综合生产能力。实施种业振兴行动，加大黑土地保护力度，加快把基本农田建成高标准农田。完善种粮农民收益保障政策，新增农业投入重点向产粮大县倾斜。做好农产品加工增值文章，鼓励食品加工企业向优势产区集聚。完善"北粮南运"物流服务体系，依托港口建设东北粮食集散和加工基地。提高粮食储备、流通和应急能力，确保平时产得出、供得足，极端情况下顶得上、靠得住。

二是加强生态环境建设和保护，构筑北疆绿色安全屏障。依托东北地区良好生态资源，深入打好蓝天、碧水、净土保卫战，强化污染防治防控，推动生态保护和修复重大工程，持续改善空气质量和河湖、近岸海域水质，有效管控土壤环境风险。持续开展农村环境净化整治，实施农村生活垃圾分类和资源化利用。完善生态保护补偿制度，推进碳排放权市场化交易，积极应对生态环境风险挑战。

三是积极发挥清洁绿色能源在保障安全、调整结构、提质升级等方面的重要作用，建设风光火核储一体化能源基地。完善东北风电、光伏、抽水蓄能规划布局，合理发展先进煤电，有序提升核电使用比例，因地制宜发展氢能、风能、太阳能、生物质能。创新发展引领新能源装备制造业规模化、集群化发展，建设先进储能装备研发和制造基地。加强能源战略储备基地和能源大通道建设，提升能源供应能力和储备水平。

四是对接国家重大战略需求，提升东北产业链供应链韧性和安全水平，完善自主研发体系和产业配套能力，打造自主可控的产业链供应链，建设国家关键产业备份基地。围绕东北地区具有优势的高端装备制造、先进材料、医疗装备、集成电路、基础软件等重点产业链，优化整合创新资源，支持领军企业牵头组建体系化、任务型创新联合体，全链条推进技术攻关和成果应用。建立产业链供应链安全风险评估和应对机制，实施一批科技创新重大专项，解决一批"卡脖子"难题。开展科技成果转化试点改革，加快中试基地建设，打通从基础研究、技术攻关到产业化应用链条。

五是完善军民融合发展政策，深化国防科技工业体制改革，提升国防装备制造产业创新能力。完善支持东北边境地区发展政策体系，支持兴边富民行动，推动沿边基础设施建设、开放合作、产业兴旺、新型城镇化、绿色低碳发展，补齐交通、通信、能源、水利等短板，增强边海防建设和守边固边能力。

3.4.3 突出高技术高效能高质量发展新质生产力

紧密结合东北振兴实际，适应技术革命性突破、生产要素创新性配置、产业深度转型升级需要，以高技术、高效能、高质量为导向，赋能传统产业优化升级，培育壮大战略性新兴产业，前沿布局未来产业，因地制宜发展新质生产力。科学谋划东北加快培育发展新质生产力的主攻方向、目标任务、产业布局和战略举措，共同研究制定东北培育新质生产力发展规划。积极促进各类先进生产要素向新质生产力集聚，大幅提升全要素生产率。

一是加快传统制造业数字化、网络化、智能化改造，推动产业链向上下游延伸，形成较为完善的产业链和产业集群。聚焦东北传统优势产业，实施企业"上云用数赋智"行动，加快培育发展先进装备制造业产业集群、石化及精细化工产业集群、冶金及新材料产业集群、汽车及零部件产业集群、绿色食品产业集群，锚定高端精细化、绿色低碳化，提升先进制造业核心竞争力。

二是立足现有产业基础，大力发展新一代信息技术、人工智能、航空航天、新能源、新材料、高端装备、生物医药等战略性新兴产业。重点培育集成电路装备产业、新一代机器人产业、高端数控机床产业、新材料产业、生物医药产业、新能源汽车产业、航空航天产业、海洋及海工装备产业。抢占战略先机,做大东北低空经济,提高通用飞机等产业化水平。加强关键共性技术、前沿引领技术、现代工程技术、颠覆性技术创新,不断拓展新领域新赛道,催生新产业、新模式、新动能。构建产业全链条发展生态,加快推动数字产业化和产业数字化,促进实体经济和数字经济深度融合。

三是前瞻规划积极培育未来产业。围绕人工智能、细胞治疗、元宇宙、深海深地开发等领域,提前布局量子信息、智能计算、通用 AI、无人驾驶等未来智能产业,积极培育高端膜材料、高性能复合材料等未来材料产业,加快发展先进核能、氢能与储能等未来能源产业,超前谋划深海探采、空天利用、深部工程等未来空间产业,做大做优生物安全、合成生物、基因和细胞治疗等未来健康产业。加强基础研究和应用研究,推动未来产业重点领域技术突破,引导大科学装置布局未来产业技术研究,建立未来产业投入增长机制,培育未来产业竞争新优势。

3.4.4 构建东北特色现代化产业体系

一是坚持以科技创新引领产业创新,完善全面创新体制机制,整合优化东北科教资源,加大研发投入,掌握关键核心技术,加快科研成果落地转化。统筹推进教育科技人才体制机制一体改革,以高水平大学、科研院所、重点实验室、技术创新中心和国家级高新区、自主创新示范区等为载体,以高标准创新能力建设为支撑,以培育"哈大科创走廊"为目标,优化重大科技创新组织机制,统筹强化关键核心技术攻关,推动科技创新力量、要素配置、人才队伍体系化、建制化、协同化,促进人才流动、资源共享、科技成果转化。强化国家战略科技力量在东北布局,加快建设区域性科技创新中心和全国重点实验室,建设重大科技基础设施,完善科技创新平台功能。加快实施一批具有战略性、全局性、前瞻性的国家重大科技项目,提升东北自主创新能力。强化企业科技创新主体地位,建立培育壮大科技领军企业机制,加强企业主导的产学研深度融合,建立企业研发准备金制度,支持企业主动牵头或参与国家科技攻关任务。实施更加积极、更加开放、更加有效的人才政策,加快建设区域人才高地和吸引集聚人才平台。

二是依托东北特色优势产业，以产业链条为纽带、产业集群为载体，持续做好结构调整"三篇大文章"，完善产业链供应链，培育万亿级产业集群，增强发展新动能。聚焦高端装备制造领域，大力发展集成电路研发设计和加工制造，实施遥感卫星信息系统建设工程，构建极地、深空、深海机器人技术装备体系，实现高端数控机床核心技术自主可控，推动船舶制造、海工装备制造高端化发展。聚焦冶金化工新材料领域，加快培育以先进基础材料、关键战略材料、前沿新材料等为代表的新材料产业，重点发展高品质特殊钢、新型轻合金材料、特种金属功能材料等高端产品。聚焦汽车产业，以高端化、智能化、电动化、网联化、共享化为主攻方向，加强研发平台和产业链合作，提高市场占有率。加快产业模式和企业组织形态变革，以国家战略和市场需求为导向，以产业"融合化、集群化、绿色化"为主线，推进产业链整合、集群融合创新、区域开放联动。

三是推动各产业协调融合发展，加强现代化基础设施建设。完善发展服务业体制机制，分领域推进生产性服务业融合发展，加快生活性服务业多样化发展。推进传统基础设施数字化改造，强化新型基础设施融合利用。大力发展工业互联网和数字经济，推动东北地区合作共建"综合型+特色型+专业型"工业互联网平台，实现跨部门、跨行业、跨区域协同发展、融合发展。加快大数据、云计算、人工智能、区块链等与实体经济深度融合，促进东北产业全面向高端化、智能化、绿色化转型。

3.4.5 提升东北地区对外开放水平

一是优化开放合作体制机制，在扩大国际合作中提升开放能力，建设更高水平开放型经济新体制，打造对外开放新前沿，提高东北地区开放水平。稳步扩大制度型开放，主动对接国际高标准经贸规则，实现规则、规制、管理、标准相通相容，打造透明稳定可预期的制度环境。积极应对贸易数字化、绿色化趋势，推进服务业扩大开放综合试点示范，推动产业链供应链国际合作。发挥沿海、沿边、沿江和交通干线等优势，优化区域开放功能分工，打造形态多样的开放高地。深化与RCEP成员国的合作，加强与周边地区的交流与互动，促进资源优化配置、产业互补合作，推进区域经济一体化。加快建设跨境电子商务综合试验区，鼓励企业布局建设海外仓。实施自由贸易试验区提升战略,鼓励首创性、集成式探索。构建高能级开放合作平台,高标准建设中德(沈阳)高端装备制造、中日(大连)地方发展合作以及中韩(长春)、中俄(哈尔滨)经贸合作等产业园,提高贸易投资合作质量和水平。

二是完善推进高质量共建"一带一路"机制,构建"一带一路"立体互联互通网络,把东北建设成为深度融入共建"一带一路"高质量发展的战略高地和东北亚区域合作的中心枢纽。东北地区东接日韩亚太、北达蒙俄大陆,是我国向北开放和参与东北亚开放合作的重要枢纽。高标准建设东北海陆大通道,依托东北港口资源和三省一区国门口岸、公路铁路网资源,以辽宁主要港口为海向支点,以沈阳、大连、长春、哈尔滨等中心城市为内陆口岸枢纽,纵贯东北陆海天网四位一体,构建连通我国东南沿海、东北亚、东南亚等环太平洋沿岸地区与俄蒙、中亚、欧洲等国家和地区的海陆联运大通道。优化辽宁港口群布局与资源配置,推进大连东北亚国际航运中心建设。以新亚欧大陆桥等经济走廊为引领,以中欧班列、陆海新通道和信息高速路为骨架形成互联互通网络,全面提升通道运营效率,在畅通国内大循环、联通国内国际双循环中发挥重要作用。

三是进一步加强与俄罗斯贸易、产业、科教、旅游、人文等领域交流合作,优化开放布局,扩大合作范围。特别要依托东北产业基础,充分利用东北地区与俄远东地区在区位、产业、经贸、科技、交通等方面的优势,加快推进核电、石油、天然气等方面的合作。积极谋划中俄在远东地区开放合作、协同发展等重大战略,研究制定东北与俄地方互利合作协同发展战略规划,在远东地区合作开发上迈出新步伐。

3.4.6 推进东北一体化发展高质量振兴

深入实施区域协调发展战略,着眼新时代东北全面振兴目标,加强东北区域经济合作,发挥中心城市引领带动作用,积极推进沈大哈长及蒙东地区一体化发展。构建东北地区跨行政区合作发展新机制,推动重大政策沟通协调,提高政策制定统一性、规则一致性和执行协同性,形成优势互补的区域经济布局。提升东北中心城市功能活力,增强城市群承载能力,携手打造沈大哈长城市群,形成城市联动效应。推进沈阳现代化都市圈体制机制创新，实现同城化、一体化发展；推进以大连为龙头的沿海经济带高质量发展，加强沿海六市协同合作、向海发展。推动蒙东地区五盟市城市群建设，与东北三省形成相互支撑、联手协作格局，推动东北地区一体化发展走向纵深，合力谱写中国式现代化东北篇章。

一是健全跨区域统筹协调机制，组建东北区域协调发展领导小组和工作专班，细化方案，定期调度，推动落实，提升东北三省一区合作实效能级。

二是完善区域市场一体化机制，理顺产权、市场准入、公平竞争等制度，统一市场准入准营规则标准，健全畅通高效的要素市场运行机制，推动土地、劳动力、资本、技术、数据等要素跨区域高效配置，促进城乡区域间要素自由有序流动。

三是健全区域战略统筹机制，推进东北地区深入对接京津冀协同发展、长江经济带建设及长三角一体化发展、粤港澳大湾区建设等国家重大区域发展战略，形成区域协调发展与东北地区空间治理规划的相互传导机制、约束机制。

四是完善产业发展协同机制，实施产业园区合作共建工程，集中选择有特色、有条件、有基础的承载地，使其率先产生合作共建成果；实施产业链供应链合力共建工程，加快建链、补链、延链、强链步伐，推动产业结构向中高端水平迈进。

五是构建区域合作共享机制。建立"成本共担、成果均沾、共商共建、利益共享"的区域合作机制。推动跨区域项目合作共建，建立跨区域项目的财税利益分配机制。重点推动跨区域生态环境共同治理，探索建立多维长效的区域生态补偿机制。

六是建立公共服务均等化机制。围绕稳步推进共同富裕，不断提高人民生活品质的要求，加快建立跨区域的医疗卫生、劳动就业、文化教育、社会保障、交通出行等基本公共服务跨城乡跨区域流转衔接制度，不断缩小城市间、县域间、城乡间基本公共服务差距，逐步建立起权责清晰、财力协调、标准合理、保障有力的基本公共服务制度体系和保障机制。持续提升基本公共服务均等化水平，完善保障民生底线，稳步提升就业、社保等民生保障能力。提高人口整体素质，大力发展普惠托育服务，保持适度生育率和人口规模。加大东北高校办学支持力度，打造创业创新平台，以人口高质量发展支撑东北全面振兴。

七是用足用好政策激励机制。东北地区各级党委政府要依靠中央政策支持，全力以赴抢机遇、谋项目、扩投资，把政策"含金量"变成发展"实物量"，为经济持续稳定增长提供支撑。要千方百计增动能、强支撑、蓄后劲，着力锻长板、让老家底新起来，加快扬优势、让新产业壮起来，积极抢赛道、让驱动力强起来，为经济增长提供更强动能和更多活力，为东北全面振兴作出更大贡献。

参考文献

［1］习近平：《牢牢把握在国家发展大局中的战略定位　奋力开创黑龙江高质量发展新局面》，《人民日报》2023 年 9 月 9 日，第 1 版。

［2］郝鹏：《凝心聚力打造新时代"六地"　奋力谱写中国式现代化辽宁新篇章》，《学习时报》2023 年 12 月 4 日，第 A1 版。

［3］刘海军、张超、闫莉：《东北振兴二十年历程与新时代推动东北全面振兴》，《改革》2023 年第 9 期。

［4］阎秦：《以人民为中心：新时代服务型政府的价值逻辑》，《重庆行政》2020 年第 21 期。

［5］赵徐州、曾江：《东北："共和国长子"迈上新征程》，《中国社会科学报》2019 年 2 月 15 日，第 4 版。

［6］朱国仁：《筑牢全面建设社会主义现代化国家的基础性战略性支撑》，《中国党政干部论坛》2022 年第 11 期。

［7］《中共中央关于进一步全面深化改革　推进中国式现代化的决定》，《人民日报》2024 年 7 月 22 日，第 1 版。

［8］《中共辽宁省委关于深入贯彻落实习近平总书记在新时代推动东北全面振兴座谈会上重要讲话精神奋力谱写中国式现代化辽宁新篇章的意见》，《辽宁日报》2023 年 11 月 7 日，第 7 版。

4

面向"十五五"的
中部崛起战略

推动中部地区加快崛起，是我国全面深化改革、推进中国式现代化的重点任务。国家实施促进中部地区崛起战略以来，特别是党的十八大以来，中央先后作出了"大力促进中部地区崛起""发挥优势推动中部地区崛起""促进中部地区加快崛起"等决策部署。习近平总书记先后2次主持召开中部地区崛起座谈会，要求"推动中部地区崛起再上新台阶"，"在更高起点上扎实推动中部地区崛起"，为中部地区崛起掌舵定航，谋篇布局。

"十四五"以来，中部地区在关键领域和重点区域发展取得新突破，发展活力和可持续发展能力不断增强，高质量发展根基进一步夯实，在促进我国区域协调发展和保障国家安全方面发挥了重要的战略支撑作用。同时要看到，推动中部地区加快崛起仍面临不少困难和挑战。"十五五"时期，中部地区应进一步全面深化改革，增强"三基地一枢纽"① 的功能，塑造发展新动能新优势，增强区域发展的协调性，为推动中国式现代化建设贡献中部的力量。

4.1 "十四五"时期中部崛起战略实施取得成效

中部六省完整、准确、全面贯彻新发展理念，加快构建新发展格局，中部地区发展相继站上了新台阶、站到了更高起点上，正在奋力谱写崛起

---

① "三基地一枢纽"：我国重要粮食生产基地、能源原材料基地、现代装备制造及高技术产业基地和综合交通运输枢纽。

新篇章。一是中部地区在新台阶上，统筹自身发展和国家区域重大战略的衔接，创新发展动能持续增强，经济布局进一步优化，在推进区域协调发展中发挥了"脊梁"作用。二是中部地区在新发展格局中，统筹高质量发展和高水平安全，"三基地一枢纽"战略功能进一步增强，在保障国家安全发展全局中发挥了"举足轻重"的作用。

4.1.1　区域发展协调性不断提升

中部持续提高原始创新能力，推动以科技创新引领产业创新，加快产业布局优化调整。依托中欧班列、"空中丝绸之路"等，加快建设对外贸易和物流大通道，与共建"一带一路"国家经贸合作进一步深化。加快推进制度型开放，打造形成了一批双向开放平台，内陆开放型经济高地建设成效显著。深入实施长江大保护、抓好黄河流域大保护、协同推进大治理，全力保障南水北调水源安全，坚持水资源保障、水环境治理、水生态修复"三水统筹"以及"一河一策"系统治理，生态环境持续改善，长江禁渔成效初步显现，水生态加快恢复。积极开展生态产品价值实现机制试点，深入推进流域上下游生态保护补偿试点。

中部地区经济总量持续增长，不断迈上新台阶。地区生产总值于2021年达到24.91万亿元，2023年达26.99万亿元，分别是2020年的1.2倍和1.3倍，2024上半达到13.39万亿元，地区生产总值占比位列四大板块第2位。2021—2023年中部地区平均增速为5.84%，居四大板块第1位。2023年，河南经济总量突破5.9万亿元，湖北突破5.5万亿元，湖南突破5万亿元，中部各省发展的协调性进一步增强。中部人均地区生产总值由2020年的6.02万元增加到2023年的7.56万元，是2020年的1.25倍；东部与中部地区生产总值之比逐年下降，由2020年的1.63下降到2023年的1.6。2023年中部地区常住人口城镇化率达到62.39%，比2020年提高3.29个百分点。居民人均可支配收入大幅提升，由2020年的2.72万元提高到2023年的3.35万元。城乡收入倍差连续下降，从2020年的2.34下降到2023年的2.20，城乡收入差距进一步缩小，人民群众幸福感和获得感不断提高。

中部六省持续推进区域优势互补、融合互动，积极对接京津冀、长三角、粤港澳大湾区、长江经济带及黄河流域生态保护和高质量发展等国家重大区域战略，发展空间不断扩展，区域间发展差距不断缩小。中部以占全国约十分之一的土地（10.7%），承载了全国约四分之一的人口（25.8%），贡献了全国超五分之一的经济总量（21.4%），为支撑中国经济平稳发展发挥了关键作用，区域间发展的平衡性协调性不断提升。

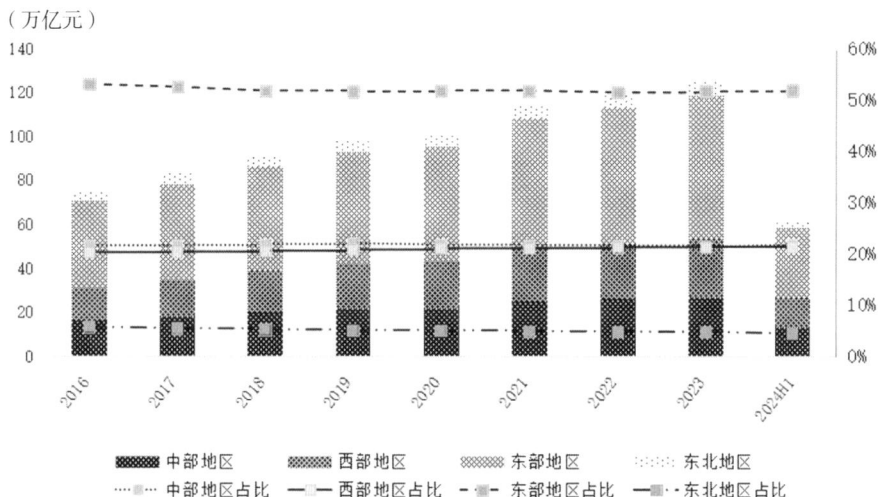

图 4-1 2016—2024 上半年四大板块生产总值及占全国比重

资料来源：2016—2023 年数据来自《中国统计年鉴》，2024 年数据来自各省份统计局。

4.1.2 粮食生产基地建设不断推进

中部大力推进"藏粮于地、藏粮于技"战略，加快高标准农田建设，高质量推进粮食生产功能区、重要农产品生产保护区和特色农产品优势区建设。2021—2023 年中部地区粮食总产量年均增长 0.53%。"十四五"以来，中部地区粮食产量稳定在 4000 亿斤左右。2023 年中部粮食产量，占全国总产量的 29.2%，比 2020 年提高 0.6 个百分点。其中，河南和安徽粮食产量分别达到 6624 万吨和 4151 万吨，分别占中部地区粮食总产量的 32.64% 和 20.45%。中部地区用全国约四分之一的耕地，生产了全国近三分之一的粮食，居四大板块之首，"大国粮仓"根基更加稳固。

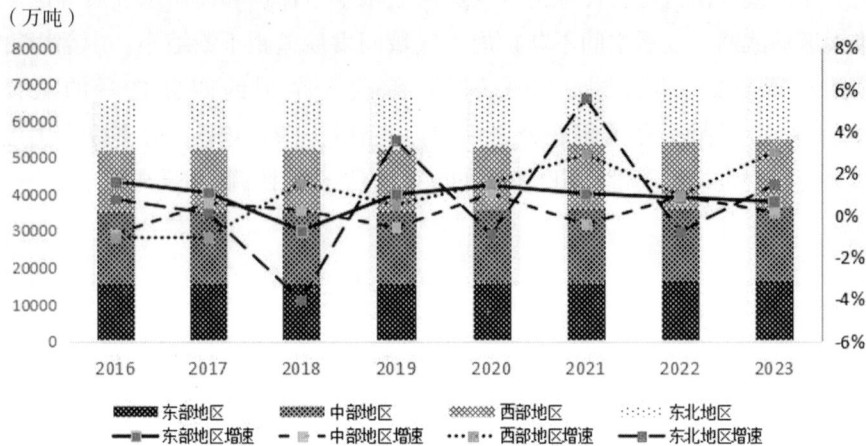

（万吨）

图 4-2　2016—2023 年四大板块粮食产量及增速

资料来源：《中国统计年鉴》、中经统计数据库。

4.1.3　能源原材料基地建设不断增强

中部能源原材料基地建设不断提速，加快建设清洁低碳、安全高效的能源体系，提高能源供给保障能力。2021—2023 年中部地区原煤产量年均

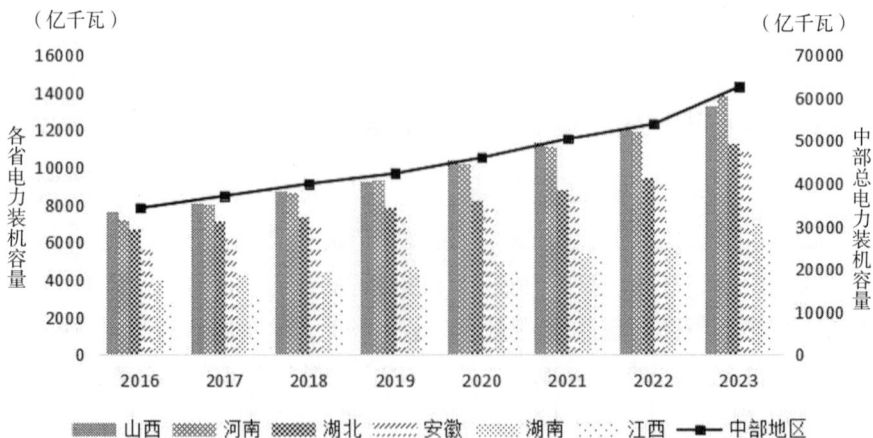

图 4-3　2016—2023 年中部各省电力装机容量及中部总电力装机容量

资料来源：《中国统计年鉴》、中经统计数据库。

增长5.89%，比"十三五"平均增速提高1.92个百分点。2023年，中部地区原煤产量为15.92亿吨，占全国的34.1%。其中，山西原煤产量13.57亿吨，居全国首位。2021—2023年中部地区电力装机容量年均增长11.42%，比"十三五"平均增速提高3.77个百分点。2023年电力装机容量达625792亿千瓦，占全国的21.4%。中部地区稀土、超硬材料、钨矿、钽矿、锂矿、铜矿等，分别占全国总量的66.7%、80%、46.8%、41.6%、22.7%、9.7%，是我国重要的战略物资储备基地。

4.1.4 现代装备制造及高技术产业基地建设不断提速

中部地区创新驱动发展新动能不断增强，统筹推进传统产业转型升级、培育壮大新兴产业、超前布局建设未来产业。中部汽车、电子信息、装备制造、生物医药等产业集群快速发展，优势产业的产业链韧性增强。产业数字化转型加快，传统装备制造业向智能化、绿色化、高端化转型。光电子信息、航空航天、生物医药、新材料、新能源等新兴产业集群不断发展壮大。量子科技、人工智能、生命工程、前沿新材料、未来健康等未来产业发展不断加速。2023年中部地区制造业增加值达6.8万亿元，规模占全国的17%。中部地区国家级战略性新兴产业集群和国家先进制造业集群占全国比重分别达27.3%和17.8%。[①]

4.1.5 综合交通枢纽建设步伐加快

中部地区承东启西，连南接北。郑州、武汉、长沙、合肥已建成全国性综合交通枢纽，郑州、武汉全球联通水平和辐射能级大幅提升。2023年中部地区高速公路通车里程达41349千米，占全国的4.5%，高速铁路通车里程达12426千米，占全国的27.6%，中部六省高速铁路通车里程都超过2000千米。[②]河南建成全国首个"米"字型高铁网，湖北鄂州拥有全国首个专业货运枢纽机场，武汉加快建设超"米"字型交通枢纽，湖南长沙逐

---

① 孙久文：《促进中部地区加快崛起的路径探索》，《中国党政干部论坛》2024年第5期。
② 程必定：《中部地区的新使命：高质量建设国家战略腹地》，《区域经济评论》2024年第4期。

步成形"四小时航空经济圈"。中部地区已形成公路四通八达、铁路便捷高效、"空中丝路"联通全球、万里长江昼夜通航的交通物流格局。①

表4-1 2023年中部六省高速公路通车里程及排名

	高速公路通车里程（km）	全国排名
河南	8321	8
湖北	7849	10
湖南	7530	11
江西	6742	13
山西	6188	16
安徽	5804	18

数据来源：《中国统计年鉴》、中经统计数据库。

4.2 "十五五"时期中部地区崛起面临的机遇和挑战

4.2.1 中部地区崛起面临的机遇

4.2.1.1 进一步全面深化改革和推进中国式现代化建设

党的二十届三中全会通过的《中共中央关于进一步全面深化改革　推进中国式现代化的决定》，对构建高水平社会主义市场经济体制、健全推动经济高质量发展体制机制、构建支持全面创新体制机制、健全宏观经济治理体系、完善城乡融合发展体制机制、完善高水平对外开放体制机制、健全保障和改善民生制度体系、深化生态文明体制改革、推进国家安全体

①《"新"潮澎湃入画图——中部地区五年发展新观察》，新华网，2024年6月3日。

系和能力现代化等方面进行了系统的部署，特别是对完善实施区域协调发展战略机制提出了明确的要求，强调要健全中部地区加快崛起的制度和政策体系，① 这为新时期中部地区进一步全面深化改革，为推动中国式现代化建设贡献中部的力量指明了方向。

4.2.1.2　在更高起点上扎实推动中部地区崛起

2024 年 3 月，习近平总书记在湖南省长沙市主持召开新时代推动中部地区崛起座谈会并发表重要讲话，强调要一以贯之抓好党中央推动中部地区崛起一系列政策举措的贯彻落实，形成推动高质量发展的合力，在中国式现代化建设中奋力谱写中部地区崛起新篇章。② 并就积极培育和发展新质生产力、更好融入和支撑新发展格局、持续打造更具竞争力的内陆开放高地、加快建设美丽中部、扎实推进乡村全面振兴、努力提升粮食能源资源安全保障能力等方面提出了明确的要求，③ 做出了具体部署，这为新时代在更高起点上扎实推动中部地区崛起提供了根本遵循。

4.2.1.3　建设国家战略腹地和关键产业备份

党的二十大报告对促进区域协调发展作出重要部署，要求"优化重大生产力布局，构建优势互补、高质量发展的区域经济布局和国土空间体系"。党的二十届三中全会指出，"建设国家战略腹地和关键产业备份。加快完善国家储备体系"。中部地区是我国重要的"三基地一枢纽"，创新发展动能不断增强，产业基础明显改善，特别是光电子信息、航空航天、生物医药、新材料、新能源等新兴产业集群不断发展壮大，现代化产业体系构建不断推进。中部地区是我国重要的战略物资储备保障基地，具有完善的产业体系和广阔的市场优势，为新时代中部地区加快建设国家战略腹地和关键产业备份奠定了坚实的基础，为构建高质量发展和高水平安全相互促进的发展格局迎来了新机遇。

---

① 《中共中央关于进一步全面深化改革　推进中国式现代化的决定》，新华社，2024 年 7 月 21 日。

② 《在更高起点上扎实推动中部地区崛起》，《人民日报》2024 年 3 月 21 日。

③ 《习近平主持召开新时代推动中部地区崛起座谈会强调：在更高起点上扎实推动中部地区崛起》，新华社，2024 年 3 月 20 日。

4.2.1.4　因地制宜发展新质生产力

数据成为新的生产要素，随着人工智能、大数据等数智技术的广泛应用，数据技术加速了要素重组、再配置与效率变革，催生新产业、新模式、新动能，有效推进了以高技术、高效能、高质量为特征的新质生产力发展。[①] 随着新一轮科技革命和产业变革加速推进，数智技术成为区域经济增长动力转换的重要推动力量，是推动区域新质生产力发展的强大引擎。党的二十届三中全会也对健全因地制宜发展新质生产力体制机制进行了全面的部署，这有利于中部地区加强关键共性技术、前沿引领技术、现代工程技术、颠覆性技术创新，加强新领域新赛道制度供给，提升引领传统产业优化升级，持续促进数字技术和实体经济深度融合，因地制宜发展新质生产力。

4.2.1.5　多重国家重大发展战略的衔接

中部地区是我国区域协调发展战略的重点区域，是长江经济带发展、黄河流域生态保护和高质量发展、"一带一路"建设等国家重大区域战略的重要承载区，也是保障国家粮食安全、国土安全、水安全和水环境安全等主体功能的重要保障区，在我国区域发展格局中发挥着举足轻重的作用。中部地区多重国家重大发展战略的衔接，有利于中部地区加强与长江经济带发展、黄河流域生态保护和高质量发展的融合联动，加强与京津冀、长三角、粤港澳大湾区深度对接，有序承接产业梯度转移，优化产业布局，[②] 提升区域协同发展水平，加快中部地区经济高质量发展。

4.2.2　中部地区崛起面临的挑战

4.2.2.1　培育发展新质生产力任重道远[③]

中部基础研究投入不足，部分关键核心技术受制于人，科技创新能力

---

①　习近平：《发展新质生产力是推动高质量发展的内在要求和重要着力点》，《求是》2024年第11期。

②　《在更高起点上扎实推动中部地区崛起》，《人民日报》2024年3月21日。

③　就新质生产力指数而言，2012年以来中部均低于全国平均水平，2019年以来中部新质生产力发展较快并超过西部地区，位列四大板块第2位。但随着人工智能、大数据等数智技术的广泛应用，区域间发展格局将出现新的调整，应强化风险治理。

有待增强。长期以来，中部研发投入强度一直偏低，始终低于全国平均水平。2023 年中部研发经费投入强度突破 2.00%，低于全国 2.64% 和东部 3.47% 的水平（上海 4.4%、深圳 5.81%），中部仅为东部的 60% 左右；中部规上工业企业研究与试验发展（R&D）经费占全国支出比重为 12.8%，不到东部的 1/3。在综合创新能力方面，仅安徽、湖北、湖南省进入全国前十，位次分别为 7、8、9 名，其他省份位次偏后。① 中部地区创新资源联动不足，低水平重复建设现象时有发生。高新产业发展也面临着一些共性问题，如高层次人才短缺、技术创新能力不足等，科技创新引领产业创新的效应尚未得到有效发挥，高新产业的总体规模和竞争力与东部沿海地区相比仍有较大差距。

4.2.2.2　支撑新发展格局作用有待增强

中部地区产业结构相似度高，传统产业占比高，制造业结构比较重，总体上大而不强、全而不精、宽而不深，产业链上中下游配套衔接不够，存在区域化、碎片化问题；新能源、半导体、生物制药等新兴产业竞争力与东部差距较大，核心零部件、核心软件、关键材料、关键检测设备等大量依赖进口，产业链供应链自主可控能力较弱。传统发展模式的掣肘及新旧动能转换的迟缓，致使经济的变速升级与提质增效在时间线上被拉长。与其他板块相比，中部经济增长速度快于东部的优势在弱化，2023 年中部增速已滞后东部 0.7 个百分点，由之前的"优等生"转为"后进生"；经济总量占全国比重高于西部的优势在弱化，2023 年中西部经济总量已基本相当；与东部经济总量的绝对差距仍在扩大，2023 年东部与中部经济总量比值为 2.42，是近五年来差距最大的时期。中部综合交通基础设施布局、结构和功能有待优化，交通基础设施系统集成有待加强。中部高铁里程和内河航道里程均居四大板块第 3 位，实现"大通道"格局依旧任重道远。②

---

① 国家统计局根据各地区创新环境、投入、产出、成效等情况，综合测算出 2023 年各省创新能力指数。

② 2023 年中部地区公路水路交通固定资产投资完成 0.75 万亿元，低于东部地区（1.08 万亿）和西部地区（1.11 万亿），占全国公路水路交通固定资产投资的 24.65%。

4.2.2.3　生态环保和低碳转型任务繁重

两条母亲河流域是中部人口活动和经济发展的重点区域，也面临流域生态安全、生态保护和修复等重大现实问题。黄河流域水资源短缺，水土流失严重，资源环境承载能力弱。长江流域乱占滥用、粗放低效利用长江岸线资源、岸线自然生态受到破坏等问题突出。江西鄱阳湖总磷浓度超标，湖北洪湖养殖污染严重，湖南洞庭湖湿地的退林还湿进展缓慢。湖南的重金属污染，山西采空区治理，江西、河南和安徽的尾矿治理等生态问题也亟待解决。中部能源结构还没有得到根本性改变，重点区域、重点行业污染问题还没有得到根本解决，实现减污降碳协同增效任务艰巨。煤电、煤化工、钢铁等传统高耗能产业占比高，对一次能源供给存在路径依赖，能源利用效率低，面临较大的碳排放量和碳排放强度。传统模式增长惯性也很大，短期内减污降碳面临较大压力。

4.2.2.4　深化改革和对外开放有待推进

中部市场分割和地方保护主义仍然存在，要素自由流动存在隐性壁垒。市场基础设施"硬联通"和信息标准等"软衔接"不够，影响市场流通效率。营商环境有待改善，内陆高水平开放体制还不健全。制度型开放有待深化，在贸易投资便利化、服务贸易、透明度等方面，与高标准国际经贸规则尚有差距，中部对外开放的潜力尚未充分发挥。2023 年，中部进出口总额仅为东部的 10.76%，西部的 96.7%。利用外资的层次和水平有待提高。[①] 中部地区发展面临着对外技术依赖、关键基础材料依赖、产业链部分关键环节受制于人，阻碍中部地区产业链向中高端迈进，迫切需要开拓新的国际开放合作的新路径。

4.2.2.5　城乡融合和民生改善有待提质

中部城乡发展不平衡问题突出，部分乡村面临人口流失和发展乏力问题，发展缺乏充足要素支撑，基础设施和公共服务短板依然突出。2020 年以来，中部常住人口城镇化率低于全国平均水平，到 2023 年依然低于全国平均水平 3.77 个百分点。城镇居民和农村居民可支配收入都低于全国平均

---

① 制造业、服务业利用外资明显不足，外商投资向农业综合开发领域和社会化服务领域延伸不够。

水平，分别为全国平均水平的 86% 和 94%，与东部地区相比差距更大。[①]中部教育、社会保障和就业、医疗卫生等支出占 GDP 比重低于东部地区和西部地区，城乡居民的幸福感、获得感和安全感有待提高。

4.3 "十五五"时期中部地区发展总体思路

4.3.1 统筹高水平安全和高质量发展

当今世界正经历百年未有之大变局，国际国内形势纷繁复杂。"十五五"时期是进一步全面深化改革，推进中国式现代化建设的关键时期，中部地区应坚持高质量发展和高水平安全相互促进，增强"三基地一枢纽"的功能，提升战略物资的储备保障能力，加快建设国家战略腹地和关键产业备份，提升产业链供应链韧性和安全水平，维护国家安全和社会稳定，进一步增强中部地区在全国举足轻重的战略地位。

4.3.2 统筹区域高质量协调发展

当前和今后一段时期，新一轮科技革命和产业变革加速演进，中部地区应以科技创新引领产业创新，加快构建以先进制造业为支撑的现代化产业体系，[②] 积极培育和发展新质生产力。加快形成同新质生产力更相适应的生产关系，促进各类先进生产要素向发展新质生产力集聚，大幅提升全要素生产率。[③] 同时，中部地区应统筹推进深层次改革和高水平开放，协

[①] 虽然中部城乡居民收入差距在逐渐缩小，但农村居民的收入不到城镇居民可支配收入的48%。

[②] 《在更高起点上扎实推动中部地区崛起》，《人民日报》2024 年 3 月 21 日。

[③] 《中共中央关于进一步全面深化改革　推进中国式现代化的决定》，新华社，2024 年 7 月21 日。

同推进生态环境保护和绿色低碳发展，坚持城乡融合发展，加强与其他重大发展战略的衔接，加快构建跨行政区合作发展新机制，加快塑造发展新动能新优势，实现高质量发展和加快崛起，在我国构建优势互补的区域经济布局和国土空间体系中发挥重要战略支撑作用。

4.4 "十五五"时期中部地区发展的重点方向和建议

"十四五"以来，中部地区崛起的微观基础发生了积极变化，区域经济发展格局呈现新变化，中部地区发展站到了更高起点上。"十五五"时期，中部地区应进一步全面深化改革，开拓崛起新思路新路径，形成推动高质量发展的合力，在中国式现代化建设中奋力谱写中部地区崛起新篇章。

4.4.1 增强促进区域协调发展新动能

切实增强中部内源性动力源，关键是技术创新、重点是高新技术产业集群壮大，打造更先进的新质生产力，点燃中部经济高质量发展的新引擎。切实优化中部生产力布局，增强中心城市和城市群发展新动能，加快引领中部经济协调发展的动力跃升。

4.4.1.1 因地制宜发展新质生产力

技术创新是关键。充分发挥中部地区的科教优势，坚持创新驱动发展，加强原创性科技攻关。探索建设世界水平的工程师培养体系，实行高校和企业联合培养高素质复合型工科人才的有效机制，建立与国际接轨的全球人才招聘制度。通过增强中部各省国家战略科技力量，整合科技创新资源，集聚各方力量进行原创性、引领性科技攻关，打造更多引领新质生产力发展的"硬科技"。① 构建开放、协同、高效的共性技术研发平台,充分发挥各省自主创新示范区的引领作用,提升基础研究和关键核心技术攻关能力。继续推进国家实验室建设,并布局一批中试和应用验证的平台,推进关键技术突破、迭代应用和生态培育。②

企业是创新主体。强化企业科技创新主体地位,加快构建科技创新供应链平台,促进产学研融通创新,加强创新要素集成和科技成果转化,提高科技进步对经济增长贡献率,提高中部地区全要素生产率。健全需求为导向、企业为主体的产学研一体化创新机制,加强对中小企业创新支持,加强知识产权保护和运用,培育更多具有自主知识产权和核心竞争力的创新型企业。

增强战略性新兴产业和未来产业竞争力是重点。以科技创新引领产业创新,以数智赋能产业向"新"。培育壮大光电子信息产业、航空航天、新能源汽车、新材料、现代生物医药、高端装备制造等新兴产业的全产业链竞争力,打造一批具有国际先进水平的优势制造业集群和先进制造业集群。加快战略性新兴产业融合集群发展,加强全产业链攻关、全要素支持、全生态发展,推动重大战略产业发展。对前沿技术、颠覆性技术进行多路径探索,推动建立国家未来产业先导试验区,超前谋划布局一批未来产业。③

4.4.1.2 增强城市群增长动能

发挥中部地区的空间优势,打造"两群""多圈"的区域发展格局。④加快推进武汉、郑州国家中心城市建设,进一步强化武汉、郑州等中心城市引领高质量发展的头雁效应,要进一步增强都市圈、长江中游城市群、中原城市群等辐射带动区域发展的群雁效应,提升中部地区经济的网络化程度,共同打造引领中部崛起的核心引擎。完善城市群空间结构和功能,培育壮大沿江沿线都市圈和城市群增长极,加强都市圈之间协调联动,更

---

① 习近平经济思想研究中心:《新质生产力的内涵特征和发展重点》,《人民日报》2024年3月1日。

② 《挺起高质量发展的中部脊梁》,《经济日报》2024年4月3日。

③ 郑栅洁:《加快建设以实体经济为支撑的现代化产业体系》,《求是》2023年第13期。

④ 《挺起高质量发展的中部脊梁》,《经济日报》2024年4月3日。

好辐射带动周边地区发展，增强中部地区的整体实力。加强与发展优势地区的协同联动，加强与京津冀、长三角、粤港澳大湾区深度对接，加强与长江经济带发展、黄河流域生态保护和高质量发展的融合联动。[①]

4.4.2 加快更好服务新发展格局新实践

要充分利用中部地区的区位优势、资源优势、市场优势等，充分发挥中部各项国家战略优势的叠加效应、协同效应、融合效应，不断开拓发展新空间，推进区域联动发展，更好融入和支撑新发展格局。

4.4.2.1 加快高标准市场体系建设

中部各省要加快完善产权保护、市场准入、公平竞争、社会信用等市场经济基础制度。完善适应全国统一大市场建设的长效体制机制，大力整治市场垄断和不正当竞争行为，建设全国统一大市场的枢纽。[②] 完善市场准入制度体系，持续推进新业态新领域准入放宽。要深化要素市场化改革。进一步健全土地、金融、数据等领域制度规则。打破行政壁垒，推动资金、数据、人才、技术等各种生产力要素跨区域合理流动和优化配置，更好参与全国统一大市场。[③]

4.4.2.2 加快产业链供应链升级

中部地区要加快推进数字化转型。[④] 中部各省应立足产业发展实际，推动新一代信息技术与制造业深度融合，推动制造业数智化改造、绿色化转型，提高创新水平和核心竞争力，加强产业链合作，实现融通发展。进一步把握数字化、网络化、智能化方向，利用数字技术对制造业、服务业、农业进行全方位、多角度、全链条改造，大力开拓数字化转型场景，推动互联网、大数据、人工智能和实体经济深度融合，不断培育发展新产

---

① 《在更高起点上扎实推动中部地区崛起》，《人民日报》2024年3月21日。

② 《国家发展改革委：全力推动构建新发展格局取得新突破》，《求是》2023年第8期。

③ 《习近平主持召开新时代推动中部地区崛起座谈会强调：在更高起点上扎实推动中部地区崛起》，新华社，2024年3月20日。

④ 数字化转型已成为当今世界经济社会发展不可逆转的趋势，中部地区只有紧跟新一轮数字革命和产业变革的脚步，才能在全球产业链供应链再分配中取得竞争新优势，才能在全国高质量发展中贡献新力量。

业新业态新模式。加快推进数字产业化，加强数字技术基础研究，培育壮大人工智能、物联网、量子计算等新兴产业，打造具有国际竞争力的数字产业集群。[①]

4.4.2.3 推进高水平对外开放

充分释放中部区位与交通优势叠加效应，打造更具竞争力的内陆开放高地。加强内外联通的开放通道建设，深度融入共建"一带一路"，全面提升"空中丝绸之路"的辐射力和影响力，在枢纽功能提升、航线网络拓展、特色产业培育等领域实现新突破。主动对接新亚欧大陆桥、西部陆海新通道，在联通国内国际双循环方面发挥更大作用。[②] 高标准建设自由贸易试验区，打造更多高能级对外开放合作平台，更好发挥国家级新区、临空经济示范区等作用，探索建设内陆自贸港。[③] 稳步扩大制度型开放，加快从制造业开放为主迈向服务业开放为主的新阶段，加快从政策性优惠开放到公平开放、主动开放、双向开放，创造开放型经济发展新模式。全面推动投资便利化、贸易便利化和金融创新，有序承接产业转移。完善陆海统筹、东西互济、内外融合的全方位开放体系，在联通国内国际双循环方面发挥更大作用。

4.4.3 增强保障国家安全战略新能力

4.4.3.1 加快产业备份基地建设[④]

基于国家重大战略需求和生产力布局优化要求，中部聚焦主导产业和产业体系优势，承接国家产业备份和优化产业领域布局。持续完善和强化已有的能源、制造业和国防重工业等战略基础支撑，夯实产业基础。统筹布局信息技术、新材料、新能源等战略性新兴产业落地融合，加快实施一

---

① 郑栅洁：《加快建设以实体经济为支撑的现代化产业体系》，《求是》2023 年第 13 期。

② 《挺起高质量发展的中部脊梁》，《经济日报》2024 年 4 月 3 日。

③ 《习近平主持召开新时代推动中部地区崛起座谈会强调：在更高起点上扎实推动中部地区崛起》，新华社，2024 年 3 月 20 日。

④ 为应对破坏性风险，就要求不惜增加成本，后备寻源，激活备份，建立弹性。中部产业链可分为"功能性"产业链和"创新性"产业链两类。前者主要是涉及大宗商品，包括战略和关键原材料，主要面临的是经常性风险；后者主要指 ICT 技术相关行业等，主要面临的是破坏性风险，对这两类产业链备份的策略应有所不同。

批国家军民融合战略项目，重点推进人工智能、生物医药、现代装备制造业等产业发展，有效提升重点产业的平急转换能力。加强应急物资产业链供应链体系建设，强化重点产业链供应链预警监测与分析，推动一批供应链企业纳入国家安全应急物资保障平台，增强产业链供应链的竞争力和安全性，提升自主可控能力，将中部地区打造成为统筹国家发展和安全的稳定器与压舱石。

4.4.3.2 粮食能源原材料基地建设

中部应全方位夯实粮食安全根基。严守耕地红线，加大农业基础设施建设投入，加快高标准农田建设，加快实施现代种业提升工程，有序推进优质粮食工程，着力提高土地生产率和农业全要素生产率，建设高质量、现代化粮食产业体系和集群。高质量推进中部五大粮食主产区、重要农产品生产保护区和特色农产品优势区建设，打造一批绿色农产品生产加工供应基地，加快建设中部粮食储备基地，确保粮食等重要农产品稳定安全供给。① 加快建设华中区域粮食应急保障中心，提高应急储备能力，推进粮食流通现代化。

深入实施能源资源安全战略。健全石油、天然气、煤炭、电力等能源产供储销体系，聚焦能源关键领域和重大需求，加快推进能源领域科技创新。进一步提升山西、安徽、河南煤炭，以及江西稀土等资源开发利用水平，增强煤炭等化石能源兜底保障能力。② 推动湖南、江西大力发展风电、光伏、储能，湖北提升水电能效，提升新能源在能源保供中的重要作用，加快建设新型能源体系。在持续加大太阳能、风能等新能源投资力度的同时，必须着力提升新能源消纳、存储以及主动支撑能力，推动多种能源优势互补、协同发展，积极构建新型电力系统和新型能源体系。③ 健全政府储备和企业储备有机结合、互为补充的能源资源储备体系。推进能源安全监测预警能力建设。

---

① 《习近平主持召开新时代推动中部地区崛起座谈会强调：在更高起点上扎实推动中部地区崛起》，新华社，2024年3月20日。

② 《习近平主持召开新时代推动中部地区崛起座谈会强调：在更高起点上扎实推动中部地区崛起》，新华社，2024年3月20日。

③ 金观平：《统筹多种能源融合互补》，《经济日报》2024年4月12日。

4.4.3.3　加强生态安全建设

加快南水北调中线和长江中下游、黄河中下游、淮河、汾河等流域及交通通道沿线生态走廊建设。强化加快推进三峡库区、丹江口库区及上游和黄河、淮河、海河、巢湖、新安江等重点流域水安全保障,加快洞庭湖、巢湖、鄱阳湖等重点湖泊水污染系统治理、综合治理、协同治理,切实改善水环境质量。加快推进采煤沉陷区、采空区、水土流失区、矿山废石废渣堆采区煤矸石山的生态环境治理修复。同时,中部也迫切需要在经济发展与减排增汇之间、在保障能源安全供应和经济社会发展之间找到平衡点,要在经济发展中促进绿色低碳转型,在绿色转型中加快崛起。

4.4.3.4　加快交通物流枢纽建设

发挥中部区位和通道优势,打通"大动脉",畅通"微循环",加强现代化交通基础设施体系建设,强化中部地区的大通道格局。① 优化基础设施布局、结构、功能和系统集成,着力保障重要基础设施安全。加强铁路、公路、水运、航空、管道、物流等基础设施建设。② 加速建设信息基础设施,稳步发展融合基础设施,适度超前谋划和部署创新基础设施建设,特别是加快5G、大数据中心等新型基础设施建设,为更加安全地发展提供强有力的基础设施支撑。依托中部各省航空港(空中丝绸之路)、高铁网、中欧班列等,统筹推进现代流通体系硬件和软件建设,降低流通成本,建设高效顺畅的现代化的物流体系。

4.4.4　推进经济体制深化改革新探索

中部地区在全国各项改革的整体进程中,有些走在了前面,有些则明显滞后。在国内外发展环境发生深刻变革,新技术革命加速演进的新情况下,中部各省应进一步全面深化改革,着力解决制约中部高质量发展的痛点难点问题,为推进中国式现代化建设贡献中部的力量。

4.4.4.1　加快新型生产关系改革

积极探索与新质生产力相适应的新型生产关系的改革,既要推进发展

---

①　《奋力谱写中部地区崛起新篇章》,《人民日报》2024年5月30日。

②　郑栅洁:《加快建设以实体经济为支撑的现代化产业体系》,《求是》2023年第13期。

型改革，也要推进治理型改革。在发展型改革方面，强化国家战略科技力量，强化企业科技创新主体地位，优化配置创新资源，努力突破关键核心技术，推动实现高水平科技自立自强。[①] 创新生产要素配置方式，深化科技体制改革，完善支持全面创新的基础制度，让各类先进优质生产要素向发展新质生产力顺畅流动。在治理型改革方面，通过增加创新投入，优化资源配置，推动数字技术与实体经济深度融合，协同推进数字产业化和产业数字化，赋能传统产业转型升级，提升全要素生产率。强化数智治理，通过汇聚"大数据"，做强"大计算"，激发新质生产力，有效提升经济增长的质量和效率，在新一轮科技革命和产业变革中走在前列。

4.4.4.2 加快高水平对外开放改革

积极探索更大范围、更宽领域、更深层次对外开放，持续深化商品、服务、资金、人才等要素流动型开放，稳步扩大规则、规制、管理、标准等制度型开放。依法保护外商投资权益，合理缩减外资准入负面清单，引导外资更多投向先进制造业、现代服务业、高新技术、节能环保等领域。[②]深入推进安徽、河南、湖北、湖南自贸试验区改革，先行先试，打造更多高能级对外开放合作平台，支持跨境电商、海外仓等发展。健全畅通国内国际双循环体制机制，营造市场化、法治化、国际化一流营商环境，[③] 推进内外贸一体化发展。

4.4.4.3 加快区域协调发展机制改革

加快中部省际及国家重大战略区域间利益分享机制和合作机制等改革。推进省际市场一体化、产业协同发展、基础设施建设、生态环境联防联控、公共服务共建共享方面的体制机制不断完善，有序推进中部地区协同发展水平。完善粮食主产区和主销区之间的利益补偿机制，健全粮食产购储加销协同保障机制。完善粮食储备管理体制，健全粮食储备运行机

---

① 习近平：《全面深化改革开放，为中国式现代化持续注入强劲动力》，《求是》2024年第10期。

② 《国家发展改革委：全力推动构建新发展格局取得新突破》，《求是》2023年第8期。

③ 王镭：《用好两个市场两种资源 促进国内国际双循环》，《红旗文稿》2024年第6期。

制，科学确定粮食储备功能和规模。① 完善流域横向生态保护补偿机制。在长江、黄河全流域，新安江等重要流域，南水北调等重大引调水工程水源地，建立健全跨流域横向补偿机制，开展跨区域联防联治。推进市场化生态补偿，健全可持续投融资机制。

参考文献

［1］习近平：《高举中国特色社会主义伟大旗帜 为全面建设社会主义现代化国家而团结奋斗——在中国共产党第二十次全国代表大会上的报告》，新华社，2022 年 10 月 25 日。

［2］习近平：《发展新质生产力是推动高质量发展的内在要求和重要着力点》，《求是》2024 年第 11 期。

［3］习近平：《全面深化改革开放，为中国式现代化持续注入强劲动力》，《求是》2024 年第 10 期。

［4］《习近平主持召开新时代推动中部地区崛起座谈会强调：在更高起点上扎实推动中部地区崛起》，新华社，2024 年 3 月 20 日。

［5］《中共中央关于进一步全面深化改革 推进中国式现代化的决定》，新华社，2024 年 7 月 21 日。

［6］《"新"潮澎湃入画图——中部地区五年发展新观察》，新华网，2024 年 6 月 3 日。

［7］《在更高起点上扎实推动中部地区崛起》，《人民日报》2024 年 3 月 21 日。

［8］《挺起高质量发展的中部脊梁》，《经济日报》2024 年 4 月 3 日。

［9］《奋力谱写中部地区崛起新篇章》，《人民日报》2024 年 5 月 30 日。

［10］国家发展改革委：《全力推动构建新发展格局取得新突破》，《求

① 《中共中央关于进一步全面深化改革　推进中国式现代化的决定》，新华社，2024 年 7 月 21 日。

是》2023 年第 8 期。

［11］习近平经济思想研究中心：《新质生产力的内涵特征和发展重点》，《人民日报》2024 年 3 月 1 日。

［12］郑栅洁：《加快建设以实体经济为支撑的现代化产业体系》，《求是》2023 年第 13 期。

［13］孙久文：《促进中部地区加快崛起的路径探索》，《中国党政干部论坛》2024 年第 5 期。

［14］程必定：《中部地区的新使命：高质量建设国家战略腹地》，《区域经济评论》2024 年第 4 期。

［15］王镭：《用好两个市场两种资源 促进国内国际双循环》，《红旗文稿》2024 年第 6 期。

［16］金观平：《统筹多种能源融合互补》，《经济日报》2024 年 4 月 12 日。

5

面向"十五五"的
东部率先战略

自 2006 年提出"鼓励东部地区率先发展"的区域发展战略以来，东部地区不断被赋予新的历史使命。习近平总书记对东部地区发展十分关注、寄予厚望，为推动东部地区高质量发展把脉定向。2021 年《"十四五"规划和 2035 年远景目标纲要》提出东部地区要"加快推进现代化"的要求；近期习近平总书记分别对东部地区作出新谋篇布局，京津冀要"以更加奋发有为的精神状态推进各项工作，推动京津冀协同发展不断迈上新台阶，努力使京津冀成为中国式现代化建设的先行区、示范区"；长三角要"加强科技创新和产业创新跨区域协同"；粤港澳大湾区要做"新发展格局的战略支点、高质量发展的示范地、中国式现代化的引领地"。对东部的其他省份构建新发展格局、推动高质量发展，习近平总书记也提出了新要求：山东要"在进一步全面深化改革、推进高水平对外开放上勇争先"；福建要"完整、准确、全面贯彻新发展理念"；海南要"站在更高起点谋划和推进改革，下大气力破除体制机制弊端，不断解放和发展社会生产力"。2024 年，党的二十届三中全会进一步细化目标与任务，"东部地区加快推进现代化的制度和政策体系。推动京津冀、长三角、粤港澳大湾区等地区更好发挥高质量发展动力源作用，优化长江经济带发展、黄河流域生态保护和高质量发展机制。高标准高质量推进雄安新区建设"。

5.1 "十四五"时期东部率先
战略发展现状

　　"十四五"规划提出，东部地区要"加快推进现代化""率先实现高质量发展"。在这期间，东部地区作为我国经济社会发展的龙头和改革开放的前沿阵地，继续引领着全国高质量发展的潮流，进一步优化改革开放空间布局，加速构建成为我国发展最为强劲且充满活力的增长极。

5.1.1 经济引擎强劲，领跑全国发展

从渤海之滨到南海之畔，东部地区是我国经济的"压舱石"、发展的"动力源"、改革的"试验田"。"十四五"规划强调，东部地区要"加快培育世界级先进制造业集群，引领新兴产业和现代服务业发展，提升要素产出效率，率先实现产业升级。"

2023年，东部地区生产总值达652084.2亿元，较上年增长5.4%，占全国GDP的52.10%。从总量看，广东GDP首次超越13万亿元关口，占全国GDP的10.8%，连续35年位列全国第一，与美国经济第三大州纽约州的GDP规模（2.168万亿美元）较为接近。江苏GDP折合1.82万亿美元，高于澳大利亚（1.675万亿美元）、韩国（1.665万亿美元）。经济大省继续发挥稳增长作用，山东、浙江全年GDP分别首次迈上9万亿元、8万亿元台阶。

从人均GDP来看（见图5-1），东部十省市中北京、天津、上海、江

(元/人)

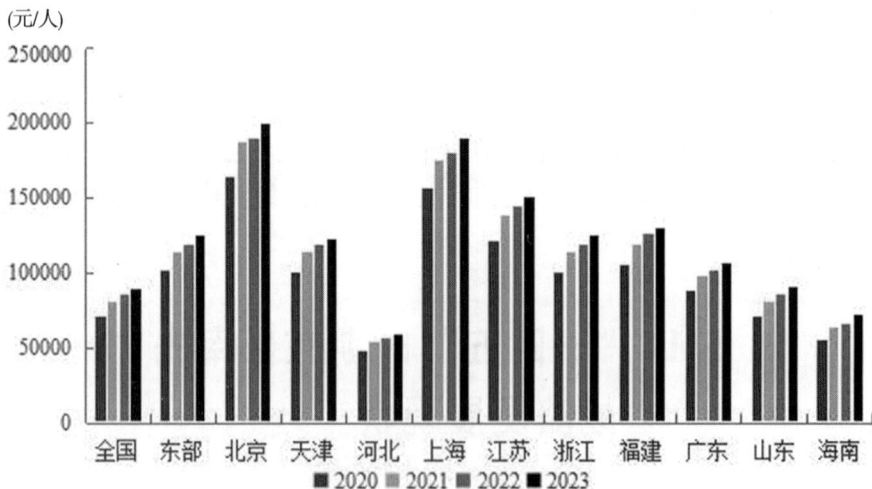

图 5-1 2020—2023 年全国及东部各省份人均 GDP

资料来源：2020—2023 年《中国统计年鉴》。

苏、浙江、福建、广东、山东超过全国平均水平，其中北京、上海、江苏
人均 GDP 水平均达到全国人均 GDP 水平的 1.5 倍以上。根据国际货币基
金组织（IMF）2021 年发布的《世界经济展望报告》，2020 年发达经济体
人均 GDP 最高为 116820 美元，最低为 17550 美元。据此，依照人均 GDP
衡量对比，以当年汇率折算，上述六个东部省市均已达到中等偏上经济体
的发展水平。

随着经济发展水平的提高，经济结构也发生了变化。根据配第—克拉
克定理，第一产业的比重逐渐降低，而第二产业和第三产业比重逐步提
高。产业结构转型升级，尤其是以现代服务业为主导的第三产业逐渐崛
起，是全面建设社会主义现代化国家的重要基础。以西方发达国家为例，
第三产业占 GDP 比重普遍在 60%—70%。从东部省市来看，以北京和上海
为代表的都市型经济已在 20 世纪末就实现了第三产业占 GDP 的比重超过
第二产业。而广东、浙江、江苏和山东四个省份也相继实现了第三产业对
第二产业比重超越。近年来，东部地区各省市的产业结构转型优化趋势显
著，特别是第三产业发展态势较好。这一趋势表明，我国经济正逐渐转向
更为多样化和服务导向的发展模式。如图 5-2 所示，2023 年，东部地区十

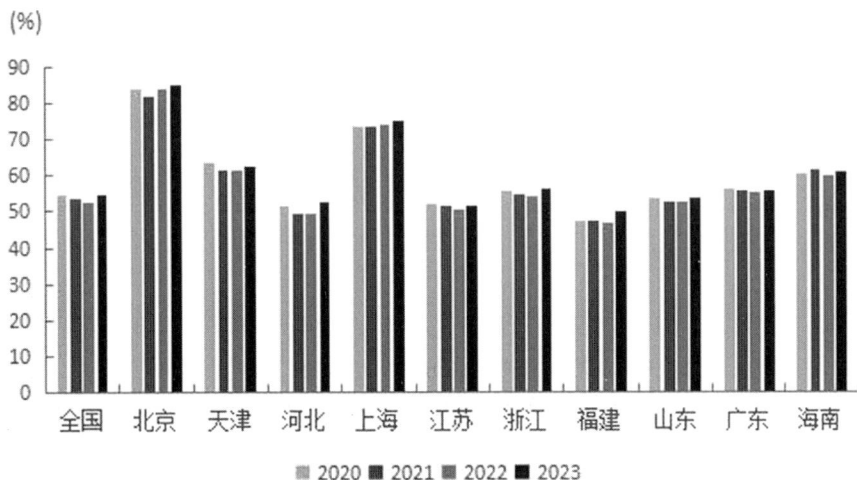

图 5-2 2020—2023 年全国及东部各省市第三产业增加值占 GDP 比重

资料来源：2020—2023 年《中国统计年鉴》。

个省市第三产业增加值占 GDP 比重均达到 50%以上。我国东部省市的产业结构已基本接近西方主要发达经济体的水平。

5.1.2 创新驱动升级，科技实力领先

"十四五"规划强调，东部地区要"发挥创新要素集聚优势，加快在创新引领上实现突破"。创新投入方面，东部地区坚持把创新作为引领发展的第一动力，不断增加研发投入。本报告选取研究与试验发展（R&D）经费支出数据。2023 年，我国 R&D 支出 33278 亿元，比上年增长 8.1%，与 GDP 之比为 2.64%，其中基础研究经费 2212 亿元，比上年增长 9.3%，占 R&D 经费支出比重为 6.65%。在东部地区十个省市中，北京、天津、上海、江苏、浙江、广东六个省市高于全国 R&D 经费投入强度；其中，北京 R&D 经费投入强度高达 6.83%，为全国的 2.58 倍。

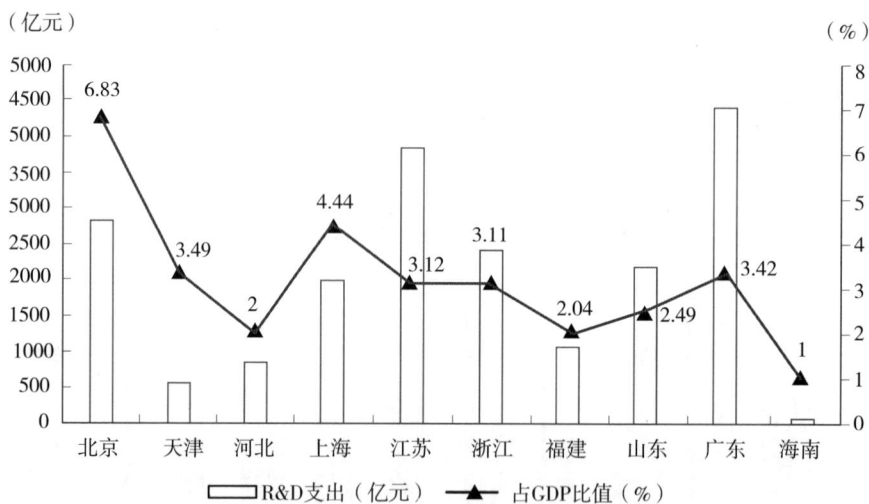

图 5-3　2023 年东部各省市 R&D 支出及其 GDP 占比

资料来源：2023 年《中国统计年鉴》。

创新产出方面，2023 年，东部地区的创新产出成效显著。在科技创新方面，取得了包括集成电路 5 纳米刻蚀技术、10 拍瓦激光放大输出等在内的一系列高水平科研成果。在产业发展方面，战略性新兴产业在工业总产值的占比稳定在 30%左右，创新效应持续显现，创新活力不断释放。本报

告选取技术含量更高的发明专利数据，使用 2023 年全国及东部十省市人均有效发明专利数量刻画东部地区的创新能力基础。从图 5-4 可以看出，东部地区大部分省市创新水平均走在全国前列，其中北京、浙江、江苏、广东、上海、天津六省市人均有效专利数量最为突出，分别是全国平均水平的 9.23、4.35、2.18、1.85、1.76、1.64 倍。总体来看，东部地区科技水平处于全国领先地位。

（件）

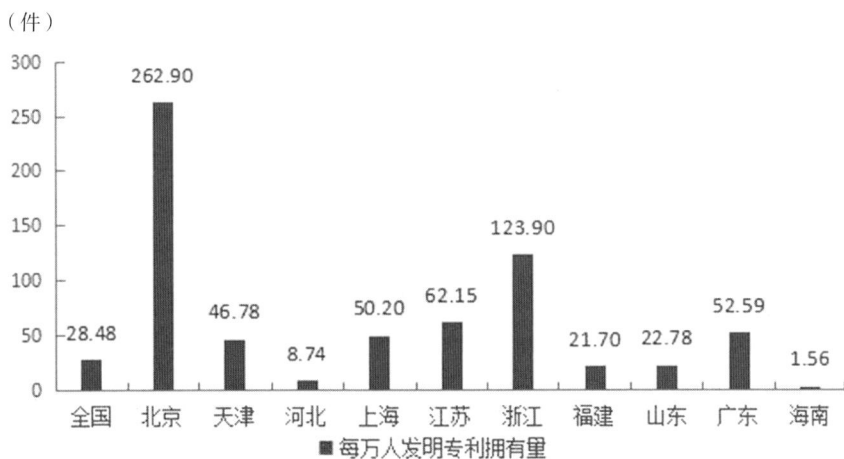

图 5-4　2023 年全国及东部各省市每万人有效专利数

资料来源：2023 年《中国统计年鉴》。

创新能力方面，在《中国区域科技创新能力评价指数报告（2023）》中，构建了区域科技创新能力评价指标体系，包括创新环境、研发能力、企业活力和创新绩效四个一级指标和 24 个二级指标。结果显示，北京科技创新能力总得分最高，达到 87.36，凸显其科技创新能力显著高于其他省份；上海和浙江分列第二、三位，得分分别为 77.58 和 76.11。科技创新能力评价指数排名前十的省份中，东部地区占七个，可以看出，东部地区的科技创新能力显著优于其他三大区域。

创新企业方面，在公布的五批专精特新"小巨人"企业中，浙江、广东、山东、江苏四省的"小巨人"企业数量领跑全国，均拥有千家以上"小巨人"企业；其中，江苏以 1474 家企业领跑，紧随其后的是广东（包括深圳）的 1466 家和浙江的 1435 家。这三省的小巨人企业总和占全国的 35.88%，东部地区整体的"小巨人"企业总量占全国的 74.6%，呈现"东强西弱"的分布状态。除此之外，新经济企业仍集中于东部地区，企业数量为 411 家，占全国总数的 82.2%；中国企业 500 强来自东部、中部、西部和东北的数量分别为 365 家、56 家、74 家、5 家，东部地区占比超 80%。[①]

5.1.3　区域协同并进，增长极作用凸显

"支持深圳建设中国特色社会主义先行示范区、浦东打造社会主义现代化建设引领区、浙江高质量发展建设共同富裕示范区。深入推进山东新旧动能转换综合试验区建设。"是"十四五"规划在区域协调方面对东部地区提出的要求。

随着京津冀、长三角、粤港澳大湾区等区域的协同发展，经济高质量发展被进一步推动。2023 年，京津冀地区生产总值 104442 亿元，比上年增长 5.1%；长江经济带地区生产总值 584274 亿元，增长 5.5%；长三角地区生产总值 305045 亿元，增长 5.7%；珠三角地区生产总值达到 11.02 万亿元，与 2022 年相比增长 1.82 万亿元。2023 年，京津冀、长三角和珠三角地区对东部地区 GDP 的贡献为 79.69%，占全国 GDP 比重约为 41%，成为引领全国高质量发展的重要动力源。

北京、天津、上海、广州和深圳 5 个超大城市以占东部地区 4.8% 的国土面积，集聚了东部 17.2% 的人口、创造了 26.48% 的 GDP。东莞、青岛、济南等一大批特大城市，要素集聚能力和经济增长潜力得到显著提升。

5.1.4　制度创新引领，发展活力迸发

东部地区作为我国经济发达地区和改革开放的前沿，在制度创新方面一直走在全国前列，展现出强大的创新活力和改革魄力。"十四五"规划

---

① 工业和信息化部中小企业发展促进中心：《专精特新"小巨人"企业全景分析》，见 http：//www. amdaily. com/Policy/MadeChina/12781. html。

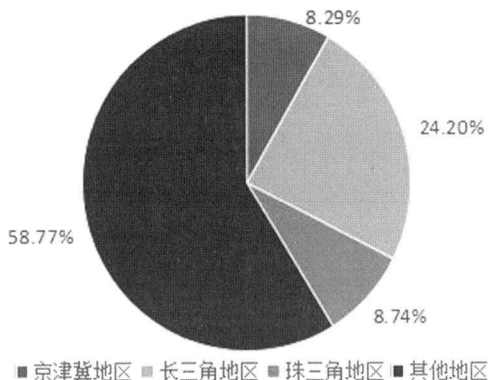

图 5-5　2023 年三地区 GDP 占全国 GDP 比重

资料来源：作者根据 2023 年各省份统计年鉴整理。

和 2035 年远景目标纲要提出，支持深圳建设中国特色社会主义先行示范区、浦东打造社会主义现代化建设引领区、浙江高质量发展建设共同富裕示范区，深入推进山东新旧动能转换综合试验区建设。

从经济特区、沿海开放城市到自由贸易试验区、先行示范区，东部地区在社会治理、营商环境、政务服务等多方面不断创新，为东部地区推进经济社会发展注入强劲动力。"十四五"期间，深圳先行示范区放宽市场准入 24 条特别措施加快落地，深圳数据交易所累计交易金额超 27.7 亿元，电子元器件和集成电路国际交易中心等揭牌成立。浦东新区综合改革试点扎实推进："一业一证"改革已发放一万余张行业综合许可证、在全国首创行业综合许可变更注销"免申即办"、率先试点以企业信用信息报告代替行政合规证明新机制、累计出台"融资租赁""标准化创新发展"等浦东新区法规 18 部、地方性法规浦东专章 2 部以及"深化经营范围登记改革"等浦东新区管理措施 28 部。海南自由贸易试验区实施离岛免税商品的溯源管理、"零关税"进口商品全流程监管模式、探索海洋水产种质资源的引育新路径、创设省级统一的类案裁判指引制度、推进商事登记改革、施工图审市场化和"多审合一"改革、金融领域创新案例等，增强市场活力。

5.1.5 开放格局深化，国际影响力扩大

开放型经济既是东部地区自改革开放以来经济发展的鲜明特征，也是东部地区经济发展的主要动力之一。"十四五"规划要求东部地区应"更高层次参与国际经济合作和竞争打造对外开放新优势，率先建立全方位开放型经济体系"，东部地区率先发展战略要求东部地区提高开放型经济水平，建立更高水平的开放型经济体系，在更高层次上参与国际竞争与合作。

从对外贸易金额来看，图 5-6 和图 5-7 显示，从 2020—2023 年，东部地区进、出口总额占 GDP 的比例普遍在 80%、78% 左右上下波动。这一比例的稳定性反映出东部地区经济的外向型特征十分明显，且在全球贸易中扮演着举足轻重的角色。"十四五"期间，尽管国际市场风云变幻，贸易保护主义抬头，以及面对全球疫情的冲击，东部地区依然保持了较强的经济韧性和适应能力，通过不断优化贸易结构、提升产品竞争力和拓展国际市场，实现了对外贸易的稳定增长。

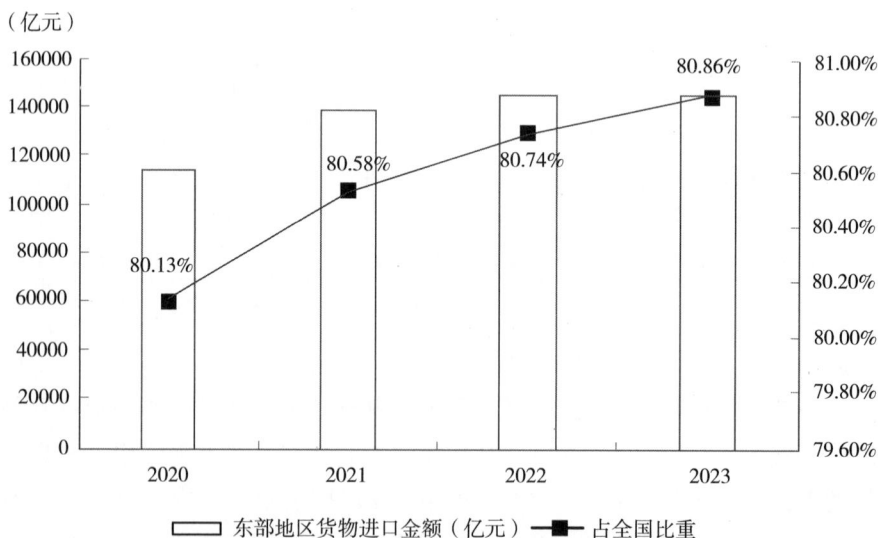

图 5-6　2020—2023 年东部地区货物进口金额及占全国比重

资料来源：作者根据 2023 年各省份统计年鉴整理。

（亿元）

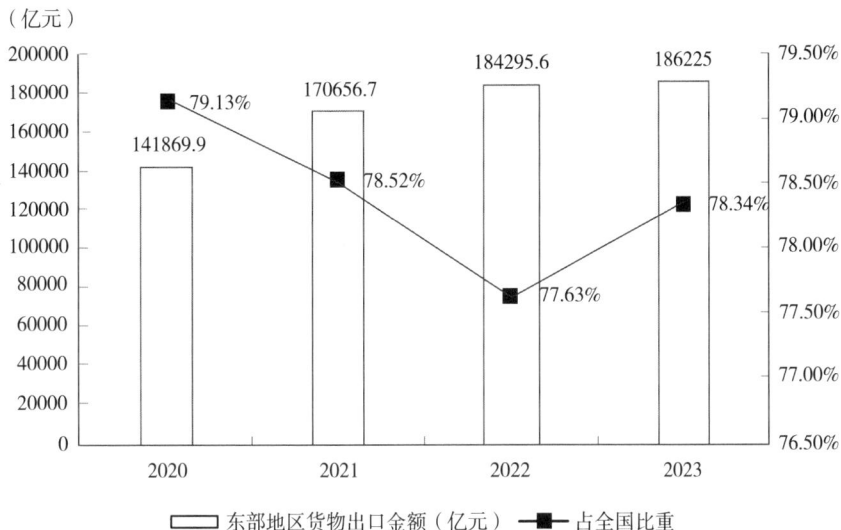

图 5-7　2020—2023 年东部地区货物出口金额及占全国比重

资料来源：作者根据 2023 年各省份统计年鉴整理。

此外，东部地区还积极响应国家战略，通过举办国际展览会，加强与其他国家的经贸合作，推动了贸易的多元化发展。2023 年，东部地区举办经贸类展览项目数量和面积均大幅领跑全国，全国占比分别为 68.26% 和 73.53%；京津冀、长三角、珠三角三大区域举办经贸类展会数量占全国比重为 57.35%，总展览面积占全国比重高达 63.27%；其中，长三角地区 2023 年共举办经贸类展会 1031 场，总展览面积 4398 万平方米，在全国占比分别高达 26.28% 和 31.14%。①

总体来看，东部地区作为我国经济发展的前沿阵地，"十四五"期间在经济、创新、区域协调、制度创新和对外开放等方面均取得了积极进展，为我国区域发展和现代化建设作出了重要贡献。经济领域保持稳定增长，人均 GDP 水平显著提升，部分省市已达到中等偏上经济体水平。产业结构优化升级，第三产业成为主导，创新驱动发展成效显著，R&D 投入强

---

① 中国贸促会：《2023 中国展览经济发展报告》，见 https://www.ccpit.org/image/164160319801788 0066/d921631cbc2a43b195a10a2890bc09c0.pdf。

度领先，创新产出和能力均居全国前列。区域协调发展深入推进，京津冀、长三角、粤港澳大湾区等增长极作用凸显，对全国经济增长贡献突出。制度创新不断突破，为经济社会发展注入新动力。对外开放水平持续提升，对外贸易稳定增长，国际展会活动频繁，展现了东部地区的外向型经济特征。

5.2 "十五五"时期可能面临的机遇与挑战

在"十五五"时期，东部地区作为中国经济的重要引擎和改革开放的先行者，将承担起更加重要的历史使命。在享受先发优势的同时，东部地区也面临着前所未有的机遇与挑战。本报告将从产业结构升级、自主创新能力、区域发展不平衡、环境和可持续发展、国际竞争等多个维度，深入探讨东部地区在"十五五"时期可能遇到的挑战与机遇。

5.2.1 产业升级迫在眉睫：结构转型与数字化转型并驱

改革开放以来，东部地区的产业结构以制造业为主，但随着全球科技革命和产业变革的加速推进，传统产业面临着转型升级的迫切需求。一方面，传统产业普遍存在技术含量低、附加值不高的问题，转型升级需要投入大量资金和技术支持；另一方面，新兴产业如人工智能、生物科技、新能源等虽然前景广阔，但尚处于起步阶段，需要时间和市场的培育。如何在保持经济稳定增长的同时，顺利实现产业结构的转型升级，是东部地区面临的重大挑战。以广东省为例，作为中国制造业大省，近年来积极推动"制造业当家"战略，加快传统产业转型升级和新兴产业培育。例如，佛山市顺德区通过打造"智能制造"示范区，引进了一批高端智能装备制造企业，推动家电等传统产业向智能化、高端化转型。同时，佛山市还大力发展机器人产业，建设了多个机器人产业园区，吸引了国内外众多知名企业入驻。然而,在转型过程中,企业普遍面临资金、技术、人才等瓶颈问题,需要政府和社会各界给予更多支持和帮助。

数字化转型为东部地区产业结构升级提供了新路径。随着大数据、云计算、物联网等技术的广泛应用,东部地区可以充分利用其信息化基础设施和人才优势,推动制造业与信息技术的深度融合,打造智能制造、绿色制造等新型制造模式。同时,东部地区还可以依托其强大的科技创新能力,培育壮大战略性新兴产业,形成新的经济增长点。

5.2.2 创新引领突破瓶颈:强化自主创新能力

尽管东部地区在科技创新方面取得了显著成就,但与发达国家相比仍存在较大差距。特别是在核心技术和关键领域,东部地区仍面临"卡脖子"问题。自主创新能力的不足不仅制约了东部地区产业链的升级和价值链的提升,也影响了其在全球科技竞争中的地位和话语权。东部地区汇聚了众多高新技术企业和科研机构,如北京的中关村、上海的张江科学城,它们在全球科技舞台上崭露头角。但不容忽视的是,部分核心技术仍依赖外部引进,原创性科研成果的产出与东部地区整体经济地位尚不匹配。以深圳为例,这座被誉为"中国硅谷"的城市,孕育了华为、腾讯等世界级企业,但在一些关键领域如芯片设计、高端装备制造上,仍面临"卡脖子"问题。东部地区在经济发展、科技创新、人口流动等方面展现出的强大动能,迫切需要自主创新的强力支撑。

在全球性挑战日益严峻的背景下,如气候变化和公共卫生危机,东部地区若能突破自主创新的瓶颈,将不仅提升自身竞争力,更能在全球治理中发挥引领作用,贡献中国智慧与中国方案。自主创新能力不足虽然带来了挑战,但也为东部地区提供了提升创新能力的契机。通过加大研发投入、优化创新环境、培养创新人才等措施,东部地区可以逐步缩小与发达国家的差距,实现从"跟跑"到"并跑"乃至"领跑"的转变。

5.2.3 均衡发展路漫长:缩小区域发展差距

东部地区经济总量庞大,形成了多个具有国际影响力的城市群和经济圈,如京津冀、长三角、粤港澳大湾区等。这些区域不仅经济发达,还汇聚了全国顶尖的科研机构和高校，成为科技创新的重要策源地。

然而，东部地区在快速发展的同时，也面临着区域发展不平衡的严峻挑战。其一，区域内部各城市之间的发展水平存在显著差异，一线城市与周边中小城市之间的经济差距日益扩大；其二，东部地区与中西部地区的发展差距也较为明显，一定程度上制约了全国经济的均衡发展；其三，东部地区内部的京津冀、长三角、粤港澳大湾区等核心区域与一些边缘地区、欠发达地区的发展差距愈发拉大。这种不平衡不仅影响了东部地区的整体发展质量，也加剧了社会矛盾和增加了不稳定因素。

区域发展不平衡虽然带来了挑战，但也为东部地区提供了优化区域布局、促进协调发展的机遇。通过加强区域间的合作与交流、推动资源要素的自由流动和优化配置、实现优势互补和协同发展等措施，东部地区可以逐步缩小区域发展差距，提高整体发展质量。

5.2.4 绿色发展共守护：解决环境与可持续发展难题

东部地区，作为中国经济的引擎，其高速发展背后隐藏着严峻的环境与可持续发展问题。一方面，东部地区存在能源需求与供应的矛盾，尤其是京津冀、长三角、粤港澳大湾区等核心区域，经济高度发达，对能源的需求巨大，但能源供应结构相对单一，高度依赖化石能源，加重了能源安全风险和环境污染程度。据权威部门统计，东部地区每年煤炭消费量占全国总消费量的一半以上，这直接导致了严重的空气污染和温室气体排放。另一方面，空气污染、水体污染、土壤污染等问题在东部地区尤为突出。雾霾天气频发，城市空气质量长期不达标，严重影响居民健康。同时，工业废水、生活污水未经处理或处理不达标直接排放，导致河流湖泊水质恶化，生态系统受损。此外，工业固体废物、城市生活垃圾等也带来了严峻的环境治理挑战。

东部地区的能源和环境问题给居民生活质量、生态平衡乃至未来经济增长带来巨大压力。因此，如何在保障经济发展的同时，实现绿色转型，成为东部地区亟需解决的重要课题。东部地区必须加快绿色转型步伐，实现经济发展与环境保护双赢。通过绿色转型，东部地区可以优化能源结构，降低能源消耗，提高资源利用效率，促进循环经济和低碳经济的发展。

5.2.5 开放水平再提升：积极应对国际竞争新挑战

作为中国经济腾飞的引擎，东部地区历史背景深厚，经济繁荣，文化多元，形成了独特的魅力。从改革开放之初的"窗口"角色，到如今成为全球经济版图中的重要一极，东部地区凭借优越的地理位置、坚实的产业基础和丰富的创新资源，在经济发展、科技创新和人口流动等方面取得了举世瞩目的成就。然而，当前国际形势复杂多变，国际综合竞争日益激烈，全球政治经济格局正在发生深刻变化，东部地区面临着国际综合竞争日益激烈的挑战。一方面，国际贸易环境的不确定性增加，贸易保护主义抬头，对东部地区的出口市场带来压力；另一方面，东部地区的企业在国际市场上的品牌影响力、技术创新能力和市场适应能力尚需进一步提升，以在全球竞争中占据更有利的位置。

面对这些挑战，东部地区需要进一步提升对外开放水平，积极参与全球经济治理和规则制定，增强在国际竞争中的话语权和影响力。同时，东部地区还应充分发挥其在科技创新、绿色转型等方面的引领作用，加强国际合作与交流，为全球性挑战如气候变化、公共卫生等提供中国智慧和中国方案。

总之，面对"十五五"时期需求，东部地区在产业结构升级、自主创新能力提升、区域协调发展、环境可持续发展及国际竞争等方面既面临挑战也蕴含机遇。东部地区需把握其经济总量大、科技创新强、人口流动活跃等优势，积极应对全球化变局，推动产业结构优化升级，加强自主创新，促进区域协调发展，深化绿色转型，同时提升对外开放水平，以更加开放的姿态参与全球经济治理，为全球性挑战贡献中国智慧与方案。

5.3 "十五五"时期东部
率先战略发展思路

"十五五"时期，东部地区将致力于"加快推进现代化的制度和政策体系"，需围绕科技创新引领、产业升级转型、区域协调发展、绿色发展转型及开放发展等核心路径展开。

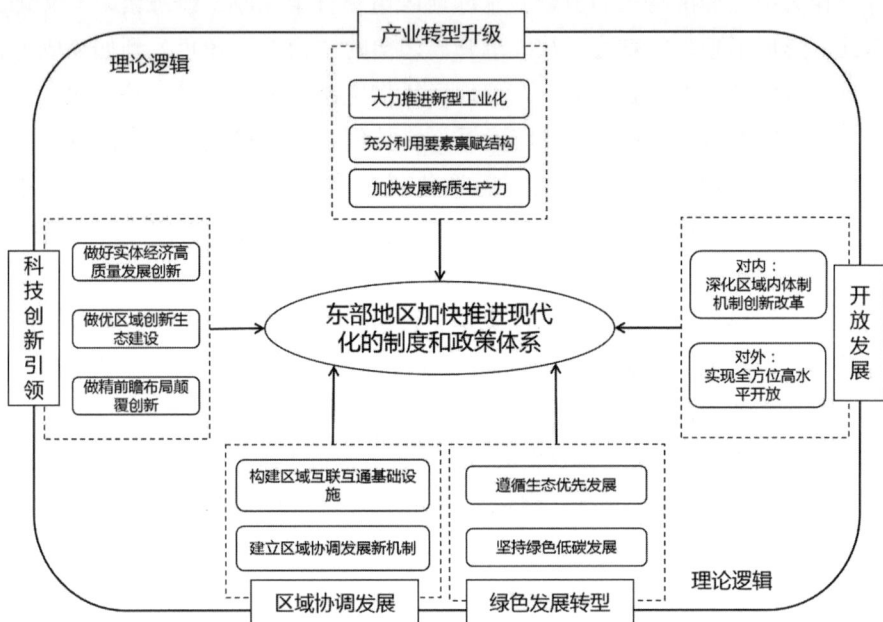

图 5-8　东部地区加快推进现代化的理论逻辑框架图

资料来源：作者自制。

5.3.1　科技创新引领是东部率先发展的核心引擎

习近平总书记强调，"创新引领率先实现东部地区优化发展""创新是引领发展的第一动力"。创新作为引领发展的第一动力，是构建现代化经济体系的重要支撑。东部地区，具有优越的地理位置、良好的经济基础以及开放的政策环境，其重中之重是塑造全新创新方式，既能结合东部地区特色，又具有重要推广价值，建设成为我国科技创新的高地。

做好实体经济高质量发展创新。实体经济是高质量发展的着力点，科技创新和金融业的发展可以促进实体经济发展[1]。东部地区通过科技创新，

---

[1]　张林：《金融发展、科技创新与实体经济增长——基于空间计量的实证研究》，《金融经济学研究》2016 年第 1 期。

不断推动实体经济的发展，如河北的钢铁工艺装备水平已步入国际领先行列，格力电器高栏产业园项目致力于打造成为自动化、信息化、智能化的"智慧工厂"。

做优区域创新生态建设。区域创新生态系统的生态位适宜度能够显著正向影响创新效率，可以促进知识创新阶段以及产品创新阶段的创新效率。[①] 优化创新生态能够助力东部地区创新水平发展，不断激发企业、高校及科研机构的创新活力，推动具有国际竞争力的科技创新企业和重大科技成果不断涌现。

做精前瞻布局型颠覆创新。一个地区生产、生活、生态禀赋的独特性能够塑造该地区特有的创新优势。[②] 东部地区有着得天独厚的制度红利和政策优势，一方面，疏解、整合京津冀、珠三角、长三角、粤港澳创新资源；另一方面，瞄准世界科技前沿，面向国家重大战略需求，实现高端高新产业技术突破与创新颠覆，深耕新质生产力，塑造核心竞争力，推动科技创新成果走出国门，向世界贡献中国智慧。[③]

5.3.2 产业升级转型是东部率先发展的关键路径

在经济全球化的浪潮中，东部地区凭借优越的地理位置、良好的基础设施与深厚的产业基础，率先迈开了转型升级的步伐。李克强总理曾强调，中国经济要实现高质量发展就必须坚定不移地推进产业结构优化升级。深刻揭示了产业升级对于区域经济发展的核心驱动作用。

大力推进新型工业化。工业和信息化部等八部门发布的指导意见中强调了加快传统制造业转型升级的重要性，认为这是"推进新型工业化、加快制造强国建设的必然要求"，并且明确提出到 2027 年，传统制造业应实现高端化、智能化、绿色化、融合化发展的目标。新型工业化不仅仅是工

---

① 张贵、吕长青：《基于生态位适宜度的区域创新生态系统与创新效率研究》，《工业技术经济》2017 年第 10 期。

② 杨开忠、范博凯：《京津冀地区经济增长相对衰落的创新地理基础》，《地理学报》2022 年第 6 期。

③ 张贵、续紫麒：《高标准高质量推进雄安新区建设：历程、逻辑与路径选择》，《科学学与科学技术管理》2024 年第 2 期。

业技术的现代化和智能化，更是产业结构的优化升级和生产方式的根本性变革。① 新型工业化是推动东部地区经济高质量发展的必由之路，通过新型工业化，东部地区可以进一步提升产业竞争力，实现经济持续健康发展。

充分利用要素禀赋结构。产业升级的推动力包括技术进步、非齐次偏好、禀赋结构的升级等，而对发展中国家来说，禀赋驱动的产业升级尤为重要。② 东部地区在产业升级转型的过程中，需要通过政府的因势利导，降低交易费用，帮助企业形成竞争优势。

加快发展新质生产力。新质生产力以信息技术、人工智能、大数据、云计算等为代表③，这些新技术为传统产业提供了转型升级的技术支撑。东部地区通过积极引入和应用这些新技术，推动传统产业向高端化、智能化、绿色化方向发展，从而实现产业结构的优化升级。例如，制造业通过引入智能制造技术，提高生产效率和产品质量，增强市场竞争力。

5.3.3　区域协调发展是东部率先发展的坚实支撑

区域协调发展不仅是国家整体发展战略的重要组成部分，更是实现东部地区率先发展的重要组成部分，它通过促进不同地区之间的平衡发展，为东部地区的持续发展提供了坚实的支撑。习近平总书记强调，"区域协调发展是制胜要诀"。"推动区域协调发展，就是要实现基本公共服务均等化，基础设施通达程度比较均衡，人民基本生活保障水平大体相当"。

构建区域互联互通基础设施。基础设施建设是构建优势互补、高质量发展的区域经济布局和国土空间体系、促进区域协调发展的重要手段。④ 通过提高基础设施的通达程度，促进了区域间的互联互通，加强了区域经济的联系和合作。这不仅有利于东部地区的资源配置和市场拓展，也为东

---

① 许先春：《新时代加快推进新型工业化的战略考量和实践要求》，《党的文献》2024 年第 3 期。

② 王勇：《"十四五"时期中国产业升级的新机遇与新挑战：新结构经济学的视角》，《国际经济评论》2021 年第 1 期。

③ 周文、许凌云：《论新质生产力：内涵特征与重要着力点》，《改革》2023 年第 10 期。

④ 李姗姗、孙久文、胡安俊：《基础设施多重属性建构与中国区域经济协调发展》，《北京交通大学学报（社会科学版）》2024 年第 3 期。

部地区的产业升级和转型提供了条件。

建立区域协调发展新机制。区域协调发展新机制促进了东部地区城市群的发展,如京津冀、长三角、粤港澳大湾区等核心区域稳步发展,提升了东部地区的整体实力,也增强了其对周边地区的辐射带动能力。这些城市群通过产业协作、创新协同、交通互通互联等方式,实现了区域间的优势互补和资源共享,推动了区域经济的协调发展。同时,统筹发达地区和欠发达地区发展,推动东部沿海等发达地区的改革创新。

5.3.4　绿色发展转型是东部率先发展的内在要求

从全球视野来看,随着气候变化和环境污染问题日益严峻,绿色发展已成为国际社会的共识和行动方向。习近平总书记指出,"绿水青山就是金山银山"。从国内发展需求来看,东部地区经过多年的快速发展,已经积累了较为雄厚的经济实力和产业基础。然而,传统的粗放型发展模式已难以为继,资源环境约束日益趋紧。因此,东部地区迫切需要转变发展方式,走绿色发展之路,以实现经济社会的可持续发展。

遵循生态优先发展。生态优先理念是指在社会经济发展中,将生态系统的健康和稳定性置于至关重要的位置,以尊重生态规律为前提,建立以生态资本保值增值为基础的经济体系,追求整个"生态—经济—社会"系统的综合效益最大化。[①] 对于东部地区而言,其发展应牢固建立在生态基础之上,自然而然地将维持生态系统的良性循环作为优先发展的战略要点。在追求经济增长和社会进步的同时,需确保与生态系统和谐共生,推动生态、经济和社会三大领域的可持续发展。

坚持绿色低碳发展。为东部地区的高质量建设奠定"绿色基调",能够充分发挥自然资本的积极作用,通过转变发展动力实现绿色财富的增长,进而推动发展动力的根本性变革。东部地区应彻底摒弃"高消耗、高污染、高排放"的传统发展模式,严格实施产业准入的绿色低碳标准,优化绿色能源的消费结构,促进绿色技术的不断进步,并提升自然资本的生

---

① 　高红贵、何美璇:《生态优先、绿色低碳发展的理论逻辑、内涵特征与实践向度》,《生态经济》2023 年第 8 期。

产率，实现效率的重大变革。最终，通过减污与降碳的协同增效，提升绿色福利①，实现质量的根本性转变，为未来的生存和发展创造更好的条件。

5.3.5 开放发展是东部率先发展的战略选择

党的二十届三中全会公报提出：优化区域开放布局。巩固东部沿海地区开放先导地位，提高中西部和东北地区开放水平，加快形成陆海内外联动、东西双向互济的全面开放格局。加快建设海南自由贸易港。

深化区域内体制机制创新改革。体制机制结构会深刻影响激励结构，从而导致经济绩效的差异。② 存在体制机制障碍时，市场在配置资源中的决定性作用发挥不充分，需要更为有效、更加精准、目标明确的政策引导机制，通过打破行政垄断、放松市场准入控制等举措提升市场效率。③ 这就要求东部地区以不断深化的改革和优良的制度供给持续推动结构调整升级，破除限制资本、技术、人才等生产要素自由流动和优化配置的行政壁垒和制度藩篱，为未来疏解工作、建设发展和民生事业保驾护航。

对外实现全方位高水平开放。构筑开放发展新高地要以国内大循环为主体，实现国内国际双循环相互促进。一方面，以区域内小循环畅通国内大循环。国民经济循环并非周而复始的简单闭环，而是一个结构严谨、分工有序、螺旋上升的开放式循环④；另一方面，东部地区作为我国对外开放的先行区，需要通过全方位高水平开放，进一步优化开放布局，提升开放层次和水平，同时带动中西部和东北地区对外开放水平的提升。

由此，"十五五"时期，东部地区率先发展战略的推进需围绕科技创新引领、产业升级转型、区域协调发展、绿色发展转型及开放发展等核心路径展开。科技创新作为核心引擎，将驱动实体经济高质量发展与区域创

① 马宗国、赵倩倩、蒋依晓：《国家自主创新示范区绿色高质量发展评价》，《中国人口·资源与环境》2022 年第 2 期。

② 刘秉镰、孙鹏博：《新发展格局下中国城市高质量发展的重大问题展望》，《西安交通大学学报（社会科学版）》2021 年第 3 期。

③ 夏杰长、刘诚：《行政体制改革、要素市场化与建设全国统一大市场》，《经济与管理研究》2022 年第 11 期。

④ 韩雷、彭思倩、何召鹏：《畅通国内大循环的内在逻辑与实现路径：基于马克思主义资本三级循环理论》，《经济纵横》2022 年第 6 期。

新生态优化,实现前瞻性颠覆性创新。产业升级转型强调新型工业化与要素禀赋结构的优化,推动传统产业向高端化、智能化、绿色化迈进,同时培育新质生产力。区域协调发展通过构建互联互通基础设施与建立新机制,促进基本公共服务均等化与区域间资源共享。绿色发展转型则要求遵循生态优先与绿色低碳原则,实现经济发展与环境保护的双赢。对外开放作为战略选择,需深化体制机制创新,实现全方位高水平开放,巩固东部沿海地区开放先导地位,形成国内国际双循环相互促进的新发展格局。这一系列战略思路相互衔接、相互促进,共同支撑东部地区在"十五五"期间率先实现现代化,引领全国高质量发展。

5.4 "十五五"时期东部率先战略主要举措

5.4.1 健全以自主创新为主导的创新驱动发展机制

强化企业创新主体地位,加大研发投入。建立健全以企业为主导、市场为导向、产学研深度融合的技术创新体系。政府可通过税收优惠、研发补贴等政策措施,激励企业增加研发经费,支持企业设立研发机构,引进和培养高端研发人才。同时,推动企业与高校、科研院所深度合作,建立长期稳定的合作关系,促进科技成果的转化和应用。

完善创新生态体系,优化创新环境。加强创新基础设施建设,如建设高水平的科技园区、孵化器、加速器等,为创新企业提供良好的物理空间和服务平台。同时,优化创新政策环境,简化审批流程,提高行政效率,降低企业创新成本。此外,还应加强知识产权保护,严厉打击侵权行为,保护创新者的合法权益,激发全社会的创新活力。

深化科技体制改革,激发创新活力。推进科研管理体制改革,赋予科研机构和科研人员更多自主权,激发科研人员的积极性和创造性。同时,完善科技成果评价和转化机制，建立更加科学合理的评价体系，促进科技成果的转化和应用。此外，还应加强国际科技合作与交流，引进国外先进技术和管理经验，提升自主创新能力。通过深化科技体制改革，为东部地区实现创新驱动发展注入强大动力。

5.4.2　加快形成新型产业结构

全面完成产业结构升级，早日形成新型产业结构，是东部地区在新时代实现率先发展的首要任务。

鼓励新兴产业发展，推动产业升级。东部地区应积极响应国家创新驱动发展战略，鼓励新兴产业的发展，特别是高新技术产业、战略性新兴产业和现代服务业。通过政策引导和市场机制，加大对新兴产业的扶持力度，推动传统产业向高端化、智能化、绿色化方向转型升级。同时，加强产业链上下游的协同合作，形成具有竞争力的产业集群，提升整体产业水平。

优化产业布局，促进区域协调发展。东部地区在加快形成新型产业结构的过程中，应根据地区资源禀赋和产业基础，合理规划产业布局，避免同质化竞争和资源浪费。同时，加强区域间的合作与交流，推动产业协同发展，形成优势互补、互利共赢的产业格局。此外，还应加大对中西部地区的支持力度，推动产业转移和合作，促进全国产业结构的优化升级。

5.4.3　加大生态环境保护力度

东部地区应坚定不移地推进绿色低碳可持续发展战略，致力于构建资源节约型、环境友好型的现代化经济体系。

首先，加大绿色低碳技术研发和应用力度，推动能源、工业、建筑、交通等领域的绿色低碳转型，提高能源利用效率，降低碳排放强度。同时，积极发展可再生能源，优化能源结构，减少对化石能源的依赖。其次，推动产业结构优化升级，大力发展绿色低碳产业，培育节能环保、清洁能源等新兴产业，促进传统产业绿色化改造，实现经济高质量发展与生态环境保护相协调。此外，东部地区还将加强绿色低碳政策体系建设，完善碳排放权交易、绿色金融等市场机制，引导社会资本投入绿色低碳领域，形成政府引导、市场主导、社会参与的绿色低碳发展格局。

5.4.4 建立区域协调发展新机制

东部地区应秉持区域协调发展的战略理念，制定并实施一系列旨在促进区域间均衡、协同、高质量发展的战略，聚焦于缩小地区发展差距，优化资源配置，强化区域间合作与联动，构建优势互补、协同共进的区域发展新格局。

首先，东部地区将加强基础设施互联互通，推动交通、信息、能源等关键领域的合作，提升区域整体运行效率。其次，深化产业协同发展，引导东部地区先进制造业、现代服务业等优质资源向中西部地区有序转移，促进产业链、供应链、价值链的深度融合，形成区域间产业协同发展新局面。同时，注重生态环境共保联治，加强跨区域生态环境保护合作，推动绿色低碳发展，确保经济发展与生态保护相协调。此外，东部地区还将强化创新驱动，构建区域创新共同体，共享科技创新资源，推动科技成果跨区域转化应用，为区域协调发展提供强大动力。通过这一系列战略与思路的实施，东部地区将有力推动区域协调发展，实现更高质量、更有效率、更加公平、更可持续的发展。

5.4.5 构建全方位开放型经济体系

以开放促进发展，建立更加有效的开放与改革、创新、发展良性互动机制，是东部地区在新时代实现率先发展的一条重要途径。

对内，建立与创新发展相适应、与新经济形态相匹配的制度体系。首先，完善要素市场、资本市场、创新政策等方面政策，聚焦于优化营商环境、提升开放型经济水平、强化国际合作与竞争新优势。其次，东部地区应深化"放管服"改革，简化审批流程，提高政务服务效率，打造市场化、法治化、国际化的营商环境，吸引更多国内外优质企业和项目落地。同时，加强知识产权保护，完善公平竞争制度，激发市场活力和社会创造力。

对外，扩大对外开放，制定并实施一系列具有前瞻性和引领性的发展政策。一方面，积极参与全球经济治理，深化与"一带一路"共建国家和地区的经贸合作，推动贸易和投资自由化便利化，加强与发达国家和国际机构的合作，拓展国际合作新空间；另一方面，推动贸易和投资自由化便利化，加强跨境电商、服务贸易等新兴业态发展，提升在全球产业链、供应链、价值链中的地位和影响力。

参考文献

［1］高红贵、何美璇：《生态优先、绿色低碳发展的理论逻辑、内涵特征与实践向度》，《生态经济》2023 年第 8 期。

［2］韩雷、彭思倩、何召鹏：《畅通国内大循环的内在逻辑与实现路径：基于马克思主义资本三级循环理论》，《经济纵横》2022 年第 6 期。

［3］李姗姗、孙久文、胡安俊：《基础设施多重属性建构与中国区域经济协调发展》，《北京交通大学学报（社会科学版）》2024 年第 3 期。

［4］刘秉镰、孙鹏博：《新发展格局下中国城市高质量发展的重大问题展望》，《西安交通大学学报（社会科学版）》2021 年第 3 期。

［5］马宗国、赵倩倩、蒋依晓：《国家自主创新示范区绿色高质量发展评价》，《中国人口·资源与环境》2022 年第 2 期。

［6］王勇：《"十四五"时期中国产业升级的新机遇与新挑战：新结构经济学的视角》，《国际经济评论》2021 年第 1 期。

［7］夏杰长、刘诚：《行政体制改革、要素市场化与建设全国统一大市场》，《经济与管理研究》2022 年第 11 期。

［8］许先春：《新时代加快推进新型工业化的战略考量和实践要求》，《党的文献》2024 年第 3 期。

［9］杨开忠、范博凯：《京津冀地区经济增长相对衰落的创新地理基础》，《地理学报》2022 年第 6 期。

［10］张贵、吕长青：《基于生态位适宜度的区域创新生态系统与创新效率研究》，《工业技术经济》2017 年第 10 期。

［11］张贵、续紫麒：《高标准高质量推进雄安新区建设：历程、逻辑与路径选择》，《科学学与科学技术管理》2024 年第 2 期。

［12］张林:《金融发展、科技创新与实体经济增长——基于空间计量的实证研究》,《金融经济学研究》2016 年第 1 期。

［13］周文、许凌云:《论新质生产力:内涵特征与重要着力点》,《改革》2023 年第 10 期。

6

面向"十五五"的
京津冀协同发展

京津冀协同发展战略是习近平总书记亲自谋划、亲自部署、亲自推动的重大国家战略。京津冀协同发展战略实施十年来，在致力于探索人口经济密集地区优化开发模式，解决区域发展中诸多不协同问题上取得了积极成效。[①]"十五五"时期为了深入落实习近平总书记提出的"努力使京津冀成为中国式现代化建设的先行区、示范区"的新使命，需要明确其重点领域和发展方向。重点领域的凝练和发展方向的确定，需要分析诊断发展形状以及存在的主要问题，客观科学研判未来发展趋势以及挑战和机遇，兼顾问题导向和目标导向，以完成战略使命为根本目的。

6.1　京津冀协同发展战略实施成效及面临的主要问题

　　京津冀协同发展战略实施以来，在非首都功能疏解、人口调控与布局优化、"新两翼"建设、交通、生态、产业一体化，区域公共服务共建共享等方面取得了积极进展。[②]但京津冀占全国经济份额下降、区域内部发展差距显著、非首都功能疏解压力大、产业链和创新链对接不充分、环境治理与生态建设协同机制等问题也亟待解决。

---

　　① 李国平、吕爽：《京津冀协同发展战略实施十年回顾及展望》，《河北学刊》2024 年第 1 期，第 60—69 页。
　　② 李国平、朱婷：《京津冀协同发展的成效、问题与路径选择》，《天津社会科学》2022 年第 5 期。

6.1.1 京津冀协同发展战略实施成效

6.1.1.1 北京非首都功能有序疏解取得积极进展

通过开展"疏解整治促提升"等专项行动，积极有序疏解北京非首都功能，首都功能持续优化提升。2014 年以来，北京累计退出一般制造业企业近 3000 家，疏解提升区域性专业市场和物流中心近 1000 个，拆除违法建设 2.4 亿平方米，腾退土地 231 平方公里，留白增绿 90 平方公里。首都功能核心区的"双控"（控制人口、建设规模）和"四降"（降低人口密度、旅游密度、建筑密度及商业密度均有不同程度的进展，"静下来"目标初步实现。北京市属行政机构已经先后分两批完成向北京城市副中心的迁移，在京中央单位所属非首都功能也加速向雄安新区疏解转移。

6.1.1.2 北京市人口调控与布局优化取得积极成效

2023 年北京常住人口 2185.8 万人，较峰值 2016 年（2195.4 万人）减少了 9.6 万人，基本上呈现逐年下降的态势（见图 6-1）。2023 年北京市全市常住外来人口为 824 万人，占常住人口比重为 37.7%，延续了 2016 年以来的减量趋势，比 2022 年减少 1.1 万人（见图 6-2）。人口过度集中的

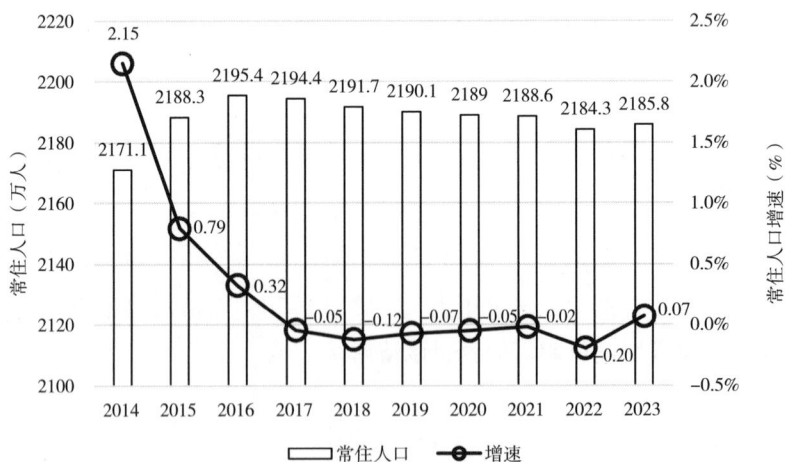

图 6-1　2014—2023 年北京市常住人口规模及增速

资料来源：北京区域统计年鉴、2023 年北京统计公报。

问题得到一定缓解，中心城区内外常住人口占比由"六四开"调整优化为"五五开"，核心区常住人口数量从 2014 年的 222.4 万人下降至 2023 年的 180.2 万人，人口密度也从 2.39 万人/平方公里降到 1.95 万人/平方公里。

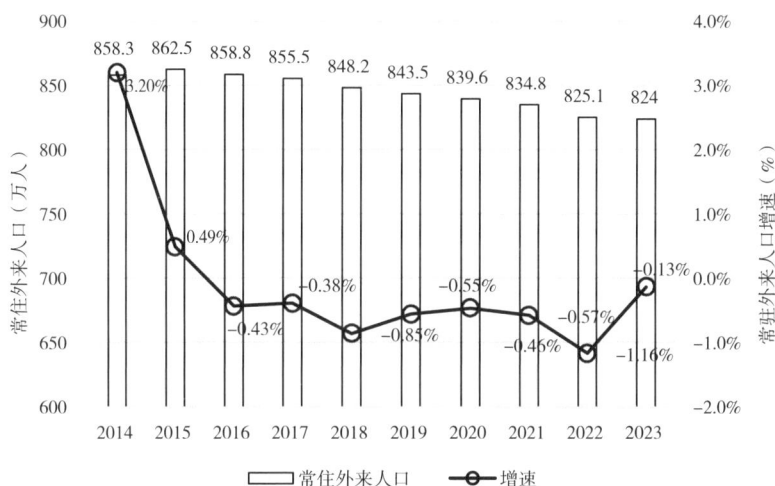

图 6-2　2014—2023 年北京市常住外来人口规模和增速

资料来源：北京区域统计年鉴、2023 年北京统计公报。

6.1.1.3　河北雄安新区和北京城市副中心"新两翼"建设快速推进

北京城市副中心和雄安新区建设不断推进，"新两翼"新格局加快形成。2023 年，北京城市副中心（包括北京市通州区全域）固定资产投资规模继续保持千亿元量级，北京艺术中心、北京城市图书馆、大运河博物馆和城市绿心森林公园正式建成亮相，大运河京冀段全线 62 公里实现旅游通航，城市副中心站综合交通枢纽、东六环路入地改造等重点工程建设进入冲刺阶段。

2023 年底，雄安新区已累计开发面积 184 平方公里，重点项目累计完成投资 6570 亿元。高标准建设雄安新区成效显著，城市框架全面拉开，环城市外围道路框架、内部骨干路网、生态廊道、水系构成的城市建设"四大体系"基本形成。首批疏解的 4 家央企总部（中化、星网、华能、矿产资源）、4 所高校（北京交通大学、中国地质大学、北京科技大学、北京林业大学）和北京大学人民医院雄安分院加快建设，北京援建的"三校一院"（北海幼儿园、史家胡同小学、北京四中、雄安宣武医院）开学开诊，雄安新区中关村科技园挂牌运营，央企设立各类机构上百家，已步入承接北京非首都功能疏解和大规模建设同步推进的重要阶段。央企已在此设立子公司及各类分支机构 200 多家，中国移动、中国联通、中国电信互联网产业园等一批市场化疏解项目加速推进。2023 年，国投云网、中建新科等 17 家央企二、三级子公司落户，累计落户 93 家；新引入市级国企及下属企业 6 家，累计 61 家。

6.1.1.4　交通、产业、生态三大率先突破的重点领域取得进展

交通一体化方面，截至 2023 年底，京津冀三省市高速公路总里程已达 10990 公里，较 2014 年底的 7983 公里增加了 37.7%，京津冀地区高速公路密度 5.06 公里/百平方公里，为全国平均水平的 2.7 倍。铁路总里程已达 11295 公里，较 2014 年底的 8508.5 公里增加了 32.7%，覆盖京津冀地级市，京雄津保环首都"1 小时交通圈"已经形成（见表 6-1）。

表 6-1　2014 年和 2023 年京津冀交通基础设施指标变化情况

	2014 年	2023 年	增长（%）
高速公路（公里）	7983	10990	37.7
铁路（公里）	8508.5	11295	32.7

资料来源：2014 年数据来源于《京津冀交通一体化发展白皮书（2014—2020 年）》；2023 年数据来源于北京市、河北省、天津市 2023 年统计公报。

产业协同发展方面，经济总量连续跨越新台阶。2023 年，京津冀地区生产总值突破 10.4 万亿元，按现价计算，是 2013 年的 1.9 倍。其中，北京、天津、河北分别是 2013 年的 2.1 倍、1.7 倍和 1.8 倍。京津冀三地工信部门联合绘制先进制造业"五群六链五廊"① 的协同发展新图景。北京

---

① "五群六链五廊"即集成电路、网络安全、生物医药、电力装备、安全应急装备产业集群；氢能、新能源和智能网联汽车、网络安全、高端工业母机、生物医药、机器人产业链；京津新一代信息技术产业廊道、京保石新能源装备产业廊道、京唐秦机器人产业廊、京雄空天信息产业廊道。

牵头氢能、生物医药 2 条产业链，天津牵头高端工业母机、网络安全和工业互联网 2 条产业链，河北牵头新能源和智能网联汽车、机器人 2 条产业链，推进构建区域创新链、产业链、供应链深度融合新体系。2023 年 11 月京津冀产业链供应链大会上，京津冀首次聚焦产业链供应链联合招商，达成意向签约项目 152 个，意向投资额超 1000 亿元。

生态环境建设方面，2022 年京津冀大气 PM2.5 平均浓度 37 微克/立方米，三地首次全部步入"30+"阶段，三地 PM2.5 平均浓度与 2013 年相比降幅均达到 60% 以上，重污染天数均大幅减少。2023 年，北京市、天津市、河北省重污染天数分别较 2013 年减少 50 天、37 天和 69 天，而且污染程度明显减轻。2023 年，北京市、天津市、河北省空气质量优良天数较 2013 年分别增加 95 天、87 天、121 天。京津冀三地水环境全面消除劣 V 类断面，国家地表水考核断面水质优良比例动态达到"十四五"国家目标要求。其中，北京市密云水库、怀柔雁栖湖入选全国美丽河湖优秀案例，"清水绿岸、鱼翔浅底"的美景逐步融入市民生活。

6.1.1.5 公共服务共建共享水平不断提高

不断推进医疗协同，至 2023 年末实现了京津冀医联体全覆盖。十年来，京津输出医疗专家 3043 人，开展新技术、新项目 532 项，带动河北省疑难危重症救治水平全面提升，河北省医疗资源提速发展。截至 2023 年，京津冀三地每千人拥有医院数量分别为 3.50 家、3.37 家、3.36 家。相比 2014 年三地的 2.8 家、2.6 家、1.8 家，不仅明显增加且三地差距大大缩小（见图 6-3）。教育共享共建格局初步形成，三地教育部门签署基础教育合作协议 13 项，成立 15 个特色职业教育集团、24 个高校联盟。社保协同制度化建设加快，京津冀三地共同签署《京津冀社会保险经办服务协同合作协议（2023—2025 年）》，从数据共享、跨省通办标准制定、社会保险转移接续、养老待遇资格认证、工伤保险经办协同、社会保障卡拓展应用等方面达成三地合作。

6.1.1.6 京津冀三地坚持区域大局观，聚焦各自功能定位，在京津冀协同发展中均作出了突出贡献

北京在疏解非首都功能，落实全国政治中心、文化中心、国际交往中

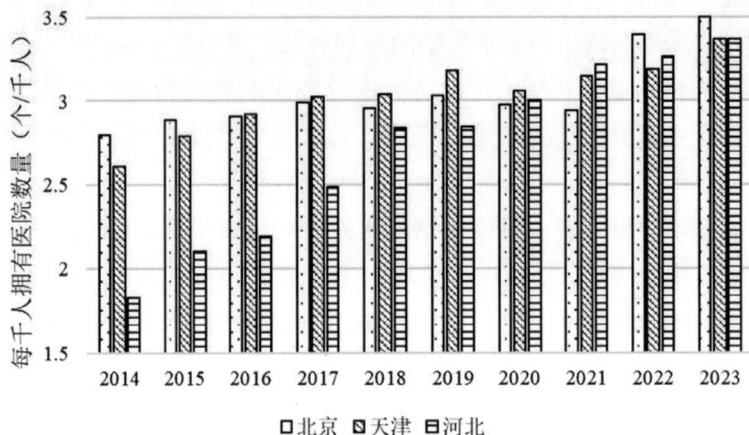

图 6-3　京津冀三地 2014—2023 年每千人拥有医院数量

资料来源：《中国卫生健康统计年鉴（2015—2022）》、北京市、天津市、河北省 2022 年、2023 年统计公报。

心和国际科技创新中心功能定位，建设国际一流的和谐宜居之都方面都取得了明显成效。天津立足"一基地三区"[①]功能定位，全力服务北京非首都功能疏解和北京"新两翼"建设，唱好京津"双城记"，在交通、生态、产业、公共服务等重点领域扎实推动京津冀协同发展走深走实。例如，建设天津滨海中关村科技园、宝坻京津中关村科技城等重点合作平台等。河北的"三区一基地"[②]建设成效明显，承接北京非首都功能转移、建设雄安新区等方面取得标志性突破，交通、生态、产业、公共服务重点领域协同发展也取得新进展。

6.1.2　京津冀协同发展战略实施中面临的主要问题

6.1.2.1　京津冀占全国经济份额下降，区域内部发展差距依然显著

京津冀占全国经济份额下降。2023 年京津冀地区 GDP 共计 10.44 万

[①] 全国先进制造研发基地、北方国际航运核心区、金融创新运营示范区、改革开放先行区。

[②] 全国现代商贸物流重要基地、产业转型升级试验区、新型城镇化与城乡统筹示范区、京津冀生态环境支撑区。

亿元,占全国比重由 2013 年的 9.85% 下降到 8.28%,共计下降 1.57 个百分点;而同时期,江浙沪地区 2023 年 GDP 达 25.8 万亿元,占全国比重由 20.23% 上升到 20.39%,广东省 GDP 占全国比重一直在 10%—11% 波动,由 2013 年 10.56% 上升到 2023 年的 10.76%(见图 6-4)。津冀与北京的经济差距呈扩大态势。2013—2023 年,北京占京津冀地区 GDP 的比重从 37.1% 上升到 41.9%,而天津占比从 19.0% 下降到 16.0%、河北占比从 43.3% 下降到 42.1%;2013 年北京人均 GDP 分别是天津、河北的 1.32 倍、2.99 倍,2023 年分别扩大到 1.63 倍和 3.38 倍。

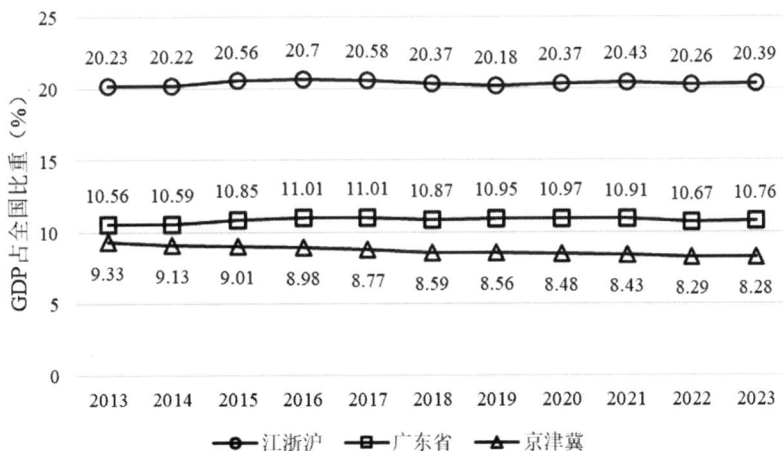

图 6-4　2013—2023 年京津冀、江浙沪、广东省 GDP 占全国比重

资料来源:2014 年《中国统计年鉴》,各省份 2023 年统计公报。

6.1.2.2　疏解北京非首都功能压力尚大,区域承接能力不足问题突出

首都功能核心区人口和功能过度集中问题还没有得到根本解决,人口和功能疏解仍存在较大压力。教育及医疗资源疏解比较有限,仍集聚于首都功能核心区和北京市中心城区。区域承接能力不足问题突出。北京市平原新城地区公共服务水平和中心城区相比还过大,北京市周边地区城市(城镇)和产业承接平台比较薄弱,承接能力有限。例如,河北廊坊北三县在承接北京产业转移的过程中,由于区域承接能力有限,真正落地的高新企业和项目整体偏少。

6.1.2.3　京津冀重要节点的支撑与空间联动力不足

京津冀产业布局呈现以北京、天津为中心高度极化并向外轴线扩散特征。由于管理体制的差异、利益共享机制的缺位，以及近年来京津冀地区工业经济发展相对不足，使得京、津各自形成相对独立的产业生态网络，并且呈现"强者愈强"的现象，产业布局并未实质突破行政边界实现连续成线、成片发展。京津冀产业相对独立发展，跨省市地区的节点支撑仍存在不足。北京产业仍然高度集中在中心城区，海淀—昌平、朝阳—顺义—怀柔、通州—北三县、亦庄—大兴东南部分地区—廊坊市区—武清、房山—涿州、大兴—固安等地区已呈现连片或连线发展态势，而目前这些地区尤其跨省市地区的产业协同缺乏系统谋划，跨省市地区的产业与北京中心城区产业梯度落差较大。天津产业主要集中在天津中心城区与天津滨海新区，尽管近年来北京有大量的产业资源投向天津滨海新区，但与天津滨海新区与天津中心城区的联动相比仍相差悬殊。相比北京、天津的产业已出现扩展的态势，河北产业仍然处在点状集聚发展的阶段。

6.1.2.4　产业链和创新链对接不足，北京对津冀的创新溢出过少

北京的创新结构与津冀的产业结构不够匹配，创新链和产业链缺乏有效链接，导致北京的创新成果大部分在津冀地区以外转化，影响了北京对津冀的辐射引领。北京的对外技术交易绝大部分流向津冀以外地区，2023年北京向津冀输出的技术合同成交额占对外省市成交额的比例仅为15.1%。北京创新产出的行业结构与天津、河北的产业结构不够匹配，北京创新活动所形成的创新成果较难和津冀的产业融合与衔接，创新链与产业链失配阻碍了三省市之间的协同创新与产业合作。

6.1.2.5　地区公共服务差距明显，公共服务多元供给模式远没有形成

京津冀地区医疗教育服务呈现出明显的非均等化。北京、天津和河北三地教育服务有较大差异。2021年京津冀三地普通初中、小学每一专任教师负责学生数分别为8.87人、11.21人、13.39人和13.92人、15.26人、16.59人，义务教育阶段河北省每一专任教师负责学生数均明显高于北京、天津。京津冀地区拥有的"双一流"高校从地理区位看高度集中于北京

市。京津冀在第二轮全国 147 所"双一流"建设高校中共有 41 所入围，其中北京 34 所、天津 5 所、河北仅 2 所，其中河北的 1 所（河北工业大学）还在天津市区内。京津冀协同发展促使河北省医疗资源得到较大提升，但于京津相比还有一定差距，特别是优质医疗资源差距更大。京津冀三地每千人卫生技术人员分别为 14.71 个、9.29 个、8.78 个，医疗服务供给水平仍有一定差距（见图 6-5）。2023 年，北京、天津、河北三级甲等医院数量分别为 80 家、36 家、71 家，三地每十万人拥有三级甲等医院数量分别为 0.36 家，0.26 家，0.09 家，表明三地优质医疗资源的差距较大。同时，京津冀的公共服务供给仍然以政府提供为主，政府、市场和社会组织共同参与的多元化供给模式仍然亟待形成，迫切需要引入市场化机制，推进公共服务的分层次供给，以更高质量和更多样化的公共服务满足人民群众的需要。

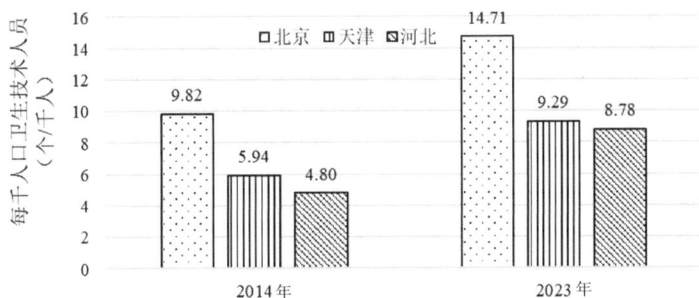

图 6-5　京津冀三地 2014 年与 2023 年每千人中卫生技术人员对比

资料来源：2015—2023 年《中国卫生健康统计年鉴》以及北京市、天津市、河北省 2022 年、2023 年统计公报。

6.1.2.6　环境治理与生态建设协同发展任重道远

京津冀跨区域环境治理网络的统筹能力有待提升。不同层级政府间的治理网络需加强多维度、多层次的运行和衔接。当前区域合作关系多为临时性、短期的，缺乏稳定性风险评估，跨区域治理机构缺失，治理衔接存在漏洞。[①] 跨区域治理机制不够完善。三地在生态环境保护中重视协同机

---

① 李国平、吕爽：《京津冀跨域治理和协同发展的重大政策实践》，《经济地理》2023 年第 43 卷第 1 期。

制，但思想观念和体制机制障碍仍明显存在，网络边界衔接和对接机制有待改进。环境治理中的市场化工具需规范。目前主要采用命令—控制型工具，市场化工具较少且效果不理想。京津冀三地正在完善跨区域碳排放交易权、排污权交易等市场化机制，但这些手段在区域环保市场一体化发展中仍面临制度保障、市场规范和政府监管不足等问题。[①]

6.2 "十五五"时期京津冀协同发展战略实施的新挑战与新机遇

"十五五"时期国际科技竞争将进一步加剧，特别是中美技术竞争导致的技术封锁，将给京津冀区域带来严峻挑战。但新一轮科技革命和产业变革也给北京国际科技创新中心建设以及京津冀协同发展带来了前所未有的机遇。北京在人工智能、量子信息等科技领域具有领先优势，其广泛应用将有助于京津冀地区发展新质生产力，进而促进区域协同发展迈上一个新台阶。

6.2.1 新挑战

近年来，国际科技竞争日益激烈，特别是中美之间的技术竞争愈演愈烈。美国对中国实施了一系列技术封锁政策，导致中国在许多关键技术领域面临"卡脖子"问题。美国的技术封锁主要集中在半导体、人工智能和5G等领域，使得中国在获取关键技术和核心设备方面遇到巨大困难。这不仅制约了本地企业的技术创新能力，还可能导致整体产业链的断裂。中美技术脱钩将进一步加剧这种局面，使得中国企业在国际市场上的竞争力受到影响。此外，国际间的学术交流和科研合作频频受阻，科研人员和资源

---

① 南开大学京津冀协同发展研究院、国家区域重大战略高校智库联盟：《京津冀协同发展报告·2024：中国式现代化先行区示范区建设与协同发展新征程》，中国社会科学出版社 2024 年版。

的流动受到限制,严重影响了中国在国际科技前沿的研究合作与技术进步。

京津冀地区的研究开发支出占 GDP 比重以及基础研究占比都是我国最高的区域,科技研发本身就是一个特别重要的产业,科技服务业占比也明显高于其他地区,因此"十五五"时期京津冀将面临更为严重的技术封锁和脱钩的影响。第一,京津冀尤其是北京有上百家航空航天、电子信息、生命科学的高新技术企业被美国商务部列入"实体清单",直接导致这些企业发展受到影响。第二,京津冀地区部分高新技术企业的关键技术和核心设备还来自于国外西方发达国家,这些企业今后获取这些技术和设备将遇到更多困难,从而制约了技术创新和产业升级。第三,京津冀尤其是河北正处于从传统产业向高端制造和科技产业转型的关键阶段,技术封锁导致高端技术和设备供给面临新的压力,使得转型面临困难。第四,国际科研合作受阻也是一大挑战,国际科技前沿的研究合作难以全面展开,会影响到区域内科研水平的快速提升。为应对这些挑战,京津冀区域需要加大自主创新力度,加强区域协同创新,并积极拓展国际合作渠道,争取在未来五年实现高质量发展,通过自主创新、区域协同和国际合作,推动区域经济迈向更高水平。[①]

6.2.2 新机遇

新一轮科技革命和产业变革深入推进,以数字化、网络化、智能化为特征的信息化浪潮蓬勃发展,数字技术革命获得指数级加速,新算法重塑全球科研范式,颠覆性技术交叉应用推动着机器学习和算法领域的发展。在全球科技革命的大背景下,北京作为国际科技创新中心,迎来了前所未有的发展机遇,这将为京津冀协同发展注入新动能,有利于京津冀区域科技水平提升和新质生产力发展。

北京在人工智能、量子信息、物联网和区块链等新一代信息技术方面具有领先优势,更拥有丰富的研发资源和创新平台。生成式人工智能产品

---

① 孙久文、原倩:《京津冀协同发展战略的比较和演进重点》,《经济社会体制比较》2014年第5期。

的加速迭代以及类脑计算等技术突破，将极大提升北京在全球科技前沿的地位。百度、字节跳动等科技公司的快速发展，展示了北京在全球范围内强大的技术创新能力，进一步巩固了北京作为全球科技创新枢纽的地位。生命科学技术的加速应用也将推动北京生物医药产业升级与创新，北京拥有众多知名的医疗和科研机构，这为生物技术的研发和产业化提供了坚实基础。随着新技术在医疗领域的广泛应用，北京有望成为全球生物医药创新中心。

北京作为国际科创中心的辐射作用，将提升京津冀区域在全球科技创新中的地位。[①] 随着"轨道上的京津冀"主骨架基本成形，交通一体化的推进将进一步加强区域内的科技交流与合作。北京市通州区与河北省北三县从"协同"迈向"一体化"，天津"滨城"高质量发展再提速，这些都为科技资源的共享和协同创新提供了便利条件。[②] 通过区域内的科技合作，北京可以将其在人工智能、量子信息等领域的优势技术推广到整个京津冀区域，以提升区域整体的科技创新水平。京津冀具有得天独厚的地理优势和资源禀赋。通过北京的引领作用以及新技术革命的创新赋能，有助于进一步强化三地之间的协同创新能力，推动新质生产力发展与产业优化布局，提升经济发展的质量和效益，更好地实现区域协同发展。

6.3 "十五五"时期京津冀协同发展战略实施的新要求与新使命

面对复杂的国际环境和全球科技竞争加剧的形势，习近平总书记在河北主持第三次京津冀协同发展座谈会上提出要"努力使京津冀成为中国式

---

① 孙瑜康、李国平：《京津冀协同创新中北京辐射带动作用的发挥效果与提升对策研究》，《河北经贸大学学报》2021 年第 5 期。

② 李国平、吕爽：《京津冀科技创新与产业协同发展研究》，《首都经济贸易大学学报》2024 年第 3 期。

现代化建设的先行区、示范区",对京津冀协同发展提出了新的战略要求,赋予其新的重大使命。① 党的二十届三中全会明确提出要"推动京津冀、长三角、粤港澳大湾区等地区更好发挥高质量发展动力源作用"。因此,京津冀协同发展战略实施的新要求和新使命就是将京津冀建设成为"中国式现代化建设的先行区、示范区"和打造成为"高质量发展动力源"。

6.3.1 京津冀协同发展战略实施的新要求

纵观国际,世界百年未有之大变局进入加速演变期,国际环境日趋错综复杂。世界动荡的局势使全球产业链供应链布局逐渐由侧重成本、效率和市场向安全、稳定和政治导向转变,呈现出"区域化""本土化""近岸化""友岸化"的外包和布局趋势。② 我国发展环境日趋复杂,首都与国家命运联系更加紧密,在构建以国内大循环为主体、国际国内双循环相互促进的新发展格局中,京津冀协同发展被赋予更大的责任,在培育竞争优势、提升区域吸引力方面均提出了更高的要求。③

一是加强科技自立自强,应对全球科技竞争和技术封锁,加强高质量发展动力源建设。京津冀区域需要提升自主创新能力,尤其在关键技术领域要加大基础研究和应用研究的投入。西方国家通过技术封锁限制中国科技进步,因此,京津冀必须增强科技自立能力,突破"卡脖子"技术,以打破国外高端技术垄断和封锁,以确保科技安全和可持续发展。只有通过建立和完善科技创新平台、引进和培养高端科技人才,才能在全球科技版图中占据重要位置,确保区域和国家的核心竞争力不被削弱。④

二是发展新质生产力,提升经济竞争力和应对全球产业变革。京津冀区域推动传统产业转型升级,发展集成电路、网络安全、生物医药等战略性新兴产业,谋划培育未来产业,以应对全球产业变革带来的挑战和机

---

① 李国平:《努力打造中国式现代化建设的先行区示范区》,《前线》2024 年第 2 期。
② 刘秉镰、边杨:《京津冀建设中国式现代化先行区、示范区的理论逻辑与路径选择》,《北京社会科学》2024 年第 7 期。
③ 李国平、吕爽:《京津冀协同发展战略实施成效及其重点方向研究》,《城市问题》2024 年第 2 期。
④ 张继红:《勇当高水平科技自立自强开路先锋》,《前线》2024 年第 2 期。

遇。新质生产力的形成依赖于新一代信息技术、生命科学技术和绿色技术的深度融合，这是提升区域经济竞争力的关键。通过促进产业链的分工协作，京津冀可以打造完整、高效的产业链体系，从而在全球产业变革中抓住机遇，实现经济高质量发展，提升在全球经济格局中的地位。①

三是缩小南北方差距，实现区域协调发展和增强整体竞争力。缩小中国南北经济差距，需要京津冀区域在科技创新和产业发展中发挥引领作用。南方地区在经济发展以及经济和科技结合上具有明显优势，北方地区特别是京津冀需要通过加强自主创新、推动高质量发展来缩小南北差距。加大对科技研发的投入，推进产业结构升级，提高劳动生产率，是缩小南北差距的重要手段。通过建设创新平台和引进高端人才，京津冀可以提升自身经济竞争力，并带动北方地区整体发展，促进全国经济的均衡和可持续发展。

6.3.2　京津冀协同发展战略实施的新使命

2014 年 2 月 26 日，习近平总书记在北京主持召开第一次京津冀协同发展座谈会，强调"京津冀协同发展意义重大，对这个问题的认识要上升到国家战略层面"。由此，京津冀协同发展上升为国家战略。2019 年 1 月 18 日，习近平总书记在北京主持召开京津冀协同发展座谈会并发表重要讲话，对新阶段京津冀协同发展作出战略部署。党的二十大报告提出要"推进京津冀协同发展，高标准、高质量建设雄安新区"。2023 年 5 月 12 日，习近平总书记在河北考察，主持召开深入推进京津冀协同发展座谈会并发表重要讲话，提出了新的六点要求②，对京津冀协同发展明确提出了新定位："努力使京津冀成为中国式现代化建设的先行区、示范区"。

---

① 贾若祥、王继源、窦红涛：《以新质生产力推动区域高质量发展》，《改革》2024 年第 3 期；杨学聪：《京津冀科技成果协同转化空间广阔》，《经济日报》2024 年 4 月 24 日，第 11 版。

② （1）牢牢牵住疏解北京非首都功能这个"牛鼻子"；（2）推动北京"新两翼"建设取得更大突破；（3）强化协同创新和产业协作，在实现高水平科技自立自强中发挥示范带动作用；（4）继续加快推进交通等基础设施建设，深入推进区域内部协同；（5）推进体制机制改革和扩大对外开放，下大气力优化营商环境，积极同国内外其他地区沟通对接，打造全国对外开放高地；（6）增进人民福祉、促进共同富裕。

2024 年 2 月，国新办举行京津冀协同发展十年新闻发布会，指出京津冀协同发展已进入全方位、高质量深入推进阶段。党的二十届三中全会报告也进一步指出，"推动京津冀、长三角、粤港澳大湾区等地区更好发挥高质量发展动力源作用"。"努力使京津冀成为中国式现代化建设的先行区、示范区"、"高质量发展动力源"是"十五五"期间京津冀协同发展的重要定位，也赋予京津冀协同发展战略新的重大使命，京津冀三地需要紧紧把握新时代的奋斗目标，进一步增强深入推进协同发展的政治自觉和责任担当，将总书记擘画的京津冀协同发展宏伟蓝图变成中国式现代化的生动实践。

6.4　"十五五"时期京津冀协同发展战略实施的重点领域及其发展方向

"十五五"时期，京津冀协同发展战略应重点聚焦六大领域，推动区域高质量发展。在首都功能领域，积极有序疏解北京非首都功能和加强"一核两翼"① 建设；科技创新领域，优化区域科技创新格局，促进创新链和产业链深度融合；产业发展领域，构建各具优势的现代化产业体系，加快发展新质生产力；空间布局领域，以现代化首都都市圈为支撑建设以首都为核心的世界级城市群；生态环境领域，完善生态协同治理机制，加快推进生态修复环境改善示范区建设；社会民生领域，促进基本公共服务共建共享，缩小区域发展差距。

6.4.1　首都功能领域：积极有序有效疏解北京非首都功能，大力加强"一核两翼"建设

疏解北京非首都功能是推动京津冀协同发展的核心任务，合理处理疏

---

① "一核两翼"中的"一核"即首都功能核心区，"两翼"即北京城市副中心和雄安新区。

解与承接的关系至关重要。通过"一核两翼"建设，有序推进功能转移，实现区域协调发展和资源优化配置。一是高质量发展北京城市副中心，作为非首都功能疏解的重要承接地。北京城市副中心应发挥行政办公、商务服务、文化旅游和科技创新等核心功能，构建多中心、网络化的空间结构。通过加强与北京主城区科技创新、现代服务业特别是绿色金融服务业的全面对接合作，确保有效承接北京的非首都功能。加快推进北京城市副中心与河北廊坊北三县（三河市、大厂县和香河县）的高质量一体化发展，成为京津冀区域协同发展迈向一体化发展的先行区和示范区。二是规划建设好雄安新区作为承接北京非首都功能的关键。雄安新区的设立有助于缩小京津冀城市群内部的等级差距，促进城市间的均衡发展。高水平规划建设雄安新区，不仅能缓解北京的人口、资源和环境压力，还将成为河北省新的经济增长极，推动全省经济转型升级与高质量发展。三是加强区域基础设施，特别是交通网络的建设，提升"一核两翼"之间特别是两翼之间的联系，实现要素资源的高效流动和优化配置。

6.4.2 科技创新领域：优化区域科技创新格局，促进创新链和产业链深度融合

京津冀应坚持轴向牵引、廊道增强战略，围绕构建京津冀协同创新共同体的目标，优化科技创新资源和科技园区的布局。一是通过明确战略方向，优化三地的科技创新功能定位，推进区域协同创新。以京津、京雄两条创新走廊为核心轴线，构建以北京、天津、雄安为支点的"创新三角"，谋划布局未来产业，增强原创性和突破性的科技创新能力，形成区域协同创新的核心区。以北京的"三城一区"①、北京城市副中心与河北廊坊北三县，天津的津城与滨海新区，以及河北雄安新区和保定等区域为创新战略支点，推动京津冀地区整体创新能力的提升，加速新型生产力的整合和创新成果的扩散。二是通过紧密结合产业链与创新链，优化科技资源配置和

---

① "三城一区"即中关村科学城、怀柔科学城、未来科学城和创新型产业集群示范区（亦庄、顺义）

园区布局。打造"一心、三核、三带、多园区"①的科技创新架构,实现区域内中心引领、三核驱动、辐射带动、多园支撑的协同发展格局。在建设科技创新走廊方面,借鉴粤港澳大湾区和长三角的经验,科学规划并合理布局创新三角及科创走廊。三是依托京津冀区域内的核心科技资源,打通京津雄创新主线,推动形成具有强大引擎作用的"创新三角"。充分发挥北京国际科技创新中心、天津先进制造业研发转化基地和雄安新区的优势,推动京津雄三地之间的创新要素流动和科技成果共享。通过打造京张大数据走廊、京雄保石生物医药走廊、京津沧重化工业绿色科技创新走廊等特色创新带,实现科技创新与产业发展的有机结合,进一步深化科技体制机制改革,推动京津冀区域的高质量发展,为建设世界级城市群奠定坚实的基础。

6.4.3 产业发展领域:构建各具优势的现代化产业体系,加快发展新质生产力

在京津冀三地中,北京作为国际科技创新中心,是全国乃至全球重要创新策源地;天津是全国先进制造业研发基地,具备推动创新链和产业链融合发展的优势;河北是产业转型升级试验区,具有创新和产业发展后发优势。京津冀需要根据三地的比较优势进行专业化分工,理顺产业发展链条,处理好北京制造业疏解与津冀协同、承接的关系,形成地区间合理的产业分工和联动机制。

北京做大新一代信息技术和医药健康两个国际引领支柱产业,做强集成电路、智能网联汽车等四个特色优势产业,打造"北京智造、北京服务"新名片,形成万亿级产业集群。天津重点发展生物医药、新能源、新材料三大新兴产业,做强装备制造、汽车等四大优势产业,推动信创产业领航,打造高端装备类战略性新兴产业,成为国际竞争力行业标杆。河北做优传统优势产业,培育新一代信息技术、生物医药等四大战略性新兴产

---

① "一心"为北京国际科技创新中心,"三核"为中关村、天津滨海高新区、雄安新区,"三带"为京津高新技术产业创新带、沿海现代工业技术创新示范带、环京津绿色发展创新创业带,"多园区"为以中关村科技园区为依托,在多地共建科技园区。

业，形成雄安新区高端高新产业核心区和多个产业带，推动区域高质量发展。围绕共同打造"五群六链五廊"，链接跨区域合理布局产学研用环节，做实产业集群的园区节点。

6.4.4 空间布局领域：以现代化首都都市圈为支撑建设以首都为核心的世界级城市群

现代化首都都市圈的建设要以城镇体系和功能布局为主要抓手，优化首都都市圈的空间布局结构，促进分工合理、优势互补的产业功能合作，通过畅通资源要素流动实现空间优化配置，推动首都都市圈"通勤圈""功能圈""产业圈"三大圈层的协同联动发展。

一是构建大中小城市分布合理的多层级城镇体系结构。通过加快培育中等规模的新城，选择具有发展潜力的小城镇，增强其对人口和产业的"反磁力"作用，使其成为宜居宜业、产城融合的首都都市圈外围重点城镇。具体而言，对于重点新城，通过提高居住的便利性和舒适度增强生活吸引力；通过引导承接中心城区的产业发展，创造丰富的多元化就业岗位，增强就业吸引力。另外，也需要遵循市场规律有序疏解非首都功能，通过产业疏解带动外围城镇的发展，降低首都都市圈城镇体系的单中心极化水平。

二是建设合理的区域分工与协作体系，根据圈层确定首都都市圈的城市功能布局。一方面优化中心城区的首都功能，将不符合首都功能的产业溢出到外围城镇。另一方面在外围重点城镇建设功能业务核心，形成具有特色产业的外围经济增长极，打造整合集成、协同互动、关联有序的业务和网络。更重要的是要建设完备发达的现代化综合交通网络体系。现代化首都都市圈的建设离不开现代化交通体系的保障。因此，需要在区域层面制定交通一体化发展规划，健全公路、铁路、航空等多种交通方式的有效衔接，打造安全便捷的立体化区域交通系统，形成互联互通的交通信息网络体系，尤其需要强化首都都市圈外围城镇基础设施和公共设施建设，将中小城镇建设成为节点型区域交通枢纽，最终促进城市之间的资本、人才、技术等要素的充分流动，为实现城市间产业合理布局及资源优化配置提供良好的基础。

6.4.5 生态环境领域：完善生态协同治理机制，加快推进生态修复环境改善示范区建设

一是要强化顶层设计，推动京津冀地区的产业结构向低碳化转型。以碳达峰、碳中和为牵引，重点进行产业结构调整和升级。在确保经济平稳发展的前提下，根据三次产业结构、行业门类结构、工业结构和制造业结构，分阶段、有序推进低碳化转型，确保区域产业走向绿色化发展。二是要以创新驱动京津冀地区产业的绿色化发展。加快绿色生产，通过优化地区消费结构加大对绿色技术产品的引导作用，加强以绿色消费引领产业转型。① 通过推动产业的智能化、绿色化和融合化，构建环境友好的产业结构体系。三是要推动环境治理与生态建设的协同立法，提升区域生态治理水平。合理分配和高效利用生态资源，探索多主体协同治理模式。重点加强流域的综合治理，尤其是预防和减少洪涝灾害。强化流域防洪体系的薄弱环节，推动重点水利工程建设，提升流域的整体防御能力，为区域的可持续发展奠定坚实的生态基础。

6.4.6 社会民生领域：积极推进京津冀基本公共服务的共建共享，不断缩小区域差距

在区域内部发展不平衡、公共服务资源配置不均衡的情况下，京津冀三地应着力探索加快公共服务一体化发展的机制创新，推进基本公共服务共建共享，缩小区域差距。一是探索跨区域统筹公共服务互惠共享制度。京津冀地区的公共物品治理必须打破"碎片化"模式，提高京津冀三地不同层级政府的合作效率，树立从全局出发、从"一盘棋"考虑的理念。探索设立财税分享机制、区域环境管机制、水资源和生态补偿机制以及排污交易制度机制，致力于解决京津冀城市群公共物品治理的可持续发展问题，同时这也将有利于推动京津冀环境、交通、公共服务的良性发展。二是探索跨区域共享共营新模式和新业态。教育领域，加强京津冀高校联盟

---

① 何晶彦、李国平、梁伟：《京津冀绿色技术创新对经济韧性的影响效应研究》，《北京交通大学学报（社会科学版）》2024年第3期。

建设，实施培养方案互通、课程互选、学分互认、教师互聘等，综合提升区域内各高校教学质量和研究水平；充分利用数字技术和互联网平台的优势，通过整合各高校资源和优势，逐步形成覆盖三地的数字教育资源云服务体系。医疗领域，探索多种形式的医疗联合体建设，创新区域性分级诊疗模式，着力构建基层首诊、双向转诊、急慢分治、上下联动的分级诊疗格局，引导优质医疗资源下沉；加快推进三地医疗机构检查检验结果互认共享工作，推动更多定点医疗机构纳入异地就医联网结算范围。三是着力打破行政壁垒和体制障碍。制定统一的规划和标准，建立跨地区的公共服务资源统一管理和协调机制，建立共享平台和信息系统，实现公共服务资源的信息共享和协同。

参考文献

［1］李国平主编：《2019 京津冀协同发展报告》，科学出版社 2019 年版。

［2］李国平、石晓冬：《2024 首都发展报告—北京发展的多维透视》，科学出版社 2024 年版。

［3］南开大学京津冀协同发展研究院、国家区域重大战略高校智库联盟：《京津冀协同发展报告·2024：中国式现代化先行区示范区建设与协同发展新征程》，中国社会科学出版社 2024 年版。

［4］叶堂林、王雪莹、江成、刘佳：《京津冀蓝皮书：京津冀发展报告（2024）》，社会科学文献出版社 2024 年版。

［5］何晶彦、李国平、梁伟：《京津冀绿色技术创新对经济韧性的影响效应研究》，《北京交通大学学报（社会科学版）》2024 年第 3 期。

［6］贾若祥、王继源、窦红涛：《以新质生产力推动区域高质量发展》，《改革》2024 年第 3 期。

［7］李国平、吕爽：《京津冀跨域治理和协同发展的重大政策实践》，《经济地理》2023 年第 1 期。

［8］李国平、吕爽：《京津冀科技创新与产业协同发展研究》，《首都

经济贸易大学学报》2024 年第 3 期。

　　［9］李国平、吕爽：《京津冀协同发展战略实施十年回顾及展望》，《河北学刊》2024 年第 1 期。

　　［10］李国平、吕爽：《京津冀协同发展战略实施成效及其重点方向研究》，《城市问题》2024 年第 2 期。

　　［11］李国平、朱婷：《京津冀协同发展的成效、问题与路径选择》，《天津社会科学》2022 年第 5 期。

　　［12］李国平：《努力打造中国式现代化建设的先行区示范区》，《前线》2024 年第 2 期。

　　［13］刘秉镰、边杨：《京津冀建设中国式现代化先行区、示范区的理论逻辑与路径选择》，《北京社会科学》2024 年第 7 期。

　　［14］孙久文、原倩：《京津冀协同发展战略的比较和演进重点》，《经济社会体制比较》2014 年第 5 期。

　　［15］孙瑜康、李国平：《京津冀协同创新中北京辐射带动作用的发挥效果与提升对策研究》，《河北经贸大学学报》2021 年第 5 期。

　　［16］杨学聪：《京津冀科技成果协同转化空间广阔》，《经济日报》2024 年 4 月 24 日，第 11 版。

　　［17］张继红：《勇当高水平科技自立自强开路先锋》，《前线》2024 年第 2 期。

7

面向"十五五"的
粤港澳大湾区建设

粤港澳大湾区建设重大国家战略实施五年多来，取得了显著的成效，港澳融入国家发展大局的步伐不断加快，"一国两制"事业发展取得了丰硕成果。粤港澳大湾区作为支撑我国经济发展的重要增长极，地位更加稳固，已经成为新时代展现中国式现代化的主要窗口、形成全面开放新格局的重要载体、推动高质量发展的动力源。"十五五"时期，粤港澳大湾区要围绕"使粤港澳大湾区成为新发展格局的战略支点、高质量发展的示范地、中国式现代化的引领地"的新定位，以及更好发挥高质量发展动力源的要求，在《粤港澳大湾区发展规划纲要》框架下，系统谋划发展总体思路：一是通过加快改革创新和科技发展，进一步营造良好的发展环境、凝聚发展合力，成为创新发展策源地和发展理念创新发源地；二是通过加快经济转型和结构转换培育新质生产力，进一步提升发展活力；三是通过合作创新和统筹协调推进体制机制创新，进一步夯实粤港澳深度融合发展的基础；四是通过推动要素更加自由流动和空间结构优化，进一步优化空间组织，助力高水平一体化发展。在总体思路指导下，坚持创新驱动、改革引领、开放促进、协调联动、绿色发展的原则，统筹做好加强制度创新、提升科技创新水平、推动产业结构转型升级、扩大高水平对外开放、促进要素高效流动、优化政策协同体系、推进国际高端人才集聚等各项工作。

7.1　粤港澳大湾区建设取得的进展

2019 年 2 月，中共中央、国务院公开发布《粤港澳大湾区发展规划纲要》，粤港澳大湾区建设全面推进。尽管受到了中美贸易摩擦、新冠疫情、世界经济不确定性加剧等重大冲击，经过 5 年多的建设，粤港澳大湾区综合实力不断提升，在经济发展、科技创新、合作发展、基础设施联通等方面取得了长足的进步，呈现蓬勃发展的良好局面。

7.1.1　经济发展成效明显

从经济总量看，粤港澳大湾区 2023 年的地区生产总值突破了 14 万亿元大关，达到了 14.05 万亿元，比 2019 年增加了 2.04 万亿元（见图 7-1），以不到全国 0.6% 的土地面积，创造了全国 1/9 的经济总量，已经成为中国开放程度最高、经济活力最强的区域之一，为建设世界级城市群和打造世界一流湾区奠定了坚实的经济基础。

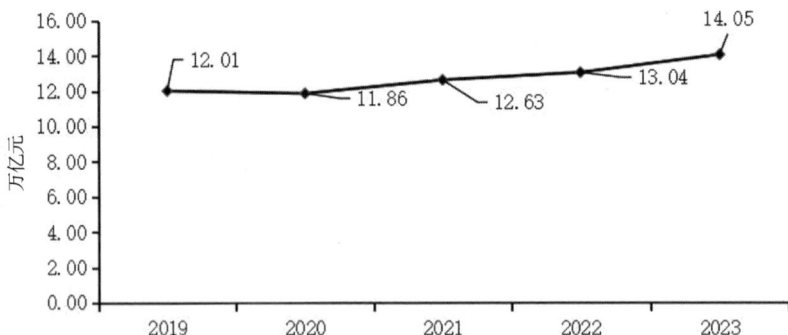

图 7-1　2019—2023 年粤港澳大湾区地区生产总值变化

注：深圳地区生产总值包括深汕合作区。
资料来源：广东省统计局、香港特别行政区政府统计处、澳门特别行政区政府统计暨普查局。

从人均经济总量看，粤港澳大湾区人均地区生产总值已突破 16 万元，达到了 16.17 万元，比 2019 年的人均 14.12 万元提高了 2.05 万元（见图 7-2）。同时，值得注意的是，粤港澳大湾区 2023 年人口数量达到了 8688.33 万人，比 2019 年增加了 184.37 万人。

此外，可以看到，受到新冠疫情重大冲击影响时，2020 年粤港澳大湾区经济发展也产生了一定的波动，但是，此后其经济发展实现了逐步恢复，显示了粤港澳大湾区良好的经济发展韧性。

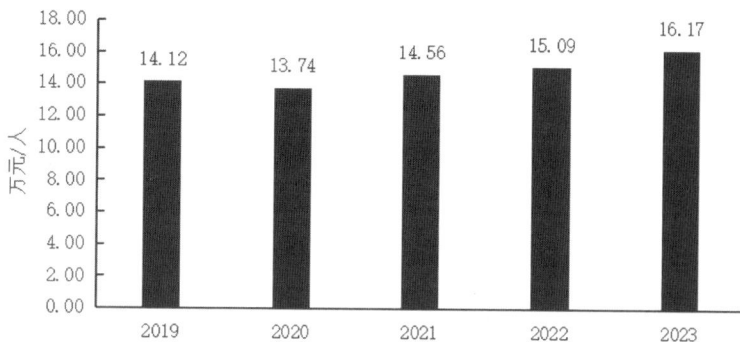

图 7-2 2019—2023 年粤港澳大湾区地区人均生产总值基本情况

注：人口统计时，内地城市为常住人口，香港为年底居住人口，澳门为年终人口。

资料来源：广东省统计局、香港特别行政区政府统计处、澳门特别行政区政府统计暨普查局。

7.1.2 创新能力逐步提升

粤港澳大湾区持续深化科技合作，推动形成更加有利于科技要素流动的环境，使得人才、资金和数据等各类支撑科技发展的要素加速流动，大湾区科技创新的能力不断提升。世界知识产权组织《2024 年全球创新指数（GII）报告》先期报告显示，深圳—香港—广州集群的创新指数已连续第五年位居全球第二位。从空间组织看，粤港澳大湾区基本形成了以大湾区国际科技创新中心和综合性国家科学中心为主导，以深港河套、粤澳横琴为主要节点，以广深港、广珠澳两条科技走廊为主要支撑的科技合作体系。从创新主体看，粤港澳大湾区目前已经拥有超过 6 万家国家级高新技术企业，特别是一些有国际影响力的企业在推动科技创新过程中起到了日益重要的作用，也彰显出中国特色科技创新模式的生命力和活力。2024 年《财富》世界 500 强榜单显示，粤港澳大湾区共有 22 家企业上榜，虽然较之前几年企业数量和排名有所下降，但是入榜企业所属行业呈现向制造业领域转变的趋势，主要包括汽车、电子和电子元器件、家电、生物医药等（见表 7-1）。企业科技创新化的水平明显提升。从代表性的创新载体看，中国散裂中子源、江门中微子实验室、大亚湾中微子实验室等一批国家重大科技基础设施为推动原始性基础创新提供了坚实基础。同时，广东省科技厅数据显示 2023 年广东省学科类重点实验室和企业类重点实验室已经分别达到 287 家和 148 家，这些实验室为实现科研成果的转化提供了更好的条件。

表 7-1 粤港澳大湾区上榜 2024 年《财富》世界 500 强榜单的企业

序号	企业名称	排名	总部所在城市
1	中国平安保险（集团）股份有限公司	53	深圳
2	中国华润有限公司	72	香港
3	中国南方电网有限责任公司	78	广州
4	华为控股投资有限公司	103	深圳
5	腾讯控股有限公司	141	深圳
6	比亚迪股份有限公司	143	深圳
7	招商局集团有限公司	179	香港
8	广州汽车工业集团有限公司	181	广州
9	万科企业股份有限公司	206	深圳
10	联想集团有限公司	248	香港
11	美的集团股份有限公司	277	佛山
12	广州市建筑集团有限公司	361	广州
13	深圳市投资控股有限公司	370	深圳
14	广州工业投资控股集团有限公司	394	广州
15	广东省广新控股集团有限公司	414	广州
16	顺丰控股股份有限公司	415	深圳
17	广州医药集团有限公司	417	广州
18	怡和集团	421	香港
19	中国电子信息产业集团有限公司	435	深圳
20	长江合记实业有限公司	439	香港

序号	企业名称	排名	总部所在城市
21	友邦保险控股有限公司	446	香港
22	立讯精密工业股份有限公司	488	东莞

资料来源：根据2024年《财富》世界500强排行榜整理。

7.1.3 合作发展深入推进

粤港澳大湾区积极推进优势互补、错位提升、融合共进，合作发展不断深入。目前，合作平台已经成为推进粤港澳大湾区合作的重要载体，吸引更多的资金、人才和数据等要素向合作区集聚，为实现粤港澳大湾区空间组织优化提供了更好的基础。更为重要的是，探索出的合作发展新模式将为展示中国式现代化提供更多窗口。粤港澳大湾区目前已经有17个合作平台，其中4个重大合作平台，13个特色合作平台，实现了11个城市的全覆盖，各个平台立足自身优势，从不同的功能定位共同推进粤港澳大湾区深度融合发展。4个重大合作平台和12个特色合作平台，规划总面积约为7075.94平方公里（其中江门华侨华人文化交流合作重要平台是面向江门全市的，因此只统计12个特色合作平台的规划面积），占粤港澳大湾区总面积的12.6%。其中，4个重大合作平台的规划面积约为1033.45平方公里，占粤港澳大湾区总面积的1.8%，12个特色合作平台的规划面积约为6042.49平方公里，占粤港澳大湾区总面积的10.8%（见表7-2）。

表7-2 粤港澳大湾区的主要合作平台

平台类型	序号	名称	所在城市
重大合作平台	1	横琴粤澳深度合作区	珠海
	2	前海深港现代服务业合作区	深圳
	3	广州南沙	广州
	4	河套深港科技创新合作区	深圳
			香港

平台类型	序号	名称	所在城市
特色合作平台	1	中新广州知识城	广州
	2	广州人工智能与数字经济试验区	广州
	3	广州穗港智造合作区	广州
	4	珠海西部生态新区	珠海
	5	佛山南海粤港澳合作高端服务示范区	佛山
	6	佛山三龙湾高端创新集聚区	佛山
	7	佛山顺德粤港澳协同发展合作区	佛山
	8	惠州潼湖生态智慧区	惠州
	9	东莞滨海湾新区	东莞
	10	中山翠亨新区	中山
	11	江门大广海湾经济区	江门
	12	江门华侨华人文化交流合作重要平台	江门
	13	肇庆新区	肇庆

资料来源：根据粤港澳大湾区门户网站数据整理所得。

7.1.4 基础设施不断完善

粤港澳大湾区充分发挥基础设施建设与运营在推进深度融合发展中的作用，基础设施建设不断完善。特别是，代表性基础设施作用不断显现。港珠澳大桥自 2018 年 10 月开通以来，在"澳车北上"和"港车北上"政策助力下，为港澳居民更好融入大湾区提供了更多便利。截至 2024 年 5 月 21 日 9 时 40 分，2024 年年内经港珠澳大桥珠海公路口岸出入境旅客已经突破 1000 万人次，同比增长达 127.7%。2024 年 5 月 26 日，广东城际铁路"四线"贯通运营。2024 年 6 月 30 日，深中通道通车试运行。随着 2024 年年底黄茅海跨海通道的建成，粤港澳大湾区东西两岸交通将更加便捷。同时，广州港南沙港区四期全自动化码头和广州白云国际机场三期扩建工程项目也在加速推进，这些工程的建设为粤港澳大湾区更好地联通世界奠定了基础。数据显示，截至 2023 年底，粤港澳大湾区铁路运营里程已经超过 2700 公里，公路通车里程约 6 万公里，其中高速公路路网密度达到9.7 公里/百平方公里，与纽约、东京等国际一流湾区相当。粤港澳大湾区"一小时生活圈"逐步从蓝图变为现实。

7.2 "十五五"时期粤港澳大湾区建设面临的机遇与挑战

7.2.1 机遇

（1）国家大力支持。粤港澳大湾区建设是习近平总书记亲自谋划、亲自部署和亲自推动的重大国家战略。2023 年 4 月，习近平总书记在广东考察时强调"使粤港澳大湾区成为新发展格局的战略支点、高质量发展的示范地、中国式现代化的引领地"，赋予了粤港澳大湾区"一点两地"的全新定位。党的二十届三中全会通过的《中共中央关于进一步全面深化改革、推进中国式现代化的决定》提出，推动粤港澳大湾区更好发挥高质量发展动力源作用，深化粤港澳大湾区合作，强化规则衔接、机制对接等内容。这些都彰显出国家对粤港澳大湾区建设的大力支持。同时，新阶段，党和国家提出了加快形成新质生产力的重大战略部署，这是我国提升发展自主性、稳定性和引领性的重大举措，为我国发展开辟了更为广阔的发展空间，提升了我国应对外部一切不确定性的能力。粤港澳大湾区作为我国重要的增长极必将在推进新质生产力发展中发挥不可替代的重要作用。

（2）新一轮科技革命和产业变革。科技革命和产业变革共同驱动的经济发展模式已经逐步形成，其主要表现为"新产业规模化、新赛道加速化、生产效率提升化"。新产业规模化为产业合作和产业链重塑提供了更为广阔的发展空间。新赛道加速化为产业升级改造和产业模式重塑提供了更大的可能，区域通过抢占新赛道获取发展优势的可能性更大。在新产业规模化和新赛道加速化共同作用下，从供给端看，生产效率提升速度明显加快，主要体现在个性化产品的生产成本在不断下降，产品之间的差异化更加细化。这为粤港澳大湾区作为国际科技创新中心将因此而获得更大的发展空间。

（3）"一带一路"建设深入推进。随着国际关系的不断演变，国际市场空间结构进入重塑期，我国正在走向世界舞台的中心，由我国推动的国际合作正在成为国际合作发展的新模式。特别是，"一带一路"倡议已经成为国际合作新典范。数据显示，截至 2023 年 6 月底，中国与 150 多个国家、30 多个国际组织签署了 230 多份共建"一带一路"合作文件。《区域全面经济伙伴关系协定》（RCEP）已经成为推动亚洲经济一体化的新引擎。发展中国家间的经济技术合作（南南合作）则为发展中国家发挥各自优势、参与国际分工和合作、推进经济社会发展带来了历史性机遇。粤港澳大湾区是"一带一路"建设的重要支撑，由我国推动和积极参与的上述国际合作为提升粤港澳大湾区参与国际竞争的能力，在更高起点和更高水平上拓展发展空间提供了更为广阔的国际空间。

（4）发展转型。随着新一轮科技革命的不断深入，世界也进入了经济发展转型期，主要的表现为数字经济、绿色发展和智慧社会建设将成为未来经济社会发展的重要特征。数字经济将以更大的广度和深度改变现有的经济模式，数字产业化、产业数字化、产品数字化，甚至生活方式数字化正在从设想不断变为现实。绿色发展将成为人类探索可持续发展模式的必然选择，生产方式绿色化、生活方式绿色化、交往方式绿色化将为经济社会发展带来影响，抢抓绿色发展新高地，推进更加绿色的生产方式，将为经济社会发展带来新变革和新动力。智慧社会也在从愿景变为现实，智慧社会带来了更大的生活便利，生产便利，同时也给人类经济社会发展带来了更大的挑战，这意味着能够更好探索智慧社会发展模式的国家和区域将在发展转型中占据先机。粤港澳大湾区作为我国先发区域，数字经济、绿色发展和智慧社会等一系列影响经济社会的因素为其发展转型提供了更有利的环境。

7.2.2　挑战

（1）外部压力有增无减。在逆全球化、保护主义抬头的情况下，国际市场需求不确定依然面临不断增大的风险，粤港澳大湾区作为我国对外开放的主要载体，在"走出去"方面面临更大的挑战和压力。粤港澳大湾区在发展初期因发展阶段差异带来的竞争优势已经逐渐消失。目前，粤港澳大湾区面临的国际竞争已经呈现出相同发展阶段的产品竞争、要素竞争和空间竞争三重叠加的局面。因此，在一定程度上讲，粤港澳大湾区面临的外部压力将有增无减，其高水平对外开放面临诸多挑战，需要采取强有力的举措加以应对。

（2）转型阵痛仍然存在。从经济发展的内在规律看，粤港澳大湾区目前正处于新旧动能转换的转型期，转型的阵痛依然存在。主要表现在新旧动能转换尚未完全完成，特别是已有产业在转型过程中表现出了旧动能显著弱化，但是新动能尚不够强劲的态势，粤港澳大湾区有些城市的经济增长率出现了较大幅度下降。与此同时，地方财政也随着经济转型呈现出新的态势，主要表现为财政支出结构尚未完全适应新旧动能转换的要求，暂时表现为地方财政困难，由此也对粤港澳大湾区的制度创新提出了更高的要求。

（3）发展活力亟待增强。受到新冠疫情冲击、经济发展新动能尚未完全形成、国际市场环境变化等一系列因素的多重影响，目前来看粤港澳大湾区的发展活力尚不能完全适应发展的需求。特别是大湾区内城市经济增长呈现出分化的局面，有些城市经济增速有放缓的迹象，民营经济活力还有待进一步挖掘，与国内处于同样发展水平的区域相比，存在一定差距。这反映出粤港澳大湾区的创新潜力没有充分地释放，对粤港澳大湾区系统构建创新体系，激发创新活力带来了更大的挑战。

（4）统筹协调难度较大。粤港澳大湾区具有"一国两制"、三个关税区、两个特别行政区、一个省级行政区和一个经济特区等特殊的制度架构，同时还涉及三种法域。在这个特殊的制度架构下，粤港澳大湾区的发展主体复杂多样，利益取向和行为动机不尽相同，这使得粤港澳大湾区在资金、人才和数据等要素流动方面面临的情况更加复杂。同时，从经济发展上来看，粤港澳大湾区城市之间、珠江口东西两岸以及"广佛肇""澳珠中江""港深莞惠"三个都市圈等存在较大差距。由此可见，粤港澳大湾区面临的统筹协调难度较大，通过深度融合实现高度一体化任重道远。

7.3 "十五五"时期粤港澳大湾区建设的思路

7.3.1 总体思路

围绕新发展格局的战略支点、高质量发展的示范地、中国式现代化的引领地的新定位，以及更好发挥高质量发展动力源的要求，在《粤港澳大湾区发展规划纲要》框架下，系统谋划发展的总体思路，一是通过加快改革创新和科技发展，进一步营造良好的发展环境、凝聚发展合力，成为创新发展策源地和发展理念创新发源地；二是通过加快经济转型和结构转换培育新质生产力，进一步提升发展活力；三是通过合作创新和统筹协调推进体制机制创新，进一步夯实深度融合发展的基础；四是通过推动要素更加自由流动和空间结构优化，进一步优化空间组织助力高度一体化发展。

7.3.2 发展原则

（1）创新驱动。粤港澳大湾区是我国东部沿海的三大国家级增长极之一，是支撑我国经济发展的重要基础。提升经济增长活力，成为我国创新发展的策源地，为我国经济社会发展注入源源不断的动力，助力我国重回世界舞台中央，是粤港澳大湾区发展的应有之义。并且，从产业发展规律看，湾区经济已经进入"创新+"发展阶段，创新将以各种形式进入到生产、生活各个领域，产业之间的界限也将变得更加模糊。因此，粤港澳大湾区必须坚持创新驱动，通过转型升级，加快为其经济发展装上"创新引擎"，全面提升创新水平，激发发展活力。

（2）改革引领。良好的体制机制是保障经济社会持续稳定发展的重要前提。粤港澳大湾区发展的实践表明，政府与市场的良好互动是中国特色湾区建设方式的最重要特征之一。只有通过不断地改革，系统化的改革为创新发展、要素流动等把舵定向，前瞻性地引领经济社会发展，才能更好地实现粤港澳大湾区的发展目标。因此，粤港澳大湾区必须通过持续的系统化的改革，积极探索和完善中国特色湾区建设模式，才能为粤港澳大湾区发展提供更加坚实的体制机制保障。

（3）开放促进。开放是实现"走出去"的必然选择，也是必由之路，只有全方位地参与高水平的国际竞争，才能更好地获取经济社会发展的动力，更好地树立中国的发展形象，为国家和大湾区创造更好的外部发展环境。粤港澳大湾区必须化外部冲击为内部发展的动力，以开放促进创新发展和体制机制创新，同时以开放促进内部更好合作，为我国构建新发展格局开拓更为广阔的外部发展空间。

（4）协调联动。从我国未来的区域经济空间组织看，粤港澳大湾区是我国7大重要的国家级增长极，承担着探索我国区域空间组织创新发展的重要责任。从不同的空间尺度看，粤港澳大湾区至少要注重四个层面的协调联动，一是大湾区内部11个城市和3个都市圈；二是大湾区与粤东西北之间；三是大湾区与周边省份之间；四是粤港澳大湾区与6个国家级增长极之间。从国家战略角度看，大湾区也要注重与其他区域重大战略之间的互动。通过协调联动，一方面促进粤港澳大湾区内部的深度融合发展，另一方面发挥国家级增长极优势带动其他区域发展。

（5）绿色发展。人与自然和谐共生已经成为人类发展共识，同时绿色发展也是高质量发展最鲜明的底色。我国在大力推进碳减排和实现碳达峰国际责任中承担着最主要的角色。粤港澳大湾区发展更加追求经济发展质量和生活质量的双重提升，致力打造宜居宜业宜游的优质生活圈，这都需要绿色发展方式的支撑。因此，粤港澳大湾区未来发展必须坚持低碳和绿色发展，为我国探索在经济规模巨大城市区域探索人与自然和谐发展模式提供样板。

7.4 "十五五"时期粤港澳大湾区建设的主要举措

7.4.1 加强制度创新

科学制定发展战略、规划、政策是高质量建设粤港澳大湾区的重要保障。因此，粤港澳大湾区要在粤港澳大湾区建设重大战略和《粤港澳大湾区发展规划纲要》的总体部署下，加强统筹粤港澳大湾区各层次发展战略、发展规划及配套政策的制度创新。一是，适应粤港澳大湾区一体化发展大趋势和更好促进香港、澳门融入国家发展大局，建立由粤港澳三地政府和国家发展和改革委员会等部门组成的粤港澳大湾区建设委员会，在中央区域协调发展领导小组的领导下，负责实施粤港澳大湾区建设重大战略、组织实施《粤港澳大湾区发展规划纲要》。二是，从编制、组织实施、效果评估各环节，建立粤港澳三地及珠三角九个城市的发展战略、国民经济和社会发展五年规划、重大经济社会发展专项规划、都市圈发展规划、城市总体规划等对接粤港澳大湾区建设重大战略和《粤港澳大湾区发展规划纲要》及相互对接的制度，避免发生合成谬误。三是，以有利于实施粤港澳大湾区建设重大战略和《粤港澳大湾区发展规划纲要》为取向，建立解决粤港澳大湾区内部地方政策、部门政策不配套或相互冲突问题的制度。

7.4.2 提升科技创新水平

科技创新是提升经济活力的基础，也是提升国际竞争力和实现绿色发展的基础。因此，粤港澳大湾区要积极建设成为全国新质生产力引领地，用新质生产力推动高质量发展。一是，为避免在新质生产力发展上一哄而上、无序竞争，形成发展新质生产力的合力，建立统筹协调粤港澳三地及珠三角九个城市发展新质生产力的体制机制,引导各地根据粤港澳大湾区发展新质生产力的主攻方向,因地制宜、因时制宜发展新质生产力。二是,及时响应新兴产业、战略性产业、未来产业的发展需求,加强对新领域、新赛道的制度供给,建立催生新产业、新模式和新动能的新制度。三是,遵循科技创新规律和以科技创新驱动产业创新的原则,围绕更好聚集和使用国内外创新人才、更好促进各类先进生产要素自由流动和创新性配置,以及更好畅通创新链、产业链、供应链、人才链、资金链,加快形成与新质生产力相匹配的生产关系。四是,做好与新质生产力发展紧密相关的战略、规划、政策、措施的对接、融合和系统集成,避免相互掣肘,构建全过程创新生态链。

7.4.3 推动产业结构转型升级

产业是经济发展的基础,良好的产业结构是经济活力的重要体现。因此,粤港澳大湾区应抓住新一轮科技革命和产业变革的窗口期,加快推进产业结构转型升级,提高产业竞争力。首先,提高新兴产业发展规模。充分发挥大湾区5G、集成电路、纳米、生物医药等四大产业的优势,大力发展人工智能、生物医药、新材料和新型储能等战略性新兴产业,提升产业发展规模,发挥产业集聚优势,打造全国乃至全世界新兴产业重要策源地。其次,提升产业融合发展层次。在不同产业之间,推动农业、制造业和服务业深度融合,进一步消除产业发展之间的界限,利用技术创新推进农业服务业和制造业服务业双促进的生产性服务业发展;同时,在产业内部,对不同产业环节进行优化升级,推动产业链优化提升,进一步拉平微笑曲线,提升产业集群发展水平。再次,加快产业智慧发展步伐。提升数据要素利用水平,推进产业智慧化发展水平,利用数字化技术全面改造产业和产业链,率先实现产业智能化改造和产业链智能化优化,推进产业智慧湾区建设。最后,推动产业绿色发展。以产业绿色发展为生态建设赋能,打造全域全产业绿色发展示范区,以产业绿色发展为核心,带动其他领域的绿色发展,为高质量发展奠定坚实的生态基础。

7.4.4　打造多极网络空间发展格局

良好的空间组织模式是更好地优化资源配置，实现资源更高效利用的有效途径。粤港澳大湾区要积极推进空间结构优化，通过多极网络联动，实现资源整合、要素畅通、分工合作的市场一体化发展局面，打造多极网络空间发展格局。一是积极推动"广佛肇""深港莞惠""澳珠中江"三大组团提质增效。推动每一个组团形成强大的经济发展活力，强化组团内城市合作，率先推动组团发展同城化。二是积极探索多层次多极网络空间发展格局构建路径。大湾区要积极开拓创新，积极构建覆盖"城市—组团—大湾区"三种空间类型的经济多极增长格局，实施既适应粤港澳大湾区空间结构优化，又适应组团和城市空间结构优化的措施；形成既有自大湾区到城市的自上而下的区域经济多极增长格局实施体系，又有城市到大湾区的自下而上的多层次多极网络空间发展格局保障体系。三是推动以广州为核心的广佛肇都市圈、以深圳和香港为核心的港深莞惠都市圈和以澳门和珠海为核心的"澳珠中江"都市圈建设。在深港合作方面，积极推进深港合作区重大平台建设，以香港北部都会区、深圳河套深港科技创新合作区、深港口岸经济带建设为核心，带动深港合作纵深发展，在琴澳合作方面，加快横琴粤澳深度合作区建设，助力澳门经济适度多元化发展的同时带动珠江西岸快速崛起。

7.4.5　扩大高水平对外开放

开放发展是提升国际竞争力，拓展国际市场和国际发展空间的必然选择。对外开放是粤港澳大湾区的特色和发展优势。高水平对外开放是促进粤港澳大湾区高质量发展的重要动能。在新发展阶段，要加强推动粤港澳大湾区高水平对外开放的制度创新。首先，要根据建设全国新质生产力引领地的需要，健全吸纳国外各类高层次人才到大湾区就业和创业的制度，建立粤港澳协同吸引国外高水平科研机构和高科技公司到大湾区独立或联合建立研发机构的制度，进一步完善吸引国外高水平理工类大学到大湾区独立或合作办学的制度。其次，要根据主动应对国际贸易新挑战和争创国际贸易新优势的需要，建立鼓励和支持跨境电商、数字贸易、跨境服务贸易、新型离岸国际贸易、跨境金融服务等国际贸易新业态、新模式加快发展的制度。再次，要根据更好发挥自由贸易试验区作用的需要，建立健全中国（广东）自由贸易试验区广州南沙新区片区、深圳前海蛇口片区、珠海横琴新区片区三个片区协同发展和一体化发展的制度。在此基础上，积极谋划建设环珠江口自由贸易区，与香港自由贸易港、澳门自由贸易港相呼应，形成粤港澳大湾区具有世界影响和竞争力的自由贸易区集群。

7.4.6　促进要素高效流动

要素高效流动是提升经济发展活力的根本，而一体化是实现要素高效流动的重要保障。高度一体化发展是粤港澳大湾区建设的大趋势。为进一步促进粤港澳大湾区一体化发展，实现要素更加高效流动，需要做好以下工作。第一，主动适应数字经济发展和新质生产力发展的趋势，探索建立粤港澳大湾区统一的技术、数据、管理、知识等生产要素市场。第二，建立粤港澳大湾区统一的区域交通网络、信息网络、能源网络、水资源网络和重大科研平台、重大生产力布局项目的建设和运营一体化制度。第三，为了适应粤港澳大湾区内部同城化发展的趋势和建设高品质、现代化的"一小时生活圈"的需要，按照共生理念和共建、共治、共享原则，创新相邻城市之间同城化发展的制度。第四，创新保障粤港澳三地之间劳动力自由流动和平等就业、创业的制度，以及珠三角城市共享中国（广东）自由贸易试验区政策的制度。

7.4.7　优化政策协同体系

良好的政策协同体系不但可以为经济社会可持续发展提供保障，同时也是推进大湾区融合发展的重要条件。粤港澳大湾区要优化政策协同体系，进一步提升政策合力。第一，加快打造统一市场体系。从构建全国统一大市场的视角，不断探索粤港澳三地在市场准入、行业规则、行业标准方面的衔接点，为要素高效快速流动打造更好的环境，以打造统一市场体系推进大湾区市场一体化建设。第二，提升政策协同体系效率。利用科技创新成果和产业智能化发展的契机，建设大湾区统一政策体系信息平台，创新政策颁布、实施、监督和反馈机制，提升政策协同体系的灵活性和韧性，快速应对经济社会发展中出现的各种情况，全方位实现粤港澳三地规划衔接、机制对接。第三，提升政策体系的社会参与度。建立由专家学者、企业组织、社会组织和社区群众共同参与的政策系统体系评估委员会，聚焦规则衔接、机制对接的难点问题进行深入调研，打通政策实施的最后一米，实现政策协同体系与打造宜居宜业宜游生活圈相互促进的良好互动，为经济社会发展提供保障。

7.4.8 推进国际高端人才集聚

人才是实现经济社会可持续发展，落实各项发展规划的政策基础。粤港澳大湾区要建设世界一流城市圈，需要为国际高端人才集聚提供更好的条件。首先，创新人才评价机制。引导和树立正确的人才观，尊重人才发展规律，为人才发展提供更宽松的发展空间，建立全流程人才培养体系，创造"人人皆人才，人人做贡献"的氛围，形成良好的人才梯队体系。其次，优化人才政策体系。在人才引进过程中既要注重对人才的吸引力，又要注重对人才梯队建设的影响，积极稳妥引进人才，从全流程人才培养体系的角度优化人才政策体系。最后，打造人才全方位服务示范区。以全流程人才培养理念推进人才服务体系优化，提升全域服务人才意识，夯实人才梯队培养基础，实现人才吸引、人才培养和人才储备一体化发展局面，打造人才理念创新示范区，实现人才集聚和可持续发展。

8

面向"十五五"的长三角一体化发展

自 2018 年 11 月 5 日习近平总书记在首届中国国际进口博览会上宣布支持长三角区域一体化发展并上升为国家战略以来，长三角一体化的高质量发展序幕已经拉开。2019 年 12 月 1 日，中共中央、国务院正式发布了《长江三角洲区域一体化发展规划纲要》，明确提出到 2025 年，长三角一体化发展要取得实质性进展。2020 年 8 月 20 日，习近平总书记在合肥主持召开的座谈会上，进一步细化了长三角一体化的战略目标，提出"三大使命、七项任务、一个保障"的新要求。2021 年 6 月，推动长三角一体化发展领导小组办公室印发《长三角一体化发展规划"十四五"实施方案》，致力于将长三角一体化的目标任务转化为现实成果。2024 年 7 月，又发布了《长三角地区一体化发展三年行动计划（2024—2026 年)》，标志着长三角高质量一体化建设持续稳步推进，其发展成果日益凸显。本部分旨在概述面向"十五五"时期的长三角一体化发展策略，以期实现更高质量的区域协调发展。

8.1　长三角一体化发展现状与评估

8.1.1　区域合作逐步深化

自 20 世纪 80 年代以来，长三角区域合作已历经多个发展阶段，特别是近年来，在中央与地方政府的共同推动下，区域合作实现了质的飞跃。①

---

① 刘志彪、孔令池：《长三角区域一体化发展特征、问题及基本策略》，《安徽大学学报（哲学社会科学版)》2019 年第 3 期。

随着区域经济的持续增长和城市化的快速推进，长三角地区的经济纽带日益加强，其地理和行政边界也相应拓展，促使相关支持政策相继出台。① 在区域层面：长三角地区自 2018 年以来已成功举办三次主要领导人会议，分别发布《长三角地区一体化发展三年行动计划（2018—2020 年）》《长三角地区一体化发展三年行动计划（2021—2023 年）》《长三角地区一体化发展三年行动计划（2024—2026 年)》等一系列政策文件。这些文件着重于推动区域内的公共信息共享、市场改革开放、新兴产业升级及生态环保治理，从而为长三角一体化发展提供了具体且实际的推进路径。②③④ 中央政府层面的支持也不断增强：2008 年国务院发布《关于进一步推进长江三角洲地区改革开放和经济社会发展的指导意见》，明确将上海市、江苏省、浙江省划入长三角区域。到了 2016 年，国家发改委和住建部进一步发布《长江三角洲城市群发展规划》，将安徽省纳入长三角范围，进一步扩大了区域协作的基础。2019 年，中共中央、国务院正式批准《长江三角洲区域一体化发展规划纲要》，此举标志着长三角一体化发展被提升为国家级战略。2021 年，《长三角一体化发展规划"十四五"实施方案》的发布设定了 2025 年实现一体化发展的明确目标，即一体化发展的体制机制全面建立。⑤ 2022 年 4 月，中央政治局会议审议通过《关于持续深入推进长三角一体化高质量发展若干政策措施的意见》，提出加速关键核心技术的突破、完善体制机制、推进高层次协同开放、加强生态环境共保联治等重点任务。

此外，长三角区域合作持续扩展，自 2009 年起，沪苏浙两省一市的人大共同制定了《沪苏浙人大常委会主任座谈会制度》，并于 2014 年纳入安

① 刘乃全、吴友：《长三角扩容能促进区域经济共同增长吗》，《中国工业经济》2017 年第 6 期。

② 曾刚：《持续深入推进长三角一体化高质量发展》，《人民论坛》2024 年第 10 期。

③ 陈雯、刘伟、袁丰等：《面向中国式现代化的长三角一体化发展使命与研究焦点》，《经济地理》2023 年第 5 期。

④ 刘志彪：《全国统一大市场：统一什么？如何实现？——以长三角区域高质量一体化国家战略实践为例》，《探索与争鸣》2023 年第 3 期。

⑤ 曹卫东、曾刚、朱晟君等：《长三角区域一体化高质量发展：问题与出路》，《自然资源学报》2022 年第 6 期。

徽省，三省一市的人大常委会合作更是进一步深化。通过修订制定《沪苏浙皖人大常委会主任座谈会制度》，确立了更加广泛的协作基础。2018年，这一合作关系在长三角地区人大常委会主任座谈会上得到进一步加强，通过签署《关于深化长三角地区人大工作协作机制的协议》及《关于深化长三角地区人大常委会地方立法工作协同的协议》，标志着长三角地区人大常委会协作机制逐渐规范化和制度化。相关省市的人大常委会也相应通过了《关于支持和保障长三角地区更高质量一体化发展的决定》，加强了法律在区域合作中的支持和保障作用。随着合作机制的不断深化，长三角地区在旅游合作、科技资源共享等市场机制方面取得了显著进展，同时园区平台合作、专利转让平台的构建也在稳步推进。这一一体化发展策略进一步扩展到区域治理和公共服务共享等更广泛的领域，涵盖了生态补偿、医保服务联网以及食品安全共管等关键方面，构建了一套相对完备的区域合作框架。[1][2][3] 这些措施不仅增强了区域内的政策协同和资源共享，也为长三角地区面向"十五五"时期一体化发展奠定了坚实基础。

表8-1　长三角一体化发展主要政策文件

类别	时间	政策文件	主要内容
国家层面	2019年12月	《长江三角洲区域一体化发展规划纲要》	明确了"一极三区一高地"的战略定位，按照2025年和2035年两个时间节点设置了分阶段目标，部署了九个方面任务
	2021年6月	《长三角一体化发展规划"十四五"实施方案》	到2025年，长三角一体化发展取得实质性进展，一体化发展的体制机制全面建立，跨界区域、城市乡村等重点区域板块一体化发展达到较高水平，科创产业、协同开放、基础设施、生态环境、公共服务等领域基本实现一体化

① 麻玉琦、张蔚文：《面向区域治理的府际合作网络及动态演变——以长三角城市群为例》，《城市发展研究》2024年第7期。
② 陈浩、朱雪瑗：《区域一体化下"弱—弱"府际结构因素对跨域公共服务协作政策的影响——基于长三角Y市毗邻公交的案例研究》，《公共管理与政策评论》2023年第2期。
③ 席恺媛、朱虹：《长三角区域生态一体化的实践探索与困境摆脱》，《改革》2019年第3期。

类别	时间	政策文件	主要内容
国家层面	2024 年 4 月	《关于持续深入推进长三角一体化高质量发展若干政策措施的意见》	要始终紧扣一体化和高质量两个关键，着力推进长三角一体化发展重点任务。要加快突破关键核心技术，统筹推进传统产业升级、新兴产业壮大、未来产业培育，在更大范围内联动构建创新链、产业链、供应链。要加快完善体制机制，打破行政壁垒、提高政策协同，推动一体化向更深层次更宽领域拓展。要率先对接国际高标准经贸规则，积极推进高层次协同开放，塑造更高水平开放型经济新优势。要坚持底线思维，统筹好发展和安全，加强生态环境共保联治和区域绿色发展协作
区域层面	2018 年 6 月	《长三角地区一体化发展三年行动计划（2018—2020 年）》	覆盖了交通能源、科创、产业、信息化、信用、环保、公共服务、商务金融等 12 个合作专题，并聚焦交通互联互通、能源互济互保、产业协同创新、信息网络高速泛在、环境整治联防联控、公共服务普惠便利、市场开放有序等 7 个重点领域
	2018 年 6 月	《长三角地区深化推进国家社会信用体系建设区域合作示范区建设行动方案（2018—2020 年）》	到 2020 年，全面完成深化推进区域信用合作示范区的各项任务，有效支撑区域经济社会健康有序发展。"信用长三角"成为反映区域高质量一体化发展的重要品牌，长三角区域成为国内信用制度健全、信息流动通畅、服务供给充分、联动奖惩有效、信用环境优化的地区
	2021 年 6 月	《长三角地区一体化发展三年行动计划（2021—2023 年）》	重点围绕探索形成新发展格局的路径、夯实长三角地区绿色发展基础、增强区域协同高质量发展动能等方面进行了深入讨论，形成了广泛共识
	2024 年 7 月	《长三角地区一体化发展三年行动计划（2024—2026 年）》	从加强科技创新和产业创新跨区域协同、加快完善一体化发展体制机制、积极推进高层次协同开放、加强生态环境共保联治、着力提升安全发展能力等九个方面，共提出 165 项重点任务

资料来源：作者收集整理。

8.1.2　科技创新一体化能力加强

自 2018 年长三角一体化发展被提升为国家战略以来，长三角三省一市在科技部的指导下，紧密协作推进科技创新，极大地增强了区域的创新能力和协同效应。科技部、长三角三省一市协同的"4+1"新机制基本形成，2020 年以来，长三角科创共同体建设办公室成立，办公室由科技部和上海市主要领导担任主任，长三角三省一市分管领导任副主任；科技部战略规划司与长三角三省一市科技厅（委）建立工作专班季度会商机制，共商共谋重点任务，共商共议难点问题；成立秘书处，长三角三省一市科技厅（委）选派优秀干部在沪集中办公，推动年度计划任务落实落地。推动长三角科技部门党建联建工作，把党的领导贯穿长三角科技创新共同体建设的全过程，设立联合攻关、资源共享、成果转化、国际合作等多个专题组，以"一体化"意识和"一盘棋"思想，引领建设长三角科技创新共同体。部省市"三位一体"联合攻关新突破率先实现，2022 年 8 月，科技部与长三角三省一市政府联合印发《长三角科技创新共同体联合攻关合作机制》，该文件被推选为 2022 年度"中国科技资源管理领域十大事件"，2023 年 4 月，长三角三省一市科技厅（委）印发《长三角科技创新共同体联合攻关计划实施办法（试行）》。科技部、长三角三省一市紧密互动，企业出题，共同发榜、共同揭榜、共同支持、共同管理，实现任务联动、资金联合、管理联通"三位一体"。在此期间，长三角通过上海科技创新中心的龙头作用和苏浙皖创新优势的结合，集中力量攻克体制机制创新和重点任务协同的难点问题，建立了科技创新共同体，为区域高质量一体化发展提供了强劲动力。当前对区域一体化对城市创新水平的影响研究主要关注以下两个核心方面：首先，区域一体化通过消除阻碍生产要素自由流动的障碍，促进了区域内资源的流动性，从而实现了边际产出的最大化，并为资源流入地区奠定了创新的基础。[1][2]　其次，市场分割作为一种"逆一体

---

① 　于刃刚、戴宏伟：《生产要素流动与区域经济一体化的形成及启示》，《世界经济》1999年第 6 期。

② 　余世勇、朱咸永、张琦雯：《区域市场分割对中国制造业全要素生产率的影响》，《西南大学学报（社会科学版）》2022 年第 4 期。

化"的行为，它通过限制生产要素的流动和市场规模，从而抑制了本地的创新能力。① 市场分割往往通过各种显性或隐性的市场和制度障碍，妨碍区域内的劳动力分工和产业聚集，降低了要素的空间配置效率，从而阻碍了创新主体之间的交流与技术的外溢。《2024 长三角区域协同创新指数》显示，② 长三角区域协同创新指数从 2011 年的 100 分增长至 2023 年的267.57 分，2018 年以来，长三角区域协同创新指数年均增幅达 9.26%，长三角协同创新引领示范作用不断加强，科技创新共同体建设迈向新阶段。科技部与长三角三省一市的"4+1"新机制成功落地，科创共同体建设办公室的成立进一步推进了这一合作框架。通过季度会商机制，四地能够共同讨论重点任务和难点问题，形成了决策、协调、执行的有效运作体系。2022 年，长三角区域的 R&D 投入达到 9386.3 亿元，占全国的 30.5%，科技合同交易金额 13351 亿元，占全国的 28%，体现了科技创新在区域经济发展中的核心地位。区域内高新技术企业数量达到 11.6 万家，科技合同交易金额达到 13351 亿元。与此同时，长三角 G60 科创走廊科技成果拍卖会成交额从首届的 1.04 亿元提升至第六届的突破 120 亿元。

在科技成果转化方面，长三角科技创新共同体联合攻关合作机制的推进，使区域内科技成果转化率大幅提升。例如，C919 大飞机项目中的关键技术成果"陶铝型材"，在安徽淮北实现产业化，标志着区域内产业协同与高新技术应用的紧密结合。此外，长三角的科技资源共享平台自 2019 年启用以来，已集聚大量大型科学仪器，有效支撑了区域内的科研活动和创新发展。此外，长三角国家科技成果转移转化示范区联盟、长三角科研院所联盟相继成立。共同组织创新挑战赛，跨区域建立企业需求导向的 Inno-Match 全球技术供需对接平台。区域科技协同治理体系逐步构建，以长三角科技协同治理需求为导向，建设长三角一体化科创云平台，聚焦科研项目管理、科研诚信、研发资源共享、科技协同标准化等领域，加强跨区域数据集成应用与交互对接。

长三角科技创新一体化主要有以下三个特点：（1）创新引领：上海作

① 郑毓盛、李崇高：《中国地方分割的效率损失》，《中国社会科学》2003 年第 1 期。
② 上海市科学学研究所：《2024 长三角区域协同创新指数》，2024 年。

为长三角创新的主要推动力,在 2023 年技术合同成交额达到 744.32 亿元,较 2018 年的 172.79 亿元大幅增加 3.31 倍,占长三角地区技术合同总成交额的 35.58%。此外,上海输出的专利数量也从 2018 年的 1163 件增至 1638 件,增长了 40.84%。(2)合作加强:2023 年,上海与江苏、浙江、安徽的合作显著增强,共发表了 24847 篇国际科技论文,比 2018 年的 9286 篇增加了 1.68 倍,占整个长三角地区的 33.45%。同时,三地在发明专利合作申请上也表现强劲,申请数量达到 4911 件,自 2018 年的 1788 件以来增长了 1.75 倍,占总合作申请的 30.14%。此外,PCT 专利合作申请在 2022 年达到 217 件,从 2018 年的 191 件增长了 13.61%,占比 39.60%。(3)资本流动:至 2024 年 3 月,长三角区域上市企业在区域内异地投资企业数量总计 5738 家,其中,上海对苏浙皖的投资企业达到 1856 家,而接受来自这三省的投资则有 1889 家,成为区域内产业链协同的中心。同时,该地区投资机构对区域内企业的投资数量为 8448 家,上海对苏浙皖的投资占 4325 家,接受投资 2522 家,分别占总投资的 51.20% 和 29.85%。

在推动长三角科技创新一体化过程中 G60 科创走廊扮演了重要角色。G60 科创走廊的发展始于 2016 年 5 月,当时由浙江清华长三角研究院提出的构想,迅速在社会各界引起广泛关注。上海市松江区政府对此反应迅速,准确把握了 G60 高速公路沿线的产业发展潜力,出台了一系列支持政策,包括 60 条产业政策和设立每年 20 亿元的专项资金,全力打造以临港松江科技城为龙头的沪西南科创示范走廊,推动产城融合发展。"G60 上海松江科创走廊"由此形成,并在 2017 年 7 月通过上海与浙江两地的经济社会发展座谈会,正式与嘉兴、杭州签署《沪嘉杭 G60 科创走廊建设战略合作协议》,推动三地在要素对接、产业链布局、科创平台载体建设等方面取得显著成效,走廊由松江区向浙江省拓展,从 1.0 版本升级到 2.0 版本。2018 年 6 月,松江区借助沪苏湖高铁建设的契机,提出了深化拓展 G60 科创走廊从"高速公路时代的 2.0 版"向"高铁时代的 3.0 版"的转变。同年 11 月,九城市在首届上海进博会期间联合发布了扩大开放促进开放型经济一体化发展的 30 条措施,覆盖上海松江、嘉兴、杭州、金华、苏州、湖州、宣城、芜湖、合肥九城市的长三角 G60 科创走廊"一廊一核九城"的总体布局逐渐形成。G60 科创走廊建设由此步入快车道，并被纳入《长江三角洲区域一体化发展规划纲要》及国家"十四五"规划纲要，得到国家层面的战略支持和政策引导。科技部、国家发展改革委等六部门联合发布的《长三角 G60 科创走廊建设方案》进一步明确了走廊的战略定位和发展目标。此方案的推出标志着 G60 科创走廊上升为长三角区域一体化发展的国家战略的重要组成部分，为走廊的发展提供了强有力的政策支撑和资源保障。走廊的发展不仅促进了区域内的科技创新和产业升级，也显著提高了长三角在全国乃至全球的竞争力，成为展示新发展理念的重要窗口。

表 8-2　G60 科创走廊大事件

时间	重大事件	主要发展
2016 年 5 月	浙江清华长三角研究院提出的打造 G60 科创走廊的构想	"G60 上海松江科创走廊"产生，开启 1.0 时代
2017 年 7 月	松江、嘉兴、杭州正式签署《沪嘉杭 G60 科创走廊建设战略合作协议》	"G60 上海松江科创走廊"升级为"沪嘉杭 G60 科创走廊"，G60 科创走廊由 1.0 时代进入 2.0 时代
2018 年 6 月	松江区委、区政府提出深化拓展 G60 科创走廊建设	G60 科创走廊步入"高铁时代 3.0 版"
2018 年 11 月	G60 科创走廊九城市协同发布扩大开放促进开放型经济一体化发展的 30 条措施	长三角 G60 科创走廊"一廊一核九城"总体布局逐渐形成
2019 年 12 月	中共中央、国务院印发《长江三角洲区域一体化发展规划纲要》	G60 科创走廊成为长三角一体化发展国家战略的一部分
2021 年 3 月	"加快建设长三角 G60 科创走廊"被正式纳入国家"十四五"规划	赋予 G60 更高的战略定位、更深刻的战略内涵、更广阔的实践舞台
2021 年 4 月	科技部、国家发改委、工业和信息化部、人民银行、银保监会和证监会六部门联合发布《长三角 G60 科创走廊建设方案》	G60 科创走廊上升为长三角区域一体化发展国家战略的重要组成部分
2022 年 5 月	《科技创新与产业发展深度融合的鲜活样本——长三角 G60 科创走廊策源地的实践与启示》	作为地方高质量发展先进经验向全国推广

资料来源：作者依据网络资料整理。

8.1.3 制造业集群协同发展

目前，长三角的集成电路、生物医药、人工智能和汽车等战略性新兴产业和先进制造业已在全国乃至全球形成产业优势集群。长三角集成电路的总营收占到全国 60% 以上；全国超 3000 家与生物技术、制药相关企业，近一半位于长三角；备受瞩目的人工智能产业规模在全国占比约为三分之一，企业数在全国占比达到 30%；新能源汽车产量在全国占比达 38%。随着新能源产业的发展，长三角储能产业一体化建设也在不断推进，相关储能企业数量占到全国 4 成。在长三角地区，三省一市共同推动优势产业集群的培育和发展，通过设立诸如长三角协同优势产业基金、G60 科创走廊人工智能产业基金等，加速地区内先进制造业集群的成长。据统计，长三角地区拥有国内先进制造业集群的 40%，包括 18 个主要产业集群。这些集群涵盖从工程机械到航空装备，从智能语音到集成电路的多个行业，如徐州的工程机械集群和上海的航空装备集群等，其主导产业产值占全国相应集群产值的近三成。特别是江苏省，早在 2018 年就制定了先进制造业集群的培育指导意见，计划重点培育 13 个集群，其中 10 个已在全国范围内取得显著成就。随着集群发展政策的持续优化，长三角地区的城市间也在加深合作，通过优势互补和错位竞争，推动区域内汽车、生物医药、船舶和航空装备等关键产业的协同进步。其中，生物医药产业特别突出，上海凭借张江生物医药产业园区在研发和成果转化方面取得领先，与泰州的疫苗产业、连云港的新医药领域及无锡的生物医药服务外包业形成互补。扬子江药业和瑞科生物等形成了以化学药、生物制品为主的产业集群。同时，阿斯利康等多国公司在长三角地区的多点布局，如在无锡、泰州建立生产基地，在上海张江设立研发总部，也证明了长三角在全球医药产业链中的重要地位。这种跨区域的产业链整合和协作，不仅促进了区域内生产力的优化配置，还加强了长三角作为国际高端制造和研发基地的地位，使其在全球创新网络中占据了更为重要的地位。[1][2]

---

① 张跃、刘莉：《市场整合与跨区域协同创新：来自地方政府协调的力量》，《城市问题》2024 年第 6 期。

② 张勇：《长三角飞地经济的特征及优化策略》，《宏观经济管理》2023 年第 8 期。

8.1.3.1 产业结构高级化

长三角地区在推动产业结构高级化方面取得了显著成就。随着技术创新的快速发展，长三角三省一市积极调整产业结构，大力发展高科技和战略性新兴产业。通过引入智能制造、生物科技、新材料和信息技术等先进领域的项目，这一区域不仅显著提升了产业的技术水平和附加值，也优化了全球价值链的地位。上海作为国际化大都市，强化了集成电路、人工智能、生物医药等高端产业的聚集，与苏州、杭州等城市形成互补，共同推动长三角地区的产业向更高层次跃升。[1]

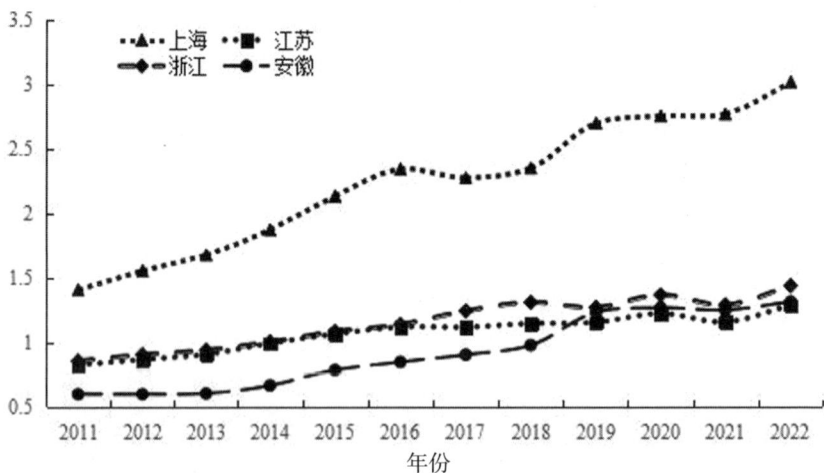

图 8-1　长三角三省一市产业结构高级化水平

资料来源：作者依据《中国城市统计年鉴》整理。

如图 8-1 所示，可以看到长三角地区在产业结构高级化方面的进展呈现稳定上升趋势。2011—2022 年，上海、苏州、杭州、宁波的高技术产业的增长速度明显。尤其是上海，其产业结构高级化水平从 2011 年的约 1.3 增长至 2022 年的 3.2，表明其在集成电路、人工智能和生物医药等高端产业领域的集聚和技术进步。此外，苏州和杭州的增长虽然较为平稳，但也显示出持续的正增长，反映了这些城市在智能制造和信息技术等领域的稳

---

① 祝瑜晗、程彩娟、徐蔼婷：《经济集聚下的专利"含金量"与产业结构优化——基于 276 个城市的实证研究》，《统计研究》2023 年第 12 期。

步发展。宁波虽然增长幅度较小，但也保持了逐年上升的趋势。这些数据表明长三角地区的城市正通过科技创新和产业升级，推动整个地区的产业向更高水平转型。

8.1.3.2 产业结构合理化

在产业结构合理化方面，长三角地区着重于打破行政区划的限制，实现区域内产业的优化布局和资源配置。长三角三省一市政府通过政策引导和市场机制，推动产业向资源环境承载能力强、产业链配套完善的区域转移。这不仅有助于缓解经济发展中的区域不平衡，还促进了区域内部的经济协调发展。通过建立跨区域产业园区和协同创新平台，长三角地区加强了在新能源、新材料、智能装备等领域的合作，提高了产业发展的整体效率和竞争力，为区域经济持续健康发展提供了有力支撑。[①]

产业结构合理化水平采用泰尔指数对其进行度量：

$$TL = \sum_{m=1}^{3} (Y_{itm}/Y_{it}) \ln [(Y_{itm}/L_{itm})/(Y_{it}/L_{it})] \qquad (8-1)$$

其中：TL 表示产业结构合理化水平，Y_{it} 表示地区 i 第 t 年的 GDP，L_{it} 表示地区 i 第 t 年的就业人数；m 表示产业部门数，取值为 1、2、3，分别表示第一、第二、第三产业。在各部门产业均衡状态下，TL 指数越小表明产业结构越合理。

产业结构合理化结果显示，2011—2022 年上海、苏州、杭州和宁波的某一指标呈现逐年下降趋势，这可能代表了区域内产业的优化和调整。特别是上海，从 2011 年的接近 0.3 的指标值稳步下降至 2022 年的接近 0.1，说明上海在产业结构合理化方面取得显著成效，减少了资源密集型或低附加值产业的比重，转向更高效和可持续的产业模式。三省一市政府通过政策激励和市场激励相结合的方式，有效引导产业向环境承载能力强、产业链完善的区域集中，这一策略有效缓解了区域发展的不平衡，促进了经济的均衡增长。通过建立跨区域的产业园区和创新合作平台，长三角地区在新能源、新材料和智能装备等高端产业领域加强了协作，显著提升了产业

---

① 徐丹、于渤：《空间溢出视角下长三角城市群高技术产业集聚与城市创新——产业结构优化升级的中介效应与时空异质性分析》，《研究与发展管理》2023 年第 2 期。

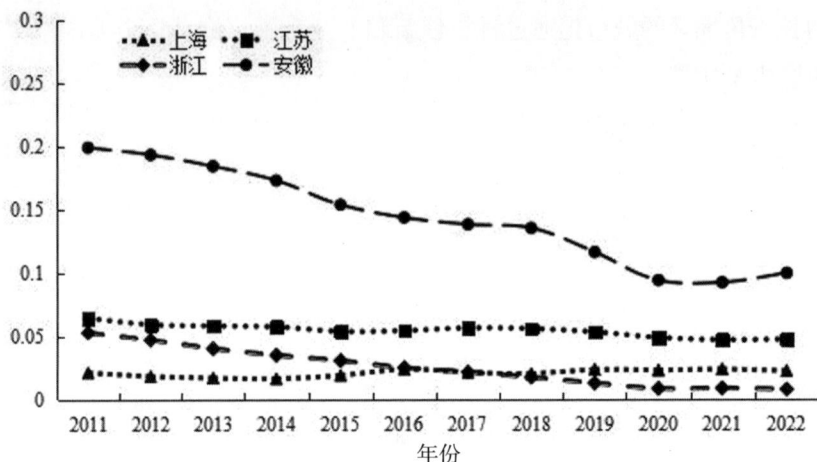

图 8-2　长三角三省一市产业结构合理化水平

资料来源：作者依据《中国城市统计年鉴》整理。

的整体效率和竞争力，为地区的持续健康发展打下了坚实基础。

8.2　"十五五"时期长三角一体化发展面临的挑战和重大任务

8.2.1　"十五五"时期长三角一体化的现实挑战

8.2.1.1　区域发展不平衡

（1）地区差异

长三角内部的经济发展水平存在显著差异，尤其是沿海发达城市与内陆地区之间的不平衡状态十分突出。沿海城市由于其开放的经济政策和较强的产业基础，经济发展迅速，而内陆地区由于地理位置的限制、基础设施落后及人才流失等问题，经济增长速度相对较慢。这种差异不仅影响了整个区域的协调发展，还可能引发社会问题，如收入差距扩大和地区间的人口流动增多。[①] 2022 年数据显示，尽管上海、江苏、浙江和安徽的 GDP 均呈现较快增长，但这些地区的人均 GDP 差异明显。上海和江苏的人均 GDP 远高于安徽，反映了明显的经济发展水平差异。此外，沿海城市由于较高的生活成本和竞争压力，虽然吸引了大量的资本和人才，但也面临着住房、环境污染和城市拥堵等城市病问题，而内陆地区则因发展滞后，面临着产业结构单一和就业机会不足的问题。这种地区发展不平衡，若不加以解决，将可能导致区域内的经济和社会矛盾进一步加剧。

（2）资源分配

资源分配的不均衡是造成区域发展差异的一个重要原因。在长三角地区，高质量的教育、医疗和金融资源大多集中在一些经济发达城市，而内陆地区则资源相对匮乏，缺乏足够的支持以吸引和保留人才及投资。此外，长三角内部的发展并不平衡。从工业化的发展历程来看，上海、江苏、浙江和安徽之间存在差异。按照工业化发展阶段看，上海、杭州和南京已经进入后工业化时代，苏州、宁波、无锡、合肥等城市处于工业化后期阶段，仍有不少城市还处于工业化中期阶段，各地区拥有的要素资源规模也存在明显差异。另外，城乡间人均收入差距呈现出下降趋势，但依然较大，距离发展目标较远。

8.2.1.2 环境改善刻不容缓

随着长三角地区工业化和城市化的加速推进，生态环境面临严峻挑战。空气污染、水体污染、土地过度开发及生态系统退化等问题日益突出。一方面，长三角地区的生态环境保护存在结构性差异，根本问题仍然显著，且面临持续的压力难以减轻。目前，生态环境补偿机制、区域生态保护协同机制以及污染防控协作机制尚未健全。此外，实现碳达峰和碳中和的目标仍是一项重大挑战。另一方面，区域内产能过剩和高能耗高排放问题频发，这些问题加剧了区域环境风险的管理难度，并对协调和监管造

---

① 张兆安：《长三角一体化发展的新机遇与新挑战》，《人民论坛》2021 年第 11 期。

成了阻碍。[①] 特别是工业排放、车辆尾气和城市扩张导致空气质量恶化，加之 PM2.5 和臭氧水平的升高严重威胁居民健康。水体污染主要表现为工业废水和生活污水未经处理或处理不达标直接排放，导致河流、湖泊和水库等水源地水质下降。此外，随着城市和工业用地的扩张，原有的绿地和湿地被逐渐侵占，生物多样性遭到破坏，生态系统的自净能力下降。此外，经济的快速增长带来了对资源的大量消耗和环境的显著负担。长三角地区作为中国经济最活跃的区域之一，面临如何平衡经济增长与环境保护的双重压力。资源消耗特别是化石能源的依赖导致能源结构问题突出，碳排放量持续增加，对全球气候变化问题的贡献率上升。废弃物的处理能力与日益增长的产生量之间的差距也日益扩大，尤其是电子垃圾和塑料垃圾的处理问题尚未得到有效解决。此外，随着人口密度增加，城市的水、空气和土地承载力正逼近或超出其自然极限，加大了生态恢复和环境管理的难度，这对地区的长远发展构成了实质性挑战。

8.2.1.3 基础设施建设与协调

首先，基础设施一体化方面，长三角虽然在基础设施方面具有一定的优势，但区域内各城市之间的基础设施联通性和协调性不足，仍是制约区域一体化深入发展的主要问题。[②] 例如，虽然高速公路、铁路网络较为密集，但部分地区，尤其是边远县域与主要经济中心之间的连接效率仍然较低，导致交通瓶颈现象频发。此外，信息基础设施在区域间的差异也影响了数据和信息的流通效率，从而影响了产业的协同效应和资源的最优配置。其次，城乡差距问题在基础设施和公共服务方面表现尤为明显。长三角地区的城市群虽然发展迅速，但与之相比，农村地区在道路、供水、排污、信息网络等基础设施方面显著滞后。这种城乡之间的不均衡发展，不仅限制了农村地区的经济潜力，也加剧了城乡居民生活质量的差异。公共服务如教育、医疗、社会保障等领域的城乡差距，进一步加深了地区间的社会经济分割，影响了社会的整体和谐与稳定。此外，基础设施项目的投

---

① 陈倩：《长三角生态环境协同立法的现状、挑战与对策》，《南通大学学报（社会科学版）》2024 年第 1 期。

② 刘平养、袁云志：《乡村振兴背景下农村人居环境治理的问题与展望——以长三角地区为例》，《南京工业大学学报（社会科学版）》2023 年第 2 期。

资与建设在实践中也存在诸多挑战。项目投资往往需要巨大的资本和长期的回报周期，而资金筹集、项目审批和地方保护主义等问题往往会延缓项目进度或影响项目质量。在一体化进程中，如何协调各地利益、优化资源配置、并有效推进重大基础设施项目，是实现长三角更高质量一体化的关键。

8.2.1.4 产业同构现象严重

当前长三角地区产业结构高级化趋势明显，逐步转向资本、知识密集型产业，但内部产业同构现象依然严重。市场主导下，要素在规模经济的影响下会自发形成空间集聚，各地依据自身资源禀赋与比较优势，形成具有差异化的产业结构。但总体来看，长三角地区产业结构相似度较高，重点城市主导产业存在大量重合，没有突出产业的地方特色和差异化。[1] 各城市之间生产布局重复，产业呈现出结构同化、特点同化、职能同化现象，容易引起同质化竞争与重复投资，更不利于区域产业的合理分工以及落后地区承接发达地区的有序梯度转移。进一步对比长三角与纽约经济区产业构成发现，长三角横向产业同构并不严重，但制造业垂直分工没有拉开层级，垂直分工不足制约了高质量一体化的发展。[2]

8.2.2 "十五五"时期长三角一体化的重大任务

8.2.2.1 产业协同发展

在产业协同发展方面，面向"十五五"时期，长三角一体化面临着将高端制造与高科技产业更紧密结合的挑战和机遇。尽管目前长三角已经拥有强大的产业基础和创新能力，但仍需进一步整合资源，优化产业链结构，提升区域内产业的协同效应。"十五五"时期，长三角一体化发展首先强调的重要任务是加强高端制造与高科技产业的深度融合，推动服务业与数字经济的协同发展，并构建区域创新共同体。同时政策引导和财政支持将鼓励企业增加在人工智能、机器人技术及智能制造领域的研发投入，

---

① 徐政、占智勇：《新质生产力推动长三角产业一体化形成的逻辑机理与实践指向》，《苏州大学学报（哲学社会科学版）》2024年第4期。
② 孙斌栋：《长三角一体化高质量发展的理论与实践》，《人民论坛·学术前沿》2022年第22期。

通过加强合作，共建研发中心和创新实验室，实现资源共享，共同解决技术难题。这将提升整个区域的国际竞争力，并支持区域内服务业的数字化转型，如推广电子商务、智能物流、在线教育和远程医疗等新模式。此外，加大对互联网平台和数字创新企业的扶持力度，尤其是那些能够促进传统产业升级和区域经济结构优化的创新型企业。优化的政策环境和激励机制，包括税收优惠、研发补贴和技术创新奖励，将简化企业投资和运营中的行政程序，创造一个更加开放和友好的商业环境，支持产业融合和技术创新区域内的技术交流和产品研发平台将促进产学研紧密结合，加速科技成果的转化，促进产业协同发展。

8.2.2.2　经济转型与产业升级

面对全球经济环境的快速变化，长三角一体化发展在"十五五"时期推动经济转型与产业升级同样属于重大任务，这是区域一体化进程中的关键。"十五五"时期，经济转型与产业升级的关键任务旨在从传统制造业向高端技术产业如半导体、生物科技、新能源和新材料等领域过渡。长三角的工业基础和技术优势为这一转型提供了坚实的支撑，而政策激励和资本投入是推动这些关键领域内创新和技术改造的重要手段。此外，加强与国际市场的连接，吸引全球投资和先进技术对于提升区域产业的国际竞争力尤为关键。同时，产业间的融合，尤其是制造业与服务业的深度融合及其数字化转型，是实现产业升级和提高经济效率的重要途径。这不仅涉及智能化生产线和数字化管理系统的构建，也包括通过这些技术创新优化整个产业链的结构和运作。政府的角色在此过程中至关重要，需要通过政策支持和财政投入，建立健全市场监管体系，确保市场公平竞争，同时还需要通过教育和培训提高劳动力的技能与创新能力，以适应产业升级后的新需求。这些措施共同确保长三角地区在经济转型与产业升级中能够有效应对未来挑战，推动"十五五"时期长三角一体化高质量发展。

8.2.2.3　社会政策与公共服务均衡

"十五五"时期，长三角一体化发展应致力于推动社会政策与公共服务均衡发展，这是确保区域一体化、社会和谐与可持续发展的关键任务。其中，教育资源的均衡配置尤为重要，特别是需要缩小沿海经济发达城市与内陆偏远地区在教育资源上的差距。同时，医疗卫生服务的均等化亦需加强，尤其是通过将更多高水平医疗资源向欠发达地区倾斜，以明显减少服务差距。此外，公共基础设施的建设与改善在交通、住房和环境保护领域发挥着至关重要的作用，这些投资对于缩小城乡差异、提升居民生活质量具有决定性影响。尤其是社会保障体系的完善是维护社会稳定和保障基本生活的基础，需要全面加强养老、失业、医疗等社会保险体系，特别是要为流动人口提供更全面的社会保障。此外，加强社区服务与管理也是构建和谐社区环境的重要途径。"十五五"时期通过建设社区服务中心、公共文化体育设施，以及提供丰富多样的社区活动，可有效提升居民的生活质量和社区归属感。

8.3 "十五五"时期长三角一体化发展的方向与目标

8.3.1 "十五五"时期的长三角一体化发展方向

回顾长三角一体化发展历程，在区域合作、科技创新、协调发展、产业体系、基础设施、生态环境等方面取得了相应的成果，然而同样面临一定的现实挑战与发展瓶颈。为推动"十五五"时期长三角一体化实现高质量发展，结合长三角一体化发展过程中的现状、问题、基础、优势，为"十五五"时期发展方向进行战略规划。

8.3.1.1 科技创新与产业协同发展

"十五五"时期，长三角地区应当将科技创新与产业协同发展视为推动区域一体化的战略重心。这一方向不仅是提升该地区在全球创新网络中竞争力的关键，也是确保区域经济持续健康发展的必要步骤。长三角应当重点推进张江、合肥两大综合性国家科学中心的合作共建，以及南京、杭州—宁波等地区科技创新中心的系统布局。这些科学中心应成为区域内科技成果转化、技术创新与产业升级的核心平台，促进高端装备制造、新材料、生物医药等关键产业的发展，加快新技术的应用和产业化进程。同时，长三角应当强化对新型研发机构的支持，采取包括财政资助、税收优惠及研发奖励在内的政策措施，激励企业增加研发投入，推动关键技术的突破。此外，通过推广科技创新券，区域应进一步激发中小企业的创新活力，为科技中小企业提供更多发展机会。同时，积极吸纳国际知名企业和科研院校在长三角设立研发中心和联合实验室，加速先进科技的本地化和应用，促进国际合作和技术交流。上述措施的有效施行，长三角地区可有效巩固其作为国内外创新和技术研发的重要基地的地位，为"十五五"期间实现区域一体化与经济高质量发展提供坚实的科技支撑。

8.3.1.2　基础设施与市场一体化

"十五五"时期，长三角地区应重视基础设施与市场一体化的双重发展目标，这是区域一体化战略中的核心元素。关键任务是加强基础设施建设，确保区域内物流、信息技术和能源系统之间的高效连接与协同运作，这将直接促进长三角的经济动力和区域竞争力。此外，长三角地区应当推动健康信息系统的全面互联互通，以及轨道交通和电力系统的深度协同，这些措施将为地区内的经济活动提供稳定而高效的基础支撑。同时，建立一个高效且综合的物流和金融服务体系也至关重要，这不仅将提升市场运作的效率，还将增强长三角在全国乃至国际市场的影响力。通过提高基础设施的现代化水平和互联互通能力，长三角地区将更好地整合资源，优化产业布局，推动高质量发展。这不仅有助于加快区域内的经济循环，还可以有效地连接和利用外部市场和资源，促进长三角地区的开放合作和区域经济一体化。加强基础设施建设和市场一体化，将使长三角地区在面对全球经济挑战和竞争时拥有更强的应对能力和更大的发展潜力。这将进一步提升该地区作为中国经济发展的重要引擎的地位，促进社会经济的全面协调发展，为实现长三角更广泛的区域一体化目标奠定坚实基础。

8.3.1.3　生态环保与绿色发展

"十五五"时期，长三角地区应当将生态环保与绿色发展置于其战略发展的核心地位。这一战略性的方针不仅需要加强现行的生态保护措施，更要涵盖跨区域的协同治理,并广泛推行绿色制造和低碳技术,以全面提升区域的环境质量和可持续发展能力。为此,长三角地区应积极推进"无废城市"的构建。这不仅是一个简单的目标,而是一个全面的行动方案,涵盖了从源头减少废物产生、提高资源利用效率,到加强废物分类和回收、安全处置有害废物等多个方面。在此过程中,长三角地区应当注重技术创新和政策引导相结合。政府部门可以出台激励政策,鼓励企业采用先进的环保技术和设备,同时加大对违法行为的惩处力度,确保环保法规得到有效执行。此外,还应加强对公众的环保教育,提高民众的环保意识,形成全社会共同参与的良好氛围。同时,建立和不断完善跨区域排污权交易系统,将成为减少区域污染、提升环境质量的关键策略。通过这一系统,各地可以根据自身需求和实际情况进行排污权的买卖,从而实现资源的优化配置和污染的有效控制。这不仅有助于降低整体污染水平,还能促进区域间的环境合作与共赢。在实施排污权交易系统的过程中,长三角地区应当注重市场的公平性和透明度。政府部门应当建立健全的监管机制,确保交易过程公开、公平、公正,避免市场操纵和不公平交易行为的发生。同时,还应当加强区域间的沟通与协调,共同制定统一的交易规则和标准,确保排污权交易市场的健康发展。

8.3.1.4 高层次协同开放

高层次协同开放同样是"十五五"时期长三角地区一体化发展的重要发展方向,此期间应持续加深与全球市场的联系并扩大国际合作的范围。这一战略方向不仅包括深化自贸试验区的功能,拓展国际合作项目,还涉及强化与"一带一路"倡议的协同。长三角地区发展的关键方向在于:首先,深化自贸试验区功能,通过持续的制度创新和政策优化,长三角地区应致力于打造一个国际化、法治化、便利化的营商环境,以吸引更多外资企业和项目入驻,进而促进经济的多元化和高质量发展;其次,拓展国际合作项目,长三角地区应发挥其产业优势和技术创新实力,与国际伙伴开展多层次、多领域的合作,共同探索新的经济增长点和发展机会,从而推动区域经济深度融入全球市场;再次,加强与"一带一路"倡议的协同配合,积极参与"一带一路"建设,长三角地区将进一步扩展对外开放的广度和深度,促进与沿线国家的经贸合作和文化交流,助力构建更为均衡、包容和普惠的全球化格局；最后，积极参与国际经济合作和交流，长三角地区将主动融入全球创新网络，与全球领先的企业和研究机构建立紧密的合作关系，通过引进国际先进的技术和管理经验，推动本地企业的快速升级和技术革新，提升产品和服务的国际竞争力。

8.3.1.5　有力拓展城市合作广度和深度

面向"十五五"，长三角地区发展战略应特别强调城市合作的广度和深度，致力于通过综合规划和协调推进区域内城市间的一体化进程。为实现这一目标，地区内的城市群，特别是上海大都市圈，需要与自然资源部密切合作，共同制定并实施长三角国土空间总体规划。这一规划不仅涵盖土地使用和城市布局，也包括产业发展和生态保护的协调。加强上海、南京、杭州、合肥、宁波和苏锡常都市圈之间的联动至关重要，应当通过制定共同的发展目标和实施方案来促进产业分工、科技创新以及经济开放性的增强。这种合作将使得区域内资源配置更为高效，创新能力得到集中提升，进而推动区域经济的整体竞争力。此外，区域一体化的深化还需包括苏州与上海的深度一体化发展以及嘉兴与上海的全面接轨，这将进一步提升这些城市之间的经济和技术合作，优化区域内的产业布局和市场结构。同时，应当重视城市安全与韧性的提升，特别是在防洪排涝和应急管理领域，通过城市间的合作与共享机制，建立更为健全的安全防护体系，确保区域安全和可持续发展。加快推进"一地六县"产业合作区和苏皖合作示范区的建设，是深化区域合作、促进地方经济共同增长的有效途径。这些合作区将成为推动产业创新和技术升级的重要平台，有助于加速新兴产业的培育和成熟。同时，通过嘉昆太协同创新核心圈的建设，长三角地区能够在更大范围内实现科技成果的转化和产业的互补，共同提升区域内的创新能力和市场活力。

8.3.2　"十五五"时期的长三角一体化发展目标

"十五五"时期，长三角一体化的发展目标应专注于推动区域内的经济、社会和产业协调发展，以实现更高层次的区域一体化和全面发展。

8.3.2.1　经济一体化提升

"十五五"时期，长三角地区经济一体化水平应得到有效提升，通过加强区域内部的经济联系和产业链集成,推动主要城市群和经济带之间形成高效联动。这一战略方向不仅促进了产业结构的优化,还推动了产业升级,尤其体现在高新技术、生物医药、智能制造和绿色能源等关键领域,极大提升长三角区域内的创新能力和全球竞争力。具体而言,经济一体化的提升使得长三角地区在高新技术领域取得了显著进展,成为国内外知名的创新高地。通过政策引导和资本投入,地区内的科技园区和创新基地得到了迅猛发展,吸引了众多高科技企业和研发机构落户。这些企业和机构的集聚效应不仅加速了技术研发和产业化进程,也形成了以创新为驱动的经济增长新模式。在生物医药领域,长三角地区通过整合区域内的医疗资源和科研力量,加强了对生物技术和医药健康产业的支持,推动了一系列创新药物和医疗设备的研发。这些成果的商业化应用不仅提升了公共卫生水平,也为地区经济贡献了新的增长点。智能制造作为推动产业升级的关键环节,长三角地区利用其制造业基础,成功转型升级为智能制造强区。通过引入先进的自动化和信息化技术,传统制造业实现了质的飞跃,生产效率和产品质量大幅提升,同时在节能减排和降低人力成本方面也取得了显著效果。此外,绿色能源领域的发展也成为长三角经济一体化的一大亮点。区域内大力发展太阳能、风能和其他可再生能源项目,有效推进了能源结构的优化和环境保护。绿色能源的广泛应用不仅减少了对化石能源的依赖,也促进了区域内可持续发展的实现。

8.3.2.2　基础设施现代化

"十五五"时期,长三角地区的基础设施现代化成为推动区域一体化和社会经济全面发展的核心战略。通过大力推进交通、信息和能源基础设施的建设及其互联互通,长三角成功构建一体化的物流、数据和能源网络,极大优化人流、物流、资金流和信息流的高效运转。基础设施的现代化和优化,不仅加强了区域内主要城市群之间的联系,提高了经济活动的连动性,还显著提升了居民的生活质量和日常通勤的便捷性。特别是在交通网络建设方面,长三角通过扩展高速公路、铁路、机场和港口设施,并全面覆盖高铁网络,极大缩短了城市间旅行时间并提高区域连通性。同时,城市公共交通系统,如地铁和轻轨的大规模升级,有效提升了通勤效率和舒适度。在信息基础设施方面,长三角通过部署宽带网络和5G通信技术，为各种商业活动和公共服务如教育、医疗提供了强大的数据支持，使得信息流动更为高效，为智慧城市建设提供了坚实的技术基础。此外，能源基础设施的优化也是长三角重点关注的领域，通过实施跨区域电网升级改造和推广新能源项目如太阳能与风能发电，长三角不仅提高了能源供应的安全性和稳定性，也促进了能源消费的绿色化。加之区域内的物流系统通过建立大型物流基地和智能仓储系统，显著提高了物流处理的速度和准确性，有效降低了运输和存储成本。金融服务和资金流动的进一步优化，也加强了资金流的高效管理和风险控制，而全区域信息共享平台的建立则确保了决策的信息支持和透明度，共同推动长三角地区经济的高效运作和全面发展。

8.3.2.3 创新驱动发展

"十五五"时期，长三角地区的创新驱动发展战略应致力于从传统的因素驱动转变为以知识和创新为核心的高质量发展模式。此策略的核心在于构建一个多层次的创新体系，深化科研机构、高等院校与企业之间的协同创新，显著提升科技成果的转化效率和技术创新速度，从而优化和升级区域经济结构。通过这种转变，长三角地区将发展成为全球知名的创新高地，聚集大量高效的创新平台如科技园区、创新研发中心和企业孵化器，吸引国内外顶尖人才，共同推动前沿科技的研发和应用。科研机构与高等院校的密切合作使得研究成果能迅速转化为市场应用，缩短了实验室到市场的转化时间。此外，企业与研究机构的深度合作产生了众多创新产品和服务，推动了新兴产业如人工智能、生物技术、新材料和可再生能源的发展。这些创新活动不仅促进了区域内企业，特别是中小企业的快速成长，扩大了市场份额，还加强了长三角在全球市场中的竞争力，推动了经济的多元化和可持续发展，为长三角地区在"十五五"时期的经济和社会全面发展奠定了坚实基础。

8.3.2.4 政策框架与治理模式创新

"十五五"时期，长三角地区将政策框架与治理模式的创新置于发展战略的核心，旨在支持区域一体化和推动高质量发展。这一战略核心通过不断调整和完善政策，创新区域治理模式，以提高政策执行的效率和效果,从而促进长三角地区的全面发展。具体表现在政策的适时性和针对性,以确保各项政策措施能够精确解决发展中遇到的具体问题,响应经济发展的新常态。此外,行政管理和财政转移支付机制的优化改进将有效解决区域内部发展不平衡的问题,通过提高行政效率和优化资源分配,不仅增强了区域内的经济和社会稳定性,还促进了公平和包容性增长。创新区域治理模式还包括电子治理的扩展,使用数字化工具提升政府服务的透明度和公众参与度,使得政府决策更加公开透明,增强政策的公众接受度和执行力。同时,政策和法规的地方化适配及地方政府在区域发展中的自主权和灵活性的加强,使政策更加符合地方实际,有效促进了地方经济和社会的特色发展。这些措施共同构建了一个更加灵活、高效的区域治理体系。

8.4 面向"十五五"长三角一体化发展的政策取向

随着《中共中央关于进一步全面深化改革 推进中国式现代化的决定》(以下简称《决定》)、《长三角地区一体化发展三年行动计划(2024—2026年)》等文件的发布,长三角高质量一体化走向下一个发展阶段,在这一过程中,要重视顶层设计,统筹各地区各领域,合理制定规划,为后续发展谋好篇、布好局。

8.4.1 做好顶层设计实现统筹谋划

长三角地区的一体化发展将重点强调顶层设计的统筹规划,确保区域发展战略符合"一盘棋"实践的要求。这一战略将解决由行政边界分割带来的产业结构趋同、基础设施联通不足及社会保障不均等问题,这些问题在很大程度上影响了区域协同发展的效率和质量。为克服这些挑战,长三角地区应从总体规划与地方规划的衔接不足问题入手,从而推动地方规划从相互对接向统一编制转变。此外,将强化问题导向与目标导向的结合,统一谋划、统一设计，并通过多主体参与确保规划的全面性和实施的连续性。这将涉及国家相关部门牵头，各地发展改革委员会和长三角一体化发展领导小组等共同构建一个科学完善、覆盖全域的规划体系。具体到实施层面，长三角地区应制定以发挥各地比较优势、实现合理分工为原则的全域发展规划。这一规划将不仅覆盖产业布局、基础设施建设和环境保护等关键领域，还将加强各地之间的联动合作，实现包容共进、合作共赢。这一全面而统一的规划策略将为长三角地区的更高质量一体化发展奠定坚实基础。通过这种创新的治理模式，长三角地区会以更加开放和协调的方式迎接新的发展机遇，实现从近期到长远的多层次发展目标。这不仅将提高政策的执行效率，也将通过连贯的战略部署，确保每一个政策举措都能够为实现长三角高质量一体化发展贡献力量，真正实现"一张蓝图绘到底，一任接着一任干"的长期目标。

8.4.2 多领域协同发力实现跨越式发展

"十五五"时期，长三角一体化发展的政策取向应集中于三大核心领域：产业协同发展、经济转型与产业升级以及社会政策与公共服务均衡。上述领域的紧密结合与协同推进，旨在加速区域内的跨越式发展，提升长三角的综合竞争力和可持续发展能力。

长三角地区在"十五五"时期的一体化发展将集中于三大核心领域的推进，即产业协同发展、经济转型与产业升级以及社会政策与公共服务的均衡。这些领域的综合推进是构筑一个更为协调和高效的区域发展模式的基础，其最终目标是促进该区域的经济、社会和环境的可持续发展。在产业协同发展方面，长三角地区的发展策略应是深化产业链协同，通过建立多个区域产业集群来加强产业间的垂直整合和水平协作。重点发展领域包括高新技术、绿色能源、生物医药及智能制造等战略性新兴产业。这些产业的培育和发展旨在构建起强有力的区域产业支撑系统。优化供应链管理和通过科技创新强化产业链、供应链和价值链的互联互通将是主要任务。同时持续推动资源在区域内的优化配置和高效流通，从而促进经济的多样化发展和提升整个区域的创新能力和全球竞争力。针对经济转型与产业升级，长三角地区应着力致力于推动经济的转型和产业的升级，以响应新旧动能转换的国家战略需求。引进和培育高端产业将是主要手段,这有助于本地传统产业通过智能化、绿色化改造提升其核心竞争力和技术水平。此外,区域还应重点发展数字经济,利用大数据、云计算、人工智能等现代信息技术推动经济发展方式的根本转变。这一转变促使其从劳动密集型向技术密集型倾斜,以实现经济发展的质量和效益同步提升。为了解决由于发展不平衡带来的社会问题,长三角地区还应在社会政策与公共服务的均衡上做出重要调整。特别是在教育、医疗、养老和就业等关键领域,公平的资源分配政策将被实施,以推动高质量基础设施向较少发展的地区倾斜。以显著提升上述地区服务水平和居民生活质量。同时,推广数字化公共服务平台可有效提升政府服务的效率和透明度,确保公共资源的合理利用和居民福祉的普遍提升。这一全面的政策取向不仅有效加速长三角的区域一体化进程,还可为地区居民带来更多实际利益,最终实现区域内的经济繁荣、社会稳定与环境可持续发展的有机统一。

综合这三大领域的政策推动,长三角地区将在"十五五"时期通过多领域协同发力,不仅实现经济的跨越式发展,还将促进社会的全面进步和区域内的和谐稳定,共同迈向更高质量的区域一体化未来。

8.4.3　寻求互补优势形成协同发展

"十五五"时期,长三角地区的发展策略应聚焦于充分发挥区域内城市间的互补优势,以形成更为高效的协同发展模式。为此,建议采取以下具体政策措施。

(1)强化产业互补。鼓励各城市根据自身产业基础和发展潜力,专注于其优势领域,避免无效竞争。例如,上海作为金融和高新技术服务中心,可以与周边城市如苏州的高端制造业、合肥的科研创新基地和浙江的数字经济和绿色生态产业形成互补。这种专业化分工将促进资源的最优配置,加速产业升级和提升区域经济整体竞争力。此外,应促进区域内企业间的商业合作和技术交流,以促进共同的市场扩展和产业链的完善。

(2)建立区域协同发展平台。设立一个区域协同发展机构,负责协调各地政府、产业园区、大学和企业之间的合作。通过该平台,可以更有效地分享市场信息、科技成果和人才资源,促进知识和技术的快速流通与应用。此平台也将提供政策咨询和技术支持，帮助地方政府和企业克服发展中的难题，提升整体发展效率。

（3）优化资源共享机制。利用数字化工具，建立一个区域内的资源共享系统，包括公共服务、教育资源、医疗设施和研发平台。通过这种机制，可以确保区域内的每个城市都能够访问到最优质的资源，提高服务效率和居民生活质量。此举不仅提升了资源利用效率，同时也加强了区域内的社会和谐与经济一体化。

（4）制定专项支持政策。为促进欠发达地区快速发展，制定针对性的财政、税收和投资政策。这些政策应特别关注于支持基础设施建设、新兴产业发展和人才培养项目，以加速这些地区的经济融入和提升。政策也应包括针对特定区域和产业的激励措施，确保政策的公平性和有效性。

（5）推动政策和法规的地方化适配。加强地方政府在区域发展中的自主权和灵活性。各地方政府应根据本地实际情况和区域战略目标，适当调整和执行国家级政策，确保政策的有效性和适应性。此外，地方政府应增强跨区域合作的能力，通过协同的法规和政策实施，形成统一的市场和法律环境，为区域发展创造有利条件。

参考文献

［1］陈浩、朱雪瑗：《区域一体化下"弱—弱"府际结构因素对跨域公共服务协作政策的影响——基于长三角 Y 市毗邻公交的案例研究》，《公共管理与政策评论》2023 年第 2 期。

［2］陈倩：《长三角生态环境协同立法的现状、挑战与对策》，《南通大学学报（社会科学版）》2024 年第 1 期。

［3］陈雯、刘伟、袁丰等：《面向中国式现代化的长三角一体化发展使命与研究焦点》，《经济地理》2023 年第 5 期。

［4］孔令丞、柴泽阳、邱丹霞：《区域一体化对城市创新能力驱动研究——基于长三角的实证分析》，《科研管理》2022 年第 12 期。

［5］刘乃全、吴友：《长三角扩容能促进区域经济共同增长吗》，《中

国工业经济》2017 年第 6 期。

　　[6] 刘平养、袁云志：《乡村振兴背景下农村人居环境治理的问题与展望——以长三角地区为例》，《南京工业大学学报（社会科学版）》2023 年第 2 期。

　　[7] 刘志彪、孔令池：《长三角区域一体化发展特征、问题及基本策略》，《安徽大学学报（哲学社会科学版）》2019 年第 3 期。

　　[8] 刘志彪：《全国统一大市场：统一什么？如何实现？——以长三角区域高质量一体化国家战略实践为例》，《探索与争鸣》2023 年第 3 期。

　　[9] 麻玉琦、张蔚文：《面向区域治理的府际合作网络及动态演变——以长三角城市群为例》，《城市发展研究》2024 年第 7 期。

　　[10] 孙斌栋：《长三角一体化高质量发展的理论与实践》，《人民论坛·学术前沿》2022 年第 22 期。

　　[11] 席恺媛、朱虹：《长三角区域生态一体化的实践探索与困境摆脱》，《改革》2019 年第 3 期。

　　[12] 徐丹、于渤：《空间溢出视角下长三角城市群高技术产业集聚与城市创新——产业结构优化升级的中介效应与时空异质性分析》，《研究与发展管理》2023 年第 2 期。

　　[13] 徐政、占智勇：《新质生产力推动长三角产业一体化形成的逻辑机理与实践指向》，《苏州大学学报（哲学社会科学版）》2024 年第 4 期。

　　[14] 余世勇、朱咸永、张琦雯：《区域市场分割对中国制造业全要素生产率的影响》，《西南大学学报（社会科学版）》2022 年第 4 期。

　　[15] 于刃刚、戴宏伟：《生产要素流动与区域经济一体化的形成及启示》，《世界经济》1999 年第 6 期。

　　[16] 张跃、刘莉：《市场整合与跨区域协同创新：来自地方政府协调的力量》，《城市问题》2024 年第 6 期。

　　[17] 张兆安：《长三角一体化发展的新机遇与新挑战》，《人民论坛》2021 年第 11 期。

　　[18] 张勇：《长三角飞地经济的特征及优化策略》，《宏观经济管理》2023 年第 8 期。

　　[19] 曾刚：《持续深入推进长三角一体化高质量发展》，《人民论坛》

2024 年第 10 期。

［20］祝瑜晗、程彩娟、徐蔼婷：《经济集聚下的专利"含金量"与产业结构优化——基于 276 个城市的实证研究》，《统计研究》2023 年第 12 期。

［21］曹卫东、曾刚、朱晟君等：《长三角区域一体化高质量发展：问题与出路》，《自然资源学报》2022 年第 6 期。

9

面向"十五五"的成渝地区双城经济圈建设

9.1 "十四五"时期成渝地区双城经济圈建设取得的成效

习近平总书记强调，"要深入实施区域重大战略和区域协调发展战略，促进优势互补、各展其长"。党的二十届三中全会为完善实施区域协调发展战略机制作出系统部署，提出推动成渝地区双城经济圈建设走深走实、迈上新征程，更好发挥全国高质量发展的重要增长极和新的动力源作用。成渝地区双城经济圈地处"一带一路"和长江经济带交汇处，承东起西、连接南北，区域资源禀赋丰富，生态环境优越，城镇化程度高，是西部地区人口最集中、产业根基最坚实、创新能力最突出、市场潜力最巨大、对外开放程度最深的区域。

2021年3月，"十四五"规划纲要发布，提出要深入实施区域协调发展战略，进一步要求推动西部大开发形成新格局，并明确了成渝双城经济圈建设在区域协调发展战略中的重要作用。① 同年10月，中央政治局审议通过了《成渝地区双城经济圈建设规划纲要》，标志着成渝地区双城经济圈建设步入快车道。"十四五"时期，川渝两地积极构建相互赋能的现代化产业体系，通过高新技术、现代服务业与先进制造业的融合发展，培育出一批具有国际竞争力的产业集群。成渝地区积极拓展对外开放合作，深度融入共建"一带一路"大格局，加强与国际市场的交流合作，逐步成为西部地区对外开放的重要窗口和平台。同时，川渝地区始终将生态环境保护放在重要位置，努力构建长江上游的生态安全屏障，实现经济发展与环境保护的和谐共生。

---

① 参见《中华人民共和国国民经济和社会发展第十四个五年规划和2035年远景目标纲要》。

9.1.1 双城引领的空间格局初步形成

在"十四五"规划实施期间,成都市和重庆主城都市区作为成渝地区双城经济圈的两个极核,"双核联动"引领相向发展,以发挥优势、协同发展为导向,突出双城引领强化双圈互动,促进两翼协同,统筹大中小城市和城镇发展。成都、重庆双城作为国家中心城市的发展能级显著提升,区域带动力和国际竞争力明显增强。2023 年川渝实现地区生产总值超过9 万亿元,双城经济圈经济总量达 81986.67 亿元,占全国、西部地区的比重分别为 6.5%、30.4%,分别同比增长 0.1 个、0.3 个百分点,区域位势能级稳步提升(见图 9-1)。总量同比增长 6.1%,高于全国 0.9 个百分点、高于西部地区 0.5 个百分点,引领示范带动作用不断增强。[①]

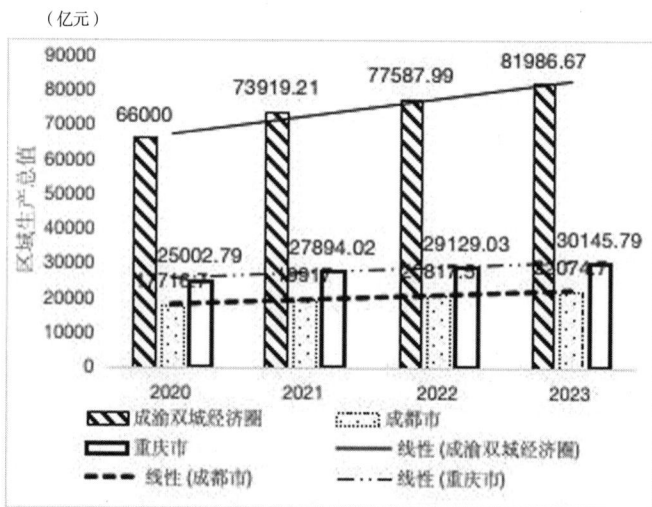

图 9-1 2020—2023 年成渝地区双城经济圈地区生产总值

资料来源:重庆市、成都市统计局。

极核之一的重庆市以建成高质量发展高品质生活新范式为统领,积极推进全面深化改革与扩大开放,致力于建设一个国际、绿色、智能、人文的现代都市。重庆市委市政府研究出台一系列促进区域协调发展的政策举

---

① 数据来源于《2023 年成渝地区双城经济圈经济发展监测分析》。

措,培育发展重庆现代化都市圈,增强极核带动作用,明确提出推动城乡融合区域协调发展,推动提升主城都市区极核引领、加快渝东北渝东南现代化建设。2023 年,重庆主城都市区实现地区生产总值 23120.05 亿元,同比增长 6.0%。从城镇格局来看,2023 年末全市常住人口 3191.43 万人,其中,城镇常住人口 2287.45 万人,常住人口城镇化率为 71.67%,同比提高 0.71 个百分点。重庆市优势互补、分工合理、良性互动、协调发展的城镇格局初步形成。① 同时,重庆正奋力打造成为国家重要先进制造业中心,以及西部地区的金融中心、国际交通枢纽和国际门户枢纽,显著提升其作为国家中心城市的国际影响力和区域辐射带动力。

另一重要极核成都市以建成践行新发展理念的公园城市示范区为统领,厚植高品质宜居优势,提升国际国内高端要素集聚能力,构建支撑高质量发展的现代产业体系、创新体系、城市治理体系。数据显示,成都在贯彻新发展理念,打造公园城市示范区方面成果斐然,2023 年全年成都龙泉山城市森林公园增绿增景 5.8 万亩,新建各级绿道 845 公里、累计达 7003 公里。生态价值加快转化,累计开发生态类碳减排项目 77 个,国家生态文明建设示范区增至 15 个。全面落实林长制,修复大熊猫栖息地 6.2 万亩,新增绿地 1933.1 公顷、立体绿化 22.9 万平方米。从城镇格局来看,2023 年末常住人口 2140.3 万人,同比增加 13.5 万人,增长 0.6%。其中,城镇常住人口 1722.9 万人,常住人口城镇化率 80.5%,同比提升 0.6 个百分点。② 成都正在推动县城城镇化补短板强弱项,推动中心镇做大做强,增强服务农村、带动周边功能,推动农业转移人口就近就地城镇化。

9.1.2 基础设施联通水平大幅提升

建设现代基础设施网络是构建一体化综合交通运输体系、推动成渝地区双城经济圈建设的先行领域。"十四五"规划实施以来,成渝地区双城经济圈在交通基础设施建设方面齐头并进、成效显著,聚焦"内联"形成经济圈高效便捷交通网,聚焦"外畅"打通多向出渝出川大通道,建设现

---

① 数据来源于《2023 年重庆市国民经济和社会发展统计公报》。
② 数据来源于《2023 年成都市国民经济和社会发展统计公报》。

代物流枢纽体系，构建现代综合交通运输体系。2023 年开放合作持续推进，成渝中线、成达万、西渝等高铁加快建设，川渝省际建成及在建高速公路达到 21 条；全年中欧班列（成渝）累计开行量超过 5300 列，运输箱量超 43 万标箱，均位居全国第一，运行线路近 50 条，覆盖欧亚超 100 个城市站点。①

　　能源安全是关系国家经济社会发展的全局性、战略性问题。川渝地区水能、煤炭和天然气等能源资源丰富，是实现绿色发展的重要支柱。在"十四五"规划实施的关键阶段，川渝两地严格遵循《成渝地区双城经济圈建设规划纲要》的总体部署，致力于持续打造新型能源体系。具体举措在于：优先推进具备调节功能的水库电站建设项目，优化川渝两地的电力资源配置；积极培育并发展电力现货市场，推动川渝一体化电力辅助服务市场的建设；着眼于油气资源的统筹开发，进一步完善页岩气开发的利益共享机制；两地携手共建天然气千亿立方米产能基地，致力于打造中国能源领域的新标杆，建设"气大庆"，保障国家能源安全，推动区域经济高质量发展。

　　水系是区域发展的重要资源，川渝两地有着 81 条流域面积 50 平方公里以上的跨界河流，成渝地区双城经济圈建设让两地在加强水利基础设施建设、提升水资源优化配置和水旱灾害防御能力等方面迎来了深度合作契机。2022 年 11 月发布的《成渝地区双城经济圈水安全保障规划》按照成渝地区双城经济圈建设开发保护的总体要求，针对区域内水安全保障存在的短板和薄弱环节，提出构建"双圈、两翼、四屏、多廊"的水安全保障总体空间布局，明确不同分区保障策略和重点，为成渝地区双城经济圈高质量发展提供坚实的水安全保障。当前"多源互补、引排得当"的成渝水网体系逐步建成，水利基本公共服务均等化水平明显提高，水治理体系和治理能力现代化水平不断提升，高效绿色、安全可控、协同融合、智慧现代的水安全保障格局正在加速形成。

---

① 数据来源于《2023 年成渝地区双城经济圈经济发展监测分析》。

9.1.3 现代产业体系初步形成

成渝地区双城经济圈现代产业体系基本建成,不断提升先进制造业国际竞争力,合力打造数字产业新高地,共建西部金融中心,优化提升重大产业平台体系。

成渝地区双城经济圈在推动产业结构优化方面持续发力,三次产业结构明显优化。从区域总体情况来看,在 2023 年,三次产业结构的调整从上一年的 8.4∶37.5∶54.1 转变为 8.0∶36.9∶55.1,服务业在川渝地区经济中的比重进一步提升,成为推动经济增长的主要动力(见图 9-2)。同时,三次产业的增加值均实现了稳健增长,尤其是第二产业和第三产业,其增速分别高出全国平均水平 0.9 个和 1 个百分点,充分体现了川渝地区经济结构的韧性和活力。

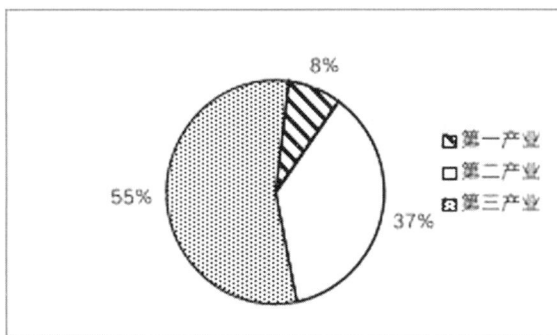

图 9-2 2023 年成渝地区双城经济圈三次产业结构

资料来源:重庆市统计局。

成都和重庆作为两个重要极核,在推动构建现代化产业体系方面充分发挥引领作用(见图 9-3):重庆市政府正全力推进"33618"战略的实施,该战略旨在通过转型升级和数字赋能,构建三大万亿元级工业支柱产业集群,并依托高科技赋能,发展三大五千亿元级战略性新兴产业;[①] 成都市出台聚焦产业建圈强链支持实体经济高质量发展的政策措施,优化调

---

① 参见《深入推进新时代新征程新重庆制造业高质量发展行动方案(2023—2027 年)(征求意见稿)》。

整 8 个产业生态圈、28 条重点产业链，明确"主要承载地+协同发展地"产业链布局，创新产业园区体制机制，健全"链长制"，构建产业建圈强链指标体系和监测评估机制。①

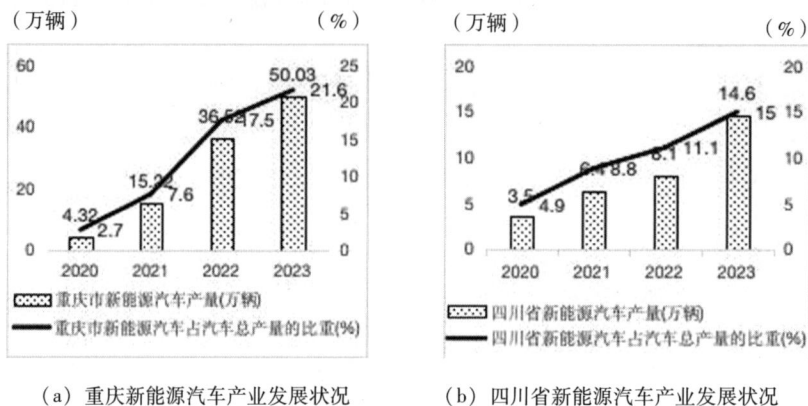

（a）重庆新能源汽车产业发展状况　　（b）四川省新能源汽车产业发展状况

图 9-3　"十四五"重庆市、四川省智能网联新能源汽车产业发展状况

资料来源：重庆市统计局、重庆市经济与信息化委员会、四川省统计局。

成渝地区双城经济圈各产业均增长强劲。工业增加值实现了 5.6%的增长，这一增速不仅超过了全国平均水平，还反映了该地区工业生产的稳定性和可持续性。尤为值得一提的是，制造业的增加值增速达到了 5.7%，高出全国平均水平 1 个百分点，显示出制造业作为实体经济基础的坚实地位。现代服务业蓬勃发展，租赁和商务服务业，以及信息传输、软件和信息技术服务业等新兴产业迅速崛起，成为推动经济转型升级的重要力量。这些行业的增加值分别实现了 9.8%和 7.7%的增长，高于全国平均水平，体现了川渝地区在数字经济、创新驱动等方面的巨大潜力。同时，交通运输、仓储和邮政业，以及批发和零售业的稳定增长，也为区域经济的繁荣提供了有力支撑。此外，接触型服务业如住宿和餐饮业也迎来了强劲复苏，其增加值增长达到了两位数，为区域经济的多元化发展增添了新动力。②

---

①　参见《关于成都市 2023 年国民经济和社会发展计划执行情况及 2024 年国民经济和社会发展计划草案的报告》。

②　数据来源于《2023 年成渝地区双城经济圈经济发展监测分析》。

9.1.4 改革开放成果更加丰硕

近年来成渝地区双城经济圈在推进高水平改革开放方面取得了显著成效。从市场来看，该区域制度性交易成本明显降低，跨行政区的利益共享与成本共担机制持续创新完善。同时，阻碍生产要素自由流动的行政壁垒及体制机制障碍已基本消除，营造了国内一流的营商环境。

目前，川渝地区已初步构建起统一开放的市场体系。两地联合发布了经济区与行政区适度分离改革的推进方案，并公布了首批川渝"一件事一次办"和"免证办"的事项清单，标志着"川渝通办"事项的全面落地实施。同时，成渝（兴隆湖）综合性科学中心的建设已正式启动，第二批双城经济圈产业合作示范园区也已获得批准，全国一体化算力网络（成渝）国家枢纽节点的建设正在稳步推进中。在重大项目方面，共建成渝地区双城经济圈的 248 个重大项目已累计完成投资 4138.4 亿元，年度投资完成率高达 120.1%，超额完成了全年的目标任务。[①]

川渝地区开放合作持续推进。两地启动建设"一带一路"科技创新合作区，成功举办首届"一带一路"科技交流大会。成渝中线、成达万、西渝等高铁加快建设，川渝省际建成及在建高速公路达到 21 条；全年中欧班列（成渝）累计开行量超过 5300 列，运输箱量超 43 万标箱，均位居全国第一，运行线路近 50 条，覆盖欧亚超 100 个城市站点。西部陆海新通道功能不断提升，枢纽功能持续完善，西部陆海新通道通达全球 120 个国家和地区的 490 个港口，全年运输箱量增长 21%。全年货物进出口总额 7137.39 亿元，净出口总额达到 2426.99 亿元。[②]

9.1.5 生态宜居水平大幅提高

"十四五"规划实施以来，在中央一系列生态环保部署下，川渝地区环境突出问题得到有效治理。川、渝两地政府联合相关国家部委，制定《成渝地区双城经济圈生态环境保护规划》（见图 9-4），生态环境协同监

---

① 参见《2023 年成渝地区双城经济圈经济发展监测分析》。
② 数据来源于《2023 年重庆市国民经济和社会发展统计公报》。

管和区域生态保护补偿机制更加完善，生态安全格局基本形成，大幅提高川渝地区宜居水平。

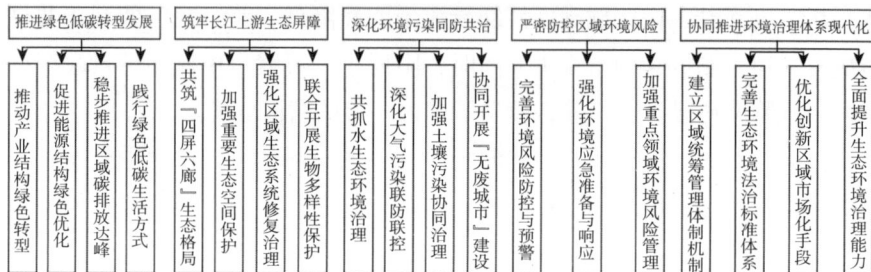

图 9-4 《成渝地区双城经济圈生态环境保护规划》五方面重点任务
资料来源：中华人民共和国生态环境部。

生态建设成效明显，环境质量持续提升。川渝两地制定《成渝地区双城经济圈"六江"生态廊道建设规划（2022—2035 年）》，协同开展流域生态廊道建设，植树造林超千万亩。龙门山、华蓥山、大巴山、明月山保护修复取得进展，山地生态系统恢复。重庆缙云山、秀山锰渣场整治成效显著，渝北铜锣山矿区等案例入选全国山水工程首批优秀典型案例，双桂湖国家湿地公园等 6 项目获中国人居环境奖。成都公园城市建设成效显著，龙泉山城市森林公园覆盖率超 60%。川渝两地深入实施蓝天、碧水、净土保卫战，大气、水环境质量保持优良。2023 年长江干流川渝段水质稳定在Ⅱ类，国控断面水质达标率 100%。川渝两地共同落实长江"十年禁渔"，生物多样性恢复。川渝空气质量优良天数达标，重庆达 91%，四川达 89.3%。①②

绿色低碳发展转型有力，协同治理体系逐步完善。积极推动绿色制造，推进节能低碳、清洁化、资源循环、工业节水等改造，提升绿色基础能力，单位 GDP 能耗和碳排放强度下降。川渝碳中和平台已建成，绿色产业快速发展，7 城市获全国绿色出行创建考核评价达标城市称号。以重庆为例，绿色金融改革试验区建设顺利，绿色贷款余额超 6800 亿元，两江新

---

① 数据来源于《2023 年重庆市国民经济和社会发展统计公报》。
② 数据来源于《2023 年成都市环境质量公报》。

区气候投融资试点项目意向融资超 4500 亿元。川渝流域协同治理持续推进，数据共享覆盖重庆 238 个、四川 331 个水站，联防联治覆盖涪江、南溪河等流域，嘉陵江流域公益诉讼协作机制基本健全。大气污染联防联控机制不断创新，建立新污染物环境风险跨省预警。①

9.1.6 总结并形成跨区域协作经验做法

自成渝地区双城经济圈建设开启以来，川渝两地在打造"区域协作新样板"上大胆探索。"十四五"规划实施期间，为推进成渝地区双城经济圈建设，两地开展了一系列首创性、集成化、差异化的改革创新，并在此基础上总结并形成了跨区域协作 6 大类 18 条经验做法，并得到国家发展和改革委员会向全国推广。②

在促进产业共建共兴方面，两地共建优势产业链，共同制定了针对汽车、电子信息、装备制造及特色消费品四大领域的高质量协同共建实施方案。为强化招商引资力度，双方建立了联合招商机制，并联合举办了全球投资推介会。此外，双方还积极探索经济区与行政区适度分离的改革路径，旨在将川渝高竹新区打造成为全国首个实现跨省合作共建的省级新区，树立区域协同发展的新标杆。

在共同建设统一市场方面，两地推进市场准入"异地同标"，确保营业执照在异地间能够相互办理与发放，实现即办即取的高效服务；实现企业跨省市"一键迁移"，实现企业跨省迁移"即时办""零跑路"；共建跨省公平竞争审查协作机制，在重庆与四川多地开展公平竞争审查第三方交叉互评。

在协同推动对外开放方面，统一运营中欧班列（成渝）品牌，实现运营标识、基础运价、车辆调度"三统一"；推进跨省市"关银一 KEY 通"，首次实现"电子口岸卡"跨海关关区通办。

在深化生态环境共治方面，两地开展生态环境协同立法司法协作；开展跨界河流联防联控联治，在全国首创跨省河长制联合推进办公室并实行

---

① 肖金成、刘峥延：《美丽成渝双城经济圈——共保共治绿色发展新模式》，澎湃新闻，2024 年 4 月 17 日。

② 《双城经济圈 18 条经验做法获全国推广》，人民网，2023 年 9 月 25 日。

实体化办公；在全国率先共建危险废物跨省转移"白名单"机制。

在推动社会共建互融方面，推进政务"川渝通办"，联合发布 3 批 311 项"川渝通办"事项；推进跨省通信一体化；推进毗邻地区警情处置一体化。

在完善协调协商机制方面，川渝建立起多层次协商推进机制；建立重大项目联合调度服务机制；建立协同立法机制，实现立法项目协商确定、立法文本协商起草、立法程序同步推进、立法成果共同运用、法规实施联动监督；建立干部互派挂职机制，目前已互派 3 批次 301 名年轻干部。

9.2 "十五五"时期成渝地区双城经济圈建设机遇挑战研判

建设成渝地区双城经济圈是以习近平同志为核心的党中央作出的重大战略决策，是川渝两地必须扛起的重大政治责任，也是川渝两地发展的重大机遇。"十四五"规划实施期间，川渝两地抢抓历史机遇，强化发展担当，发挥特色优势，促进相互赋能，推动重大项目，打造高水平改革开放平台，为全国发展大局贡献了川渝力量，彰显了成渝地区双城经济圈作为区域协调发展"第四极"①的责任与担当。

近一年内，习近平总书记分别来到四川、重庆视察，深入基层一线考察成渝地区双城经济圈的建设情况，对新时代西部大开发重要战略、推动成渝地区双城经济圈建设走深走实进行重大战略部署，体现了以习近平同志为核心的党中央对于成渝地区双城经济圈建设的高度重视。2023 年 7 月 25 日至 29 日，习近平总书记来川视察并出席成都第 31 届世界大学生夏季运动会有关活动，对于新时代推动治蜀兴川作出重要指示，对于四川省准

---

① 林毅夫：《中国第四极成渝地区双城经济圈建设路线图》，北京大学新结构经济学研究院，2021 年 10 月 27 日。

确把握党中央关于高水平对外开放的战略部署、推动构筑向西开放战略高地和参与国际竞争新基地有着重要意义。① 2024 年 4 月 22 日至 24 日，习近平总书记来到重庆考察时强调，重庆要对标新时代新征程党的中心任务和党中央赋予的使命，进一步全面深化改革开放，主动服务和融入新发展格局，着力推动高质量发展，奋力打造新时代西部大开发重要战略支点、内陆开放综合枢纽。②

在"十五五"规划将近之际，川渝两地需要进一步深刻把握"一极一源、两中心两地"的战略定位，作为新时代西部大开发的战略支点，深入推进国家战略腹地建设和关键产业备份，在新时代新发展格局中抓住机遇、迎接挑战，推动成渝地区双城经济圈建设走深走实。

9.2.1　战略机遇

党的二十届三中全会指出要健全经济高质量发展体制机制、完善实施区域协调发展战略机制、优化区域开放布局，并进一步强调要完善推进高质量共建"一带一路"机制、健全推动西部大开发形成新格局、推动技术革命性突破、产业深度转型升级、建设国家战略腹地和关键产业备份。③ 这是党中央对于新形势下高质量推动成渝地区双城经济圈建设所作出的重大战略部署，是川渝两地在新时代新征程上的时代重任与机遇。

9.2.1.1　"一带一路"建设与长江经济带高质量发展

长江经济带兼具沿海沿江沿边和内陆区位，是我国对外开放起步较早、基础良好、发展较快的区域之一，在全国高水平开放中发挥十分重要的支撑和带动作用。按照"十四五"规划部署，长江经济带要以融入共建"一带一路"为主要抓手，加强统筹融合，建设更高水平开放型经济新体制，构筑高水平对外开放新高地。成渝双城经济圈建设同样作为国

---

① 《一步一个脚印把总书记擘画的宏伟蓝图变成美好现实》，《四川日报》2023 年 7 月 30 日。

② 《习近平在重庆考察时强调　进一步全面深化改革开放　不断谱写中国式现代化重庆篇章》，《当代学员》2024 年第 9 期。

③ 参见《中共中央关于进一步全面深化改革　推进中国式现代化的决定》，《人民日报》2024 年 7 月 22 日。

家加强并促进区域经济布局与协调发展的重大战略,在坚持一体化发展理念的指引下,深度融入长江经济带发展,是完善区域合作机制的高水平样板。[①]

重庆作为成渝双城经济圈的双核之一,北接丝绸之路经济带,南连21世纪海上丝绸之路,协同衔接长江经济带,在区域协调发展格局中具有重要战略地位,是将"一带一路"倡议和长江经济带相互联系并促进的重要枢纽。在当前国际国内环境发生深刻变化的背景下,重庆加快推动高水平对外开放,中欧班列贸易规模不断扩大,西部陆海新通道建设加快推进,已成为长江经济带融入共建"一带一路"的主要贸易和物流通道。

9.2.1.2 构建高质量发展新格局与推动西部大开发

2024年4月23日,习近平总书记在重庆主持召开新时代推动西部大开发座谈会,对新时代进一步将西部地区区域协调发展推向纵深进行了战略部署,强调要进一步形成大保护大开放的高质量发展新格局,奋力谱写西部大开发新篇章。

当前我国经济已由高速增长阶段转变为高质量发展阶段,因此对新时代区域协调发展提出了新的要求,作为国家重点区域发展战略的西部大开发,因而需要及时调整战略思路。成渝地区双城经济圈,作为西部地区的主要增长极和西部大开发的重要战略支点,更需要牢固树立并深入贯彻新发展理念,在新的起点上推动构建高质量新发展格局。

9.2.1.3 建设国家战略腹地和关键产业备份

2024年3月5日,李强总理在政府工作报告中提出要"优化重大生产力布局,加强国家战略腹地建设",几个月后召开的党的二十届三中全会,更是进一步提出要"建设国家战略腹地和关键产业备份",体现出党中央对于"战略腹地"的聚焦与重视。

国家战略腹地建设是推动经济高质量发展的新增长点,也是西部崛起的重要增长极。国家战略腹地的建设,可以提升企业从东部沿海向中西部地区梯度转移的结构性调整动力。对东部地区而言,部分产业的迁出可以

---

① 沈雁昕、姬文波:《推进成渝双城经济圈融入长江经济带》,中国社会科学院,2021年5月26日。

释放土地等要素空间,从而加速实现产业高端化。对于西部地区,尤其是对于作为核心战略支点的成渝地区双城经济圈而言,通过国家战略腹地建设以提高对产业转移的承接能力,能够充分发挥自身较低的劳动力成本、基础设施和能源资源等优势,提升存量资本的利用率和回报率,加快经济高质量发展。①

关键产业备份作为国家重大战略举措,对提升产业链供应链的韧性和安全水平具有重要意义。在当前全球经济和地缘政治环境下,确保关键产业的安全和稳定至关重要。对于成渝地区双城经济圈而言,这不仅是国家战略中的重要环节,也是区域经济发展的重大机遇。通过积极参与关键产业备份,川渝地区能够强化自身在全国经济格局中的地位,吸引更多的资源和技术投入,提升区域产业链的竞争力。同时,这也为川渝地区提供了加强合作、推动产业集群化和一体化发展的契机,有助于构建更为安全、可靠和可持续的产业链和供应链体系。

9.2.1.4 新一轮科技革命和产业变革

随着成渝地区双城经济圈进入高质量发展新阶段,技术创新催生新一轮科技革命和产业变革,已成为构建新发展格局的应有之义。

"中国式现代化要靠科技现代化作支撑,实现高质量发展要靠科技创新培育新动能。"2024年6月24日,在全国科技大会、国家科学技术奖励大会、两院院士大会上,习近平总书记精辟论述了科技的战略先导地位和根本支撑作用,围绕"扎实推动科技创新和产业创新深度融合,助力发展新质生产力"作出了重大部署,深刻阐明了融合的基础、融合的关键、融合的途径。②

科技创新不仅是推动社会进步的重要力量,更是催生新产业、新模式和新动能的关键所在,在发展新质生产力方面扮演着核心的角色。为实现这一目标,成渝地区双城经济圈必须将科技创新作为引领发展的核心动力,充分利用新一轮科技革命所带来的巨大潜力和引领作用。通过加快科

---

① 李芳华:《加强国家战略腹地建设》,《光明日报》2024年5月21日。
② 《扎实推动科技创新和产业创新深度融合——论学习贯彻习近平总书记在全国科技大会、国家科学技术奖励大会、两院院士大会上重要讲话》,《人民日报》2024年6月28日。

技创新的步伐，可以迅速形成具有高质量和高效率的新质生产力，从而推动新型产业变革，实现经济的可持续发展。

9.2.2　面临挑战

9.2.2.1　协同发展内生动力不足，发展不平衡问题突出

"马阵跨阱"将我国所有城市比作一匹匹骏马，充分发挥各自优势奔腾，形成由数百匹持续奔跑的骏马组成的马阵，带动全国跨越中等收入陷阱。① 依据该理论，成都、重庆便承担着发达地区带动周边地区的重要使命，即"双核引领，区域联动"。但是成渝地区双城经济圈展现出一种显著的不平衡结构特征，即核心区域（成都市）发展强劲，而周边地区则相对薄弱，即"中部塌陷"的问题。具体而言，成都市对周边腹地城市产生了强烈的要素虹吸效应，这种效应超过了其技术溢出效应，导致尚未形成"快马"带动"慢马"、城市群协同增长的"马阵跨阱"式内生增长新模式。② 这种格局需要引起高度重视，并采取措施加以改善，以促进成渝地区双城经济圈的全面协调发展。

9.2.2.2　产业分工不足，同质化竞争严重

成渝地区双城经济圈核心产业同质化程度较高，尤其是两地制造业结构趋同性较强。多年来，两地在推动高质量合作的同时，在多个领域存在着竞争，尤其是在制造业领域，在集成电路、新型显示、智能终端、新一代信息技术、汽车制造等细分领域存在较为严重的同质化竞争和资源错配现象。从产业分工与关联的角度审视，两城确实面临产业同质化竞争的挑战，这一状况导致了经济体系相对独立而相互之间的关联性较弱。同质化竞争表现为"你有的我也要有"的趋同现象，进一步加剧了部分产业的同质化程度，不仅使两城经济更加孤立，也制约了川渝整体效应的有效形成。因此，在推进成渝地区双城经济圈实现"一体化"发展的过程中，必须着力解决这一短板问题。

---

① 姚树洁：《"马阵跨阱"：中国跨越"中等收入陷阱"新论》，《人民论坛》2015 年第 s2 期。

② 姚树洁、房景：《发展新质生产力推进成渝地区双城经济圈国家战略腹地建设》，《重庆大学学报（社会科学版）》2024 年 6 月 19 日。

9.2.2.3 科技创新支撑能力偏弱，高科技成果转化效能不强

一是成渝地区双城经济圈在科技创新平台方面存在明显不足，双一流建设高校数量仅为 10 所，仅占京津冀地区的 24.4% 和长三角地区的 28.6%，显示出显著的差距。二是成渝地区双城经济圈大而不强，现已构建起规模庞大的制造业产业体系，但其主要业务仍局限于装配等低附加值环节，尚未成功跻身全国产业链和价值链体系的高附加值上游领域。三是高科技成果转化效能不强，西部科学城在培育具备核心研发能力的高新技术企业方面尚未取得显著成效，同时高校、科研院所等研究机构与现有企业在研发与生产之间的衔接与连通方面，仍存在较大的政策优化空间，亟待进一步改进和完善。四是川渝地区的创新环境相对滞后，缺乏完善的创新政策和法规体系，创新创业氛围不够浓厚，创新资源的共享和交流渠道有限，缺乏创新生态系统的构建。

9.3 "十五五"时期成渝地区双城经济圈建设深入实施思路

以习近平同志为核心的党中央，为成渝地区双城经济圈建设擘画了宏伟蓝图，为重庆、四川两省市指明了方向、明确了使命。

习近平总书记在渝视察期间，赋予重庆奋力打造新时代西部大开发重要战略支点、内陆开放综合枢纽"两大定位"，部署提出四项任务，就推动新时代西部大开发形成新格局明确六个坚持重要要求，为重庆立足西部、服务大局提供了根本指引。总书记强调重庆要在成渝地区双城经济圈建设中担当重任，推进高质量发展，深化改革创新，打造现代化产业体系。重庆还要加快建设内陆开放枢纽，推动西部地区更好融入全球经济。此外，习近平总书记要求将打造新时代西部大开发重要战略支点、内陆开放综合枢纽"两大定位"和建设具有全国影响力的重要经济中心、科技创新中心、改革开放新高地、高品质生活宜居地作为现代化新重庆建设的战

略支撑。①

习近平总书记在川视察期间，重点关注四川在成渝地区双城经济圈建设中的作用，强调要推动高质量发展，保持经济稳定运行。四川要加快推进乡村振兴，巩固脱贫攻坚成果，推动农业农村现代化。同时，四川要坚定走生态优先、绿色发展的道路，推进碳达峰和碳中和工作，保护长江上游的生态安全。习近平总书记还要求四川提升科技创新能力，强化科技成果转化，并在教育、医疗、养老、住房等民生领域提供更好的服务，提升民生保障水平。②

随着"十四五"规划即将收官，"十五五"规划编制提上日程，两地党政部门应当在延续"十四五"期间中央对于"双城"建设规划的基础上，深刻把握新时代新发展阶段下的新形势、新任务、新要求。针对两省市具体情况而言，为全面落实习近平总书记在渝、川视察的重要精神，将成渝双城经济圈建设走实走深，重庆要做实"两大定位"、发挥"三大作用"，奋力谱写中国式现代化重庆篇章；四川要准确把握党中央关于高水平对外开放的战略部署、推动构筑向西开放战略高地和参与国际竞争新基地，推动新时代治蜀兴川。

9.3.1　总体目标与发展定位

"十五五"时期，应当坚持把成渝地区双城经济圈建设作为总牵引，锚定"一极一源、两中心两地"，做实"两大定位"，构筑向西开放战略高地和参与国际竞争新基地，进一步打造区域协作的高水平样板，尽快成为带动西部高质量发展的重要增长极和新的动力源。

9.3.1.1　深刻把握"一极一源、两中心两地"的战略定位

"一极一源、两中心两地"是成渝地区双城经济圈建设的战略定位，锚定了目标，提供了根本遵循，有着极其重要的地位。在新阶段推动成渝

---

① 《深入学习贯彻习近平总书记视察重庆重要讲话重要指示精神　奋力谱写中国式现代化重庆篇章》，人民网，2024 年 5 月 25 日。

② 《省委常委会召开（扩大）会议专题传达学习习近平总书记来川视察重要指示精神　牢记嘱托　感恩奋进　担当实干　在新的征程上奋力谱写四川发展新篇章》，四川省人民政府，2022 年 6 月 10 日。

地区双城经济圈建设走深走实，首先必须深刻把握"一极一源头、两中心两地"的战略定位，并以此为引领，深化区域协同发展，激发内在潜能，共同开创高质量发展的新篇章。

"一极一源头"，即打造国家高质量发展的重要增长极和新的动力源。意味着川渝需要在创新驱动、产业升级、绿色发展等方面率先突破，成为引领全国经济增长的新引擎。这要求两地要加强科技创新合作，共建共享创新平台，推动产业链、创新链深度融合，形成一批具有国际竞争力的产业集群。同时，坚持绿色发展理念，协同推进生态环境保护与经济社会发展，实现人与自然和谐共生。

"两中心两地"，即建设具有全国影响力的重要经济中心、科技创新中心、改革开放新高地和高品质生活宜居地。科技创新是引领发展的第一动力，川渝两地需强化创新主体培育，吸引更多高层次人才和创新资源汇聚，打造一批国家级创新平台和新型研发机构。同时，深化改革开放，优化营商环境，推动规则、规制、管理、标准等制度型开放，形成与国际接轨的市场化、法治化、国际化营商环境，为高质量发展注入强劲动力。高质量发展要求坚持以人为本，注重提升城市品质和公共服务水平，打造宜居宜业宜游的城市环境。同时，积极融入国家对外开放大局，深化与"一带一路"沿线国家和地区经贸合作，拓展国际市场空间，提升内陆开放型经济水平，成为内陆地区参与全球竞争合作的重要平台。

"一极一源头、两中心两地"的战略定位，为成渝地区双城经济圈建设指明了方向。两地要以更加开放的姿态、更加务实的作风、更加创新的思维，推动成渝地区双城经济圈建设不断取得新成效，为全面建设社会主义现代化国家作出新的更大贡献。

9.3.1.2　做实"两大定位"，拓展国家整体开放布局

习近平总书记在重庆提出打造新时代西部大开发重要战略支点、内陆开放综合枢纽"两大定位"，在四川提出要推动构筑向西开放战略高地和参与国际竞争新基地，看似是对重庆、四川在各自角色中的不同要求，实则是对成渝地区双城经济圈建设重要定位的把握。成渝地区双城经济圈要切实做实"两大定位"，立足新时代西部大开发重要战略支点、构筑内陆

开放综合枢纽，彰显拓展国家整体开放布局的重要地位。[①]

构建新时代西部大开发的战略支点，关键在于发挥西部地区高质量发展的增长极动力源、构建内陆高水平开放的新格局、建设国家战略腹地的"三个关键支撑"作用。同时，应在构建现代化产业体系、发展新质生产力、实施大保护以筑牢长江上游重要生态屏障、创新绿色低碳发展体制机制、推动区域协调发展与城乡融合、促进乡村全面振兴、全面深化改革以激发活力动力、探索超大城市高品质生活与高效能治理方面，发挥"六个示范引领"作用。打造内陆开放综合枢纽，重点在于加快建设创新引领的制度型开放枢纽、全球链接的门户型交通枢纽、陆海并济的综合物流枢纽、双向开放的国际经贸枢纽、内外联动的产业链供应链枢纽、高能聚合的科技创新成果转化枢纽、绿色高效的新型能源算力枢纽、高端资源要素配置枢纽、开放多元的国际交往枢纽。

在推进区域协调发展战略的过程中，一个强有力的"引擎"至关重要，可以用以引领和驱动整体发展，这也是"马阵跨阱"理论在西部大开发中的实际应用。西部地区涵盖 12 个省区市，其中成渝地区双城经济圈被赋予了特殊使命，这既是对其重要地位的明确肯定，也是对其在西部大开发新格局中起到核心引领与带动作用的期待。当前，已进入成渝地区双城经济圈建设的第五个年头，在 2023 年，该区域的经济表现尤为亮眼，其 GDP 总量已达到 81986.7 亿元，占西部地区经济总量的比例超过三成。具体来看，成都市的 GDP 已突破 2 万亿元大关，而重庆市更是迈上了 3 万亿元的新台阶。成渝地区双城经济圈之所以被寄予厚望并承担重任，不仅因为其经济发展水平在西部地区相对突出，是全国经济的重要增长极，更因为其具备强大的辐射和引领作用，能够带动周边地区共同发展。

9.3.1.3　进一步打造区域协作的高水平样板

成渝地区双城经济圈位于"一带一路"和长江经济带交汇处，是西部陆海新通道的起点，同时作为西部大开发重要战略支点，具有重大战略意

---

① 《习近平主持召开新时代推动西部大开发座谈会强调：进一步形成大保护大开放高质量发展新格局奋力谱写西部大开发新篇章》，《今日重庆》2024 年第 5 期。

义。重庆和成都双核相向发展、联动引领区域高质量发展的良好态势,不仅是西部地区经济社会发展、生态文明建设、改革创新和对外开放的重要引擎,而且两地跨区域合作所形成的先进经验,更是为全国其他地区树立跨区域协作的高水平样板。

过去几年,川渝两地已经在跨区域协作上做出了成绩,开展了一系列首创性、集成化、差异化改革创新,并在此基础上总结并形成了跨区域协作 6 大类 18 条经验做法,得到国家发展和改革委员会向全国推广。这是川渝两地跨区域协作经验首次得到国家层面系统总结推广,也是继长三角、粤港澳大湾区之后,国家发展改革委第三次向全国推广跨区域协作经验。

区域协调发展是一项系统性工程,要在不断实践探索中持续推动。我们必须清醒地认识到,当前我国区域间的发展差距依然显著,发展不平衡不充分的问题依然较为突出。随着我国经济由高速增长阶段转向高质量发展阶段,对区域协调发展的要求也相应提高。

因此,需要进一步强化重庆、成都这两座中心城市的重要引领作用,通过"双核"带动川渝地区的统筹协同发展。这一举措旨在增强区域发展的协同性、联动性和整体性,合力打造出区域协作的高水平样板。此举不仅有助于形成带动全国高质量发展的重要增长极和新的动力源,还能加快构建统筹有力、竞争有序、绿色协调、共享共赢的区域协调发展新机制。①

9.3.2 主要原则与发展理念

9.3.2.1 双核引领,区域联动

重庆与成都应持续增强中心城市的综合能级与国际竞争力,精准处理中心与区域之间的关系,进一步强化协同辐射与引领效应。具体而言,需以大城市带动小城市,加速培育壮大中小城市群体;以点及面,推动区域内各地区协调共进;以城市带动乡村,有效促进乡村振兴战略的深入实施。最终,旨在构建出一个特色鲜明、布局科学合理、资源集约高效的现

---

① 田宇:《合力打造区域协作的高水平样板》,人民网,2021 年 10 月 23 日。

代化城市群发展格局。

9.3.2.2 改革开放，创新驱动

成渝地区双城经济圈建设应当充分发挥市场在资源配置中的核心决定性作用，并进一步优化政府角色，确保其在关键领域发挥积极作用。同时，两地应深化改革，强化改革的引领和突破作用，以更加开放的姿态推动更高层次的对外开放。此外，还需注重体制创新，积极吸引国内外创新资源，促进科技创新与产业转型升级的深度融合，共同构建协同高效的创新体系。

9.3.2.3 生态优先，绿色发展

成渝地区双城经济圈建设应全面贯彻生态文明理念，致力于强化长江上游的生态保护工作。在此过程中，必须严格遵守生态保护红线、永久基本农田、城镇开发边界这三大控制线，以确保生态安全与资源合理利用。同时，应进一步优化国土空间开发格局，提升用地、用水、用能的效率，积极推动构建绿色低碳的生产生活方式和建设运营模式，以实现区域的可持续发展。

9.3.2.4 共享包容，改善民生

成渝地区双城经济圈建设必须坚定不移地贯彻以人民为中心的发展理念，致力于扩大优质公共产品和服务的供给范围，不断增进人民福祉、改善民生。同时，应着力构建一个多元且包容的社会治理体系，确保改革发展的成果能够更广泛、更公平地惠及全体人民，从而显著提升人民群众的获得感、幸福感和安全感。

9.3.2.5 统筹协同，合作共建

成渝地区双城经济圈建设应秉持"川渝一盘棋"的战略思维，充分利用各自优势，实现错位互补发展，优化并整合区域资源。在此基础上，需进一步强化交通、产业、科技、环保及民生政策等领域的协同与对接，确保统一规划、整体部署、紧密协作与共同推进。此举旨在辐射并带动周边地区的全面发展，从而显著提升区域整体竞争力。

9.4 "十五五"时期成渝地区双城经济圈建设深入实施举措

9.4.1 推进地区有效合作，提升经济圈整体发展效力

首先是要加强四川、重庆两省市的深度合作，提升"双核"发展能级。川渝两地的合作应当注重资源共享、优势互补、降低同质化竞争。一是需在"双核"发展战略规划阶段，深入剖析当前的发展态势，确立高标准、高起点的发展目标，并依据梯次有序的原则，科学布局新兴产业，有序转移非核心城市群功能，同时在关键核心技术领域保持持续且高强度的投入与研发。二是需全面考量经济、生态、安全、健康等多维度需求，实施合理规模控制，推动城市发展模式的根本性转变，由过去的外延扩张型向内涵提升型迈进。在此过程中，应强化创新要素的集聚效应，构建以先进制造业为坚实支撑、以服务业为发展主体，二者深度融合、相互促进的现代产业体系。三是需加速资源整合与共享进程，着力提升两地的生活宜居品质，持续增强对人才与人口的吸引力。要致力于营造良好的科技创新氛围，促进产业结构和人口结构实现深层次转型，由传统的制造型向创新型、研发型、生产生态生活和谐共生的方向迈进。

其次是要促进成渝地区双城经济圈与沿海三大城市群协同发展，打造国家战略腹地西部地区核心承载地。成渝地区双城经济圈作为中国西部内陆的重要经济区域，已然成为中国经济地图上至关重要的第四增长极。与位于沿海地区的京津冀、长三角、粤港澳大湾区这三大增长极相比较，成渝地区双城经济圈展现出了其独特的比较优势。这种优势不仅仅体现在地理位置上，更是在产业构成、技术创新、人口分布以及资源配置等方面都有着显著的差异。成渝地区双城经济圈以其独特的地理位置和资源优势，与沿海三大增长极形成了鲜明的对比，为中国的经济发展提供了新的动

力。为了构建国家战略腹地中西部地区的核心承载地，应当积极强化沿海三大增长极对成渝地区双城经济圈的辐射与拉动效应。要秉持"全国一盘棋"的战略思维，促进西部内陆与东部沿海地区的深度融合与协同发展。此举不仅能推动成渝地区双城经济圈的发展，更能推动中国经济的全面发展，共同开创区域合作的新篇章，推动形成东西部地区经济互动、优势互补、互利共赢的发展新局面。因此需要充分利用成渝地区双城经济圈的区位优势和资源优势，加强与沿海地区的交流合作，推动产业升级和技术创新。还需要加大对中西部地区的扶持力度，促进其经济发展，实现全国经济的平衡发展。

9.4.2 高水平共建西部陆海新通道，打造内陆改革开放战略高地

首先需要完善基础设施建设，加速构建内陆国际物流枢纽。一是加速关键枢纽节点的构建。致力于建设并优化沿线的物流基础设施，以增强铁路、公路及港口的运输效能与效率。需提升信息化水准，构建高效的信息共享平台，以强化物流管理与协调能力。还需优化交通网络布局，通过科学合理地规划与布局，提升通道整体的通行效率。二是增强通道运输能力。应积极推进多式联运体系建设，实现铁路、公路、水路等多种运输方式的紧密衔接，以形成高效协同的运输体系。需提升通关便利化程度，简化通关流程，缩短通关时间，以提高运输效率。还需提高物流服务质量，提供高效、便捷、安全的物流服务，以降低运输成本，增强市场竞争力。三是拓宽通道覆盖范围。应将通道延伸至更多内陆城市，以扩大其服务范围，实现更多地区的联通与覆盖。应积极推动沿线国家的基础设施互联互通，加强与"一带一路"沿线国家的基础设施合作，共同构建跨国运输网络。还需建设国际化物流园区，提供全方位的物流服务，以吸引国内外企业投资，促进物流产业的繁荣发展。

其次，必须致力于提升区域经济合作水平。一是构建完善的区域协调机制。首要任务是成立区域合作组织，以统筹协调各省份间的利益关系，从而有力推动区域一体化发展。在此基础上，应制定并实施统一的规划和政策，特别是在交通、物流、贸易等关键领域，确保形成统一且具有前瞻

性的规划和政策框架。同时建立常态化的沟通交流机制,加强各省份间的沟通协作,以有效应对并妥善解决合作过程中可能遇到的各种问题。二是推进产业协同发展。应积极促进产业链上下游之间的紧密合作,以推动区域内产业链的深度融合,进而形成完整且高效的产业生态。在此过程中,还需加强技术创新合作,建立区域创新平台,以加速科技成果的转化和应用。同时,注重推动区域品牌建设,通过打造具有国际竞争力的区域品牌,进一步提升区域经济的整体竞争力。三是深化与国际市场的合作。积极扩大与东盟国家等的合作范围,加强与东盟国家等的经贸联系,以提升区域经济的开放水平。同时,鼓励跨国企业投资,吸引其在区域内设立分支机构,以此带动区域经济的繁荣发展。此外,还需不断提升国际化服务能力,提供符合国际标准的物流、金融、法律等服务,以更好地支持企业开拓国际市场。

9.4.3 提升科技创新水平,因地制宜发展新质生产力

首先需要努力培育新质生产力,发展战略性新兴产业。成渝地区双城经济圈是新时代引领西部地区发展的关键支撑地,是培育发展新质生产力、建设新时代国家战略腹地核心承载区的重要第四增长极。为推进战略性新兴产业的蓬勃发展,一是要聚焦于新能源、新材料、先进制造及电子信息等核心领域,着力培育并壮大这些战略性新兴产业。同时,需积极促进高新技术产业集群的成型,以孕育并引领未来产业的崛起。二是应明确以高质量发展为核心导向,加快改革创新步伐,持续优化生产关系结构。此举旨在全面激发生产力的内在活力,尤其要侧重扶持具备高技术含量、高知识密集度及高创新驱动力特征的产业模式,以推动产业结构的优化升级。三是必须高度重视新经济、新技术与新业态的融合发展,通过采取积极举措促进其全面进步,进而实现经济结构的深刻转型与升级。在此过程中,科技创新将扮演至关重要的角色,我们将致力于推动先进技术在各产业领域的广泛应用与深度融合,以此催生新的经济增长点,为经济社会的持续发展注入强劲动力。

其次需要提升科技创新水平,为高质量发展提供有力支撑。一是需要整合科技创新资源,集中优势力量,强化科技创新平台的建设与整合,积

极引导企业、高校及科研机构间的协同合作，以构建高效协同的创新体系。促进科技成果的快速转化与应用，提升整体科技创新能力。二是应着力提升科技自主创新能力，针对关键核心技术领域，加大研发投入力度，力求突破"卡脖子"技术难题，以提升国际竞争力。实现从技术跟随向技术引领的战略性转变，确保科技发展的独立性和可持续性。三是需优化高端产业布局，通过调整和优化现有产业布局，促进区域内经济均衡发展。推动形成高质量发展的生产力布局，使川渝地区成为全国范围内高质量发展的重要增长极和新兴动力源，为国家的经济繁荣贡献更多力量。

9.4.4 推动高质量乡村振兴，推进新型城镇化战略

首先应当共同推动乡村高质量发展，以缩小城乡区域发展差距为目标，推动要素市场化配置，破除体制机制弊端，加快建设国家城乡融合发展试验区，形成工农互促、城乡互补、协调发展、共同繁荣的新型工农城乡关系。一是要优化农业产业结构。具体而言，应致力于发展特色农业，充分利用川渝地区独特的地理和气候优势，着重培育高附加值的特色农产品，如优质水果、茶叶、花卉等。同时，积极推广现代农业科技，鼓励农业科技创新，推动农业机械化和智能化进程，以显著提升农业生产效率。二是要加强农村基础设施建设。一方面，应着力于交通设施的建设与改善，通过优化农村公路和交通网络布局，有效打破乡村与城市之间的交通壁垒，从而方便农产品的流通与居民的日常出行。另一方面，应强化农田水利设施建设，提高农业抗旱排涝能力，确保农田灌溉的稳定性和可靠性。三是要强化农村社会服务。在教育与医疗领域，应持续提升农村教育和医疗服务水平，通过吸引优秀教师和医生到农村工作，着力提高农民的综合素质与健康水平。同时，还应大力推广农村文化活动，丰富农民的精神文化生活，从而进一步增强农村的文化软实力。

其次是推进川渝地区新型城镇化战略走深走实。一是科学规划城镇布局。可以采取多中心网络化布局策略，以优化川渝地区城镇布局，促进城市群和都市圈的发展，从而构建出一个多中心、网络化的城镇体系。同时，积极支持有条件的乡镇升级为新型城镇，推动人口、产业向城镇集中，以进一步提升城镇化水平。二是促进城镇产业集聚和升级。为实现这

一目标,需要致力于产业园区的建设和完善,以吸引高新技术产业和现代服务业入驻,形成产业集群效应。此外,还需大力支持创新创业环境的建设,积极吸引人才和资本进入城镇,以推动产业升级和经济转型。三是要加强生态环境保护,提高生态宜居水平。要深入推行绿色建筑和绿色基础设施建设,积极推广节能减排技术,努力建设生态宜居的绿色城镇。同时,还要加强城镇环境污染治理,实施水、气、土壤等环境综合整治工程,以进一步改善城镇生态环境,提升居民的生活品质。

参考文献

[1]《中共中央 国务院印发〈成渝地区双城经济圈建设规划纲要〉》,《中华人民共和国国务院公报》2021年第31期。

[2]《重庆四川两省市印发贯彻落实〈成渝地区双城经济圈建设规划纲要〉联合实施方案》,《重庆日报》2021年12月31日。

[3] 姚树洁、房景:《发展新质生产力推进成渝地区双城经济圈国家战略腹地建设》,《重庆大学学报(社会科学版)》2024年6月19日。

[4] 姚树洁、刘嶺:《西部科学城建设推动成渝地区双城经济圈高质量发展》,《西安财经大学学报》2022年第3期。

[5] 姚树洁、刘嶺:《促进区域经济均衡增长,构建"双循环"新发展格局——基于成渝地区双城经济圈建设视角》,《陕西师范大学学报(哲学社会科学版)》2021年第5期。

[6] 龚勤林、宋明蔚:《成渝地区双城经济圈国家战略腹地建设的内在逻辑、现实基础与路径选择》,《重庆大学学报(社会科学版)》2024年6月30日。

[7] 杨毅、许晨杨:《成渝地区双城经济圈区域协调发展的理论逻辑、实践创新与优化路径》,西南大学学报(社会科学版)2024年第3期。

[8]《习近平在四川考察时强调　推动新时代治蜀兴川再上新台阶　奋力谱写中国式现代化四川新篇章　返京途中在陕西汉中考察　蔡奇陪同考察》,《先锋》2023年第8期。

［9］《习近平在重庆考察时强调　进一步全面深化改革开放　不断谱写中国式现代化重庆篇章》，《当代党员》2024 年第 9 期。

［10］《习近平主持召开新时代推动西部大开发座谈会强调　进一步形成大保护大开放高质量发展新格局　奋力谱写西部大开发新篇章　李强蔡奇丁薛祥出席》，《今日重庆》2024 年第 5 期。

［11］《中共中央关于进一步全面深化改革　推进中国式现代化的决定》，《人民日报》2024 年 7 月 22 日。

10

面向"十五五"的长江经济带发展

自 2016 年正式实施长江经济带发展战略以来，沿江各地坚决贯彻落实习近平总书记关于长江经济带发展的系列重要讲话精神，协同共进，生态环境保护实现了转折性变化，经济社会发展取得了历史性成就。面向"十五五"，在中国式现代化建设新征程上，要完整、准确、全面贯彻新发展理念，坚持生态优先绿色发展，以科技创新为引领，统筹推进生态环境保护和经济社会发展，进一步推动长江经济带高质量发展，更好地支撑和服务中国式现代化。

10.1 "十五五"时期长江经济带发展的基础

进入"十四五"以来，面对中美贸易摩擦、全球新冠疫情等复杂局面，长江经济带坚持生态优先、绿色发展，落实稳中求进工作总基调，积极推进高质量发展，经济增长保持韧性，创新驱动力稳步提升，新旧动能进一步转换，充分呈现出黄金经济带的活力和潜力。特别是党的二十大以来，长江经济带各地积极践行中国式现代化建设，推动经济社会发展进入新阶段，为"十五五"高质量发展奠定了良好基础。

一是区域经济保持稳步增长。根据各省市统计公报显示，2020—2023年，长江经济带 11 省市地区生产总值从 47.08 万亿增长至 58.43 万亿，占全国 GDP 比重约 46.3%，年均增长 5.55%；人均 GDP 从 2020 年的 77682元增长到 96131 元，年均增长 5.47%；固定资产投资年均增速为 4.49%；社会消费品零售总额年均增长 5.57%；全体居民人均可支配收入从 34894元增长至 42467 元，年均增长 5.03%。从 2023 年情况看，长江经济带 11

省市 GDP 总体增速为 5.3%，比全国高 0.1 个百分点，其中，江苏（5.8%）、浙江（6.0%）、安徽（5.8%）、湖北（6.0%）、重庆（6.1%）、四川（6.0%）增速高于全国平均水平。总体来看，"十四五"上半期长江经济带经济发展总体呈现良好发展态势，投资、消费、居民收入水平总体都保持稳定上升态势。

表 10-1　长江经济带 2020—2023 年经济发展主要指标变化情况

单位:%

区域	GDP 年均增长率	人均 GDP 年均增长率	固定资产投资平均增长率	社会消费品零售总额年均增长率	全体居民人均可支配收入年均增长率
上海市	4.92	4.96	7.78	3.83	4.10
江苏省	5.68	5.53	3.78	5.27	4.97
浙江省	6.29	5.55	7.85	5.15	5.06
安徽省	5.44	5.33	6.88	5.84	5.56
江西省	5.71	5.69	5.43	7.13	5.14
湖北省	6.73	6.71	5.40	7.53	5.96
湖南省	4.75	4.97	4.78	5.58	5.13
重庆市	4.75	4.72	3.75	6.44	5.09
四川省	5.52	5.49	4.28	6.02	5.22
贵州省	4.02	3.97	-2.68	3.56	5.60
云南省	5.15	5.35	2.15	4.24	5.10
长江经济带	5.55	5.47	4.49	5.57	5.03
全国	4.92	5.61	3.78	4.73	5.06

资料来源：2020—2023 年各省份国民经济和社会发展统计公报。

　　二是创新驱动发展能力不断增强。长江经济带各省市积极推进创新驱动发展战略，不断增加研发投入，加强科技创新和技术转化，自主创新能力持续增强。根据各省市统计年鉴，2020—2022 年，长江经济带地区规模以上工业企业 R&D 经费投入从 7724.2 亿元增长至 9779.9 亿元，占全国比重 50.51%；专利申请授权数从 164.7 万项增长至 193.4 万项，占全国比重

46.32%；技术市场成交额从 10030.6 亿元增长至 21267.5 亿元，占全国比重从 2020 年的 36.75% 上升至 2022 年的 46.48%。同时长江经济带积极推进跨区域协同创新，长江经济带科技创新共同体、G60 科创走廊、川渝共建西部科学中心等跨区域创新率先突破，截至 2023 年底，长江经济带共有 10 个国家自主创新示范区，占全国总数的 43.5%。① 西部陆海新通道建设加快推进，陆海内外联动、东西双向互济的开放格局初步形成，创新生态得到进一步提升。

三是交通基础设施互联互通水平进一步提高。沪汉蓉高铁（沿江高铁）等一批重要的铁路项目相继开工，通过构建铁路、水路、公路、航空等交通方式的无缝衔接，实现了更加高效的物流运输和人员流动。各省市统计公报或年鉴显示，2020—2023 年，长江经济带铁路营运里程从 4.47 万公里提升至约 4.98 万公里，占全国比重从 30.55% 提升至约 31.30%；公路总里程从 234.63 万公里增长至 240.44 万公里，其中高速公路里程从 6.36 万公里增长至 7.01 万公里；干支线高等级航道里程达上万公里，实现 5 万吨级海轮直达南京、万吨级船舶直达武汉、3000 吨级船舶直达重庆、2000 吨级船舶直达宜宾。2023 年长江干线港口货物吞吐量达到 38.7 亿吨、三峡枢纽航运通过量 1.7 亿吨、引航船舶载货量 4.5 亿吨，分别比上年增长 7.8%、8.8%、7.5%；全国民用运输机场旅客吞吐量和货邮吞吐量前 20 中，长江经济带各占了 5 个。②

四是生态环境得到持续改善。城镇污水垃圾、化工污染、农业面源污染、船舶污染和尾矿库污染治理短板加快补齐，"十年禁渔"深化实施，长江水生生物多样性有所提升。根据《中国生态环境状况公报》，2020—2023 年长江流域水质Ⅰ—Ⅲ类比重从 2020 年的 96.6% 上升至 2023 年的 98.5%，基本消除了Ⅴ类和劣Ⅴ类；空气质量明显提高，长江经济带 126 个地级及以上城市平均空气质量优良天数比例为 88.6%，高于全国 3.1 个百分点；绿色景观不断修复，2023 年长江经济带各省市森林覆盖率总体

---

① 《区域协调发展迈向高水平，重大战略实施取得新进展——新中国 75 年经济社会发展成就系列报告之九》，国家统计局，2024 年 9 月 13 日，见 https：//www. stats. gov. cn/sj/sjjd/202409/t20240912_ 1956416. html。

② 数据来源于《2023 年全国民用运输机场生产统计公报》。

高于全国平均水平，其中，云南、江西、贵州、浙江、湖南、重庆、四川等森林覆盖率均达到40%以上。2021年3月1日起《长江保护法》正式实施；2021年，中共中央办公厅、国务院办公厅印发《关于深化生态保护补偿制度改革的意见》，提出推动建立长江全流域横向生态保护补偿机制，并支持沿江各省市自主建立省际、省内横向生态补偿机制，实施重点流域水生态环境保护规划，构建"三水统筹"治理新格局。

表 10-2　2020—2023 年长江流域水质状况变化

	水体比例（%）					
	I 类	II 类	III 类	IV 类	V 类	劣 V 类
2023 年	9.0	72.2	17.3	1.4	0.1	0
2020 年	8.2	67.8	20.6	2.9	0.4	0

资料来源：2020、2023 年《中国生态环境状况公报》。

10.2 "十五五"时期长江经济带发展有待破解的瓶颈问题

长江经济带发展战略在取得巨大成就的同时，也面临着一些深层次的瓶颈问题，需要我们客观判断、深刻认识，在"十五五"时期争取新突破。主要瓶颈问题有：

一是生态环境保护和治理的压力仍然较大。尽管长江经济带生态环境保护已取得巨大成效，但作为我国重要的生态功能区和经济发展带，始终面临着生态环境保护与经济发展之间的矛盾。其中，上游地区生态建设重点区域与欠发达地区高度契合，面临经济发展和生态环境保护与治理的双重压力。另外，长江经济带龙头城市如上海、南京、杭州、合肥、苏州、无锡、武汉、成都、长沙等超大城市或大城市，其单位 GDP 能耗比都位列排行榜后 50 位，反映出这些龙头城市绿色经济发展程度普遍不高的问题。[①] 因此，如何实现节能降耗增效、培育绿色发展动能，从源头上提高资源和能源利用效率，实现生态效益和经济效益的双增长，是"十五五"时期长江经济带实现高质量发展的重要方面。2024 年第三轮第二批中央生态环境保护督察组对长江经济带统筹开展流域督察和省域督察发现，目前各省市仍存在"两高"项目盲目上马控制不力、建筑垃圾违规处置问题较为突出、生态环境保护责任落实不够有力、长江生态保护修复仍需加强、林地和自然保护地生态破坏时有发生、一些矿山生态治理修复不到位、一些第三方环境检测机构存在数据造假等问题。[②] 因此，目前来看，长江经济带实现企业生产和城镇及农村生活等各个方面的绿色低碳转型、统筹高质量发展和高水平保护仍任重道远。

二是区域发展利益协调机制仍有欠缺。长江经济带横跨东中西部多个省市，九省二市的经济发展水平差异大、发展不平衡，2023 年长江经济带上、中和下游地区人均 GDP 分别为 135670 元、80897 元和 71065 元，而平均居民可支配收入分别为 31407 元、35094 元和 59058 元，其中上海市人均 GDP 和全体居民可支配收入约为云南省的 3 倍，上中下游、省际之间经济发展仍存在较大差异。地区间不同的发展阶段和禀赋条件导致了功能定位、发展任务和目标的不同，也使得跨区协调与合作难度大，尤其是涉及生态协调、产业转移布局与园区共建等跨区域利益分享机制等方面仍然缺乏。"十四五"时期，长江经济带 11 省市全部建成省内流域生态保护补偿机制，同时部分跨省补偿机制如新安江上下游生态补偿机制等取得了一定成效，但对于长江经济带上中下游整体的跨省跨区域利益协调分配机制仍有待建立与完善，尤其是多元化、市场化的横向补偿仍有待探索。

三是地方保护主义和市场分割仍较突出。比如各地市场准入标准及执行仍然存在诸多不一致，执行国家标准也存在地方差异。又如市场设施互联互通，与高标准仍有不少距离。铁路设施连通性不足，铁路进港口、进

---

① 滕堂伟、胡德等：《长三角议事厅丨长江经济带区域发展高度分化，六方面补齐短板》，澎湃新闻，2024 年 1 月 25 日，见 https：//m. thepaper. cn/baijiahao_ 26137909。

② 《第三轮第二批中央生态环境保护督察完成督察反馈工作》，生态环境部，2024 年 8 月 23日，见 https：//www. gov. cn/lianbo/bumen/202408/content_ 6970675. htm。

园区、进企业的"最后一公里"短板较为突出；市场信息交互渠道地方平台与央企、国家垂直管理部门的信息共享程度仍然较低，企业无法实现多式联运信息整合共享；推进交易平台一体化的基础性保障仍然比较弱，跨区域平台链接不够充分，标准统一、规则一致的基础性工作推进比较缓慢，特别是数据共享更难。在地方长江航道管理中涉及中央和地方的海事管辖，同时也涉及水利、海事、港航、公安、渔政等多部门执法，但各部门往往"单打独斗"未能做到常态化的联合执法，对航道中的违法行为的处罚有限。对于上述问题，涉及中央政府和地方政府之间、地方省市县乡各级政府之间相关事权、责任、财力之间的合理划分，也涉及政府内部各部门的权责划分。从目前情况看，打破"行政区经济"，建设统一大市场，构建跨行政区合作发展新机制，形成多部门共同治理的局面仍任重道远。

四是外向型经济遇到国际新形势挑战。外向型经济模式不仅是长三角地区的经济特征，也是长江经济带的共同特征。近年来受国际形势的影响，中芯国际、海康威视、浙江大华等一批长三角龙头企业屡屡成为主要大国重点关注对象或被纳入"实体清单"。更主要的是，国际经贸新规则，包括产地原则、竞争中性等，以及最新的碳关税等措施，对长江经济带的外贸出口或者外向型经济带来更大挑战。在长三角地区，可能还面临商务成本居高不下的挑战，其用工成本已经比东南亚国家如越南、老挝、缅甸等要高 4 倍以上，一些对用工成本因素比较敏感的行业，产业向外转移已渐成趋势，对稳增长、稳就业都带来一系列新挑战。

10.3 "十五五"时期长江经济带发展的新要求与总体思路

10.3.1 "十五五"长江经济带发展的新要求

"十五五"是中国式现代化建设新征程中的关键五年，也是长江经济带建设进入第三个五年的重要时期。深入贯彻落实习近平总书记关于长江经济带发展的系列重要讲话精神，根据党的二十大和二十届三中全会的相关战略部署，对"十五五"长江经济带发展有四点新要求：

一是进一步推动长江经济带高质量发展，更好地支撑和服务中国式现代化。其中生态环境建设和农业农村现代化，是长江经济带实现高质量发展的两大重点领域或重要检验。习近平总书记在南昌座谈会上的讲话中特别强调，推动长江经济带高质量发展，根本上依赖于长江流域高质量的生态环境，要毫不动摇坚持共抓大保护、不搞大开发，在高水平保护上下更大功夫。另外，党的二十大报告提出，"全面建设社会主义现代化国家，最艰巨最繁重的任务仍然在农村"，对长江经济带来说，无论是高质量发展，还是践行中国式现代化建设，最艰巨、最繁重的任务也在农村，城乡之间仍然存在较大差距，缩小城乡差距的实现路径，就是要加快完善城乡融合发展体制机制，构建以工补农、以城带乡的新型工农关系。

二是进一步推动长江经济地调整优化生产力布局，积极培育新质生产力。党的二十届三中全会决定提出，健全因地制宜发展新质生产力体制机制，推动技术革命性突破、生产要素创新性配置、产业深度转型升级，推动劳动者、劳动资料、劳动对象优化组合和更新跃升，催生新产业、新模式、新动能，发展以高技术、高效能、高质量为特征的生产力。长三角、长江中游、成渝三大城市群，将成为我国培育新质生产力的重要承载空间，而且也将驱动长江经济带新一轮的生产力布局调整优化。

三是进一步深化长江经济带区域市场一体化，助力全国统一大市场建设。构建高水平社会主义市场经济体制，必须建立全国统一大市场。2022年3月，中共中央、国务院印发《关于加快建设全国统一大市场的意见》，此后主要在京津冀、长三角和成渝三个跨省级行政区的城市群进行试点。二十大报告也明确提出，构建全国统一大市场，深化要素市场化改革，建设高标准市场体系。党的二十届三中全会决定对构建全国统一大市场进行了部署，要求推动市场基础制度规则统一、市场监管公平统一、市场设施高标准联通。现阶段推进全国统一大市场建设的障碍主要在于我国的地方保护和行政壁垒问题还比较突出。"十五五"时期，可在长三角、成渝两大区域先行先试基础上，在长江经济带九省二市的更大区域，以一体化的思路和举措打破行政壁垒，推进区域市场一体化，让要素在更大范围内畅通流动，具有更加重要的现实意义。

四是进一步提升长江经济带新型城镇化水平，在促进农民工市民化中有更多作为。新型城镇化就是以人为核心的城镇化，这里的以人为核心，不仅包含了提升城镇居民的品质生活，更多强调了农业转移人口的城镇化或市民化，特别是异地转移农民工的市民化。党的二十届三中全会关于健全推进新型城镇化体制机制的部署提出，推行由常住地登记户口提供基本公共服务制度，推动符合条件的农业转移人口社会保险、住房保障、随迁子女义务教育等享有同迁入地户籍人口同等权利，加快农业转移人口市民化。2024 年 8 月，国务院印发《深入实施以人为本的新型城镇化战略五年行动计划》，在部署的四大重点行动中，列在首位的就是新一轮农业转移人口市民化行动，提出经过 5 年努力农业转移人口落户城市渠道进一步畅通，常住人口城镇化率提升至接近 70%。长江经济带的长三角地区及各省会城市，是农民工主要的流入地，其中有相当比重的农民工其流出地就在长江经济带区域，更加主动作为，加快提升新型城镇化水平，既可以为经济发展提供新动能，更可以为加快中国式现代化建设打下坚实基础。

10.3.2 "十五五"长江经济带发展的总体思路

主要基于以上的四个新要求，这里我们研究提出"十五五"长江经济带发展的总体思路与措施建议。

10.3.2.1 推动经济社会全面绿色转型，在高水平生态环境保护上下功夫

要全面贯彻践行习近平经济思想、习近平生态思想，推动共抓大保护走向纵深，推动经济社会全面绿色转型。中共中央、国务院于 2024 年 7 月发布了《关于加快经济社会发展全面绿色转型的意见》，为长江经济带引领全面绿色转型提供了指引。"十五五"时期，一要严格落实《长江经济带—长江流域国土空间规划（2021—2035 年）》，优化国土空间开发保护格局。严守耕地和永久基本农田、生态保护红线、城镇开发边界三条控制线，优化各类空间布局。加快建设以国家公园为主体、自然保护区为基

础、各类自然公园为补充的自然保护地体系,加强生态环境分区管控;完善生态补偿机制,有力支持长江中上游地区的生态环境保护;协同推进降碳、减污、扩绿、增长,把产业绿色转型升级作为重中之重,加快培育壮大绿色低碳产业,积极发展绿色技术、绿色产品,提高经济绿色化程度,增强发展的潜力和后劲。

二要打造绿色发展高地。加强区域绿色发展协作,探索生态优先、绿色发展新路径,建设世界级绿色低碳产业集群,打造绿色低碳高质量发展的增长极和动力源。重点推进钢铁、有色、石化、化工、建材、造纸、印染等传统行业的绿色低碳改造升级,在战略性新兴产业建设绿色制造体系和服务体系,不断提升绿色低碳产业在经济总量中的比重。

三要推动数字化绿色化协同转型发展。用数字技术赋能能源变革,加快可再生能源、储能、资源循环利用、能源智慧管理、分布式电网、能源安全等的技术进步;用数字技术提升碳排放监测水平,如把智能仪表、传感器、数据管理平台、天基互联网等应用到碳排放监测,提升碳管理体系或管理平台的技术水平,提高监测技术的精准水平和智慧处置能力。

四是大力发展绿色金融。推动绿色金融与科技金融、数字金融协同发展,推动绿色金融与普惠金融、养老金融协同发展,更好推动长江经济带绿色低碳高质量发展。

五是分类探索实施生态价值实现机制。在乡村地区,坚持生态优先绿色发展,大力开展环境综合整治,建设标准化绿色农田,挖掘和厚植乡村文化元素,以绿色农业、美丽乡村、休闲旅游,乃至探索实践林业碳汇,打造乡村产业振兴的新基底,促进乡村生态优势转化为经济发展优势;在城市地区,抓住城市生态治理契机,通过打造生态良好、社区友好便捷的城市宜居环境来吸引创新型企业总部和人才的落户,从而将生态优势转化为创新竞争优势。在生态保护功能地区,完善横向生态保护补偿机制,激发全流域参与生态保护的积极性。

10.3.2.2　推动科技创新与产业创新的跨区域协同,积极引育新质生产力

习近平总书记强调,要坚持创新引领发展,把长江经济带的科研优势、人才优势转化为发展优势,积极开辟发展新领域新赛道,塑造发展新

动能新优势。在深入推进长三角一体化发展座谈会上，习近平总书记强调，"长三角区域要加强科技创新和产业创新跨区域协同。要跨区域、跨部门整合科技创新力量和优势资源，实现强强联合，打造科技创新策源地"。

一要推进三个层面的跨区域协同。科技创新的跨区域协同，加快建设上海具有全球影响力的科技创新中心，积极支持合肥综合性国家科学中心、成渝综合性科学中心建设，推动沿江省市建设好国家产业创新中心、国家工程研究中心、国家企业技术中心等高水平创新平台，在科技前沿领域建设战略科技力量，增强科技创新策源能力。产业创新的跨区域协同，重点是提升区域产业分工协作水平，发挥各地比较优势，促进产业有效转移，优化沿江石化、钢铁等重点产业空间布局，促进数字经济和实体经济深度融合，推动重点领域节能降碳改造升级，巩固提升长江经济带在电子信息、汽车、生物医药、化工、轻纺等领域的全产业链竞争力。科技创新与产业创新的跨区域深度融合，就是要催生新产业新业态新模式，拓展新空间，培育新动能，形成新质生产力的优势，打造世界级产业集群。

二要积极构建分层协同的区域创新体系。把握长江经济带多层次空间特征，依托长三角城市群、长江中游城市群和成渝城市群，建设三大科技研发创新集群，布局未来健康、未来信息、未来交通、未来能源等新领域，聚合力量共同建设具有全球影响力的科技创新带。其中长三角城市群要整合力量，在集成电路、生物医药、人工智能等关键核心技术领域构建由企业引领的创新联合体，尽快取得突破，打造世界级产业集群。长江中游城市群和成渝城市群要围绕创新驱动发展的战略需要，大力提升产业技术研发创新能力，有力支撑战略性新兴产业发展和承接产业转移。

三要促进中心城市创新链与各中小城市产业链的深度融合。把握创新链更加集中在中心城市，产业链将不断向中心城市周边的中小城市，以及内陆中小城市转移的总体趋势，构建合作共赢的利益机制，调动中心城市与中小城市双方的合作积极性，完善产业转移协同创新体系。要深化创新链产业链的跨区域协同融通，搭建横跨三大城市群的各类创新公共服务平台，健全共建共享机制，让各地企业可以便捷低成本共享；要支持各地在中心城市建立研发中心、设计中心，即创办逆向创新飞地，促进空间融合、资源共享;要推进人才、技术、资金等要素的跨区域畅通流动,形成市场导向的配置机制,促进区域共享。

10.3.2.3 积极推进高层次协同开放,更好联通两个市场好用两种资源

高层次协同开放一方面展现的是面向未来,在中国式现代化建设征程中,积极对标国际最高标准最好水平,稳步扩大规则、规制、管理、标准等制度型开放,以高水平开放促高质量发展,共筑强劲活跃的开放动能和引领功能;另一方面展现的是长江经济带战略的聚合带动效应,加强改革经验互学互鉴和复制推广,上海的全球枢纽功能、各中心城市的开放引擎动能,以及在区域纵深空间释放出来的开放溢出效应,形成长江经济带东西双向、海陆统筹的开放新格局。

一要协同增强上海的高水平开放枢纽门户功能。上海聚焦建设"五个中心"和加快建成具有世界影响力的社会主义现代化国际大都市,是一项重要的国家战略。其中的核心要义之一,就是要增强上海的高水平开放枢纽门户功能,进而增强上海的全球性综合枢纽功能,包括了资源配置、科技创新、产业链、供应链、服务贸易、跨境电商等。上海聚力建设高水平开放枢纽门户,离不开长江经济带各地,尤其是苏浙皖的协同共建,包括了各地协同提供开放需求,形成上海建设高水平开放枢纽门户的最积极而又最重要的需求动能;协同提供区域比较优势,向上海直接注入长板资源,参与上海的高水平开放枢纽门户的共建共享,也可以直接加入上海拓展到各地乃至"一带一路"的大平台网络,助推上海的枢纽功能建设;协同提供建设空间,如港口一体化等,以协同开放提升整体实力。

二是协同提升各中心城市的高水平开放引擎动能。长江经济带各个省会城市以及 GDP 超万亿元的城市都属于中心城市,不断深化对外开放、构筑开放型经济优势,是各个中心城市的共同成长轨迹和特点,其中近年来率先推动高水平对外开放的,主要设置在各个中心城市的自贸区片区。要坚持开放创新理念,发挥各地自贸区推进制度性开放的先行先试优势,共建国际合作交流平台,汇聚全球创新资源,营造更具全球竞争力的创新生态。联合出海,在创新资源丰富的国家或地区,共建共享一批海外孵化(创新)中心、国际联合实验室(国际联合研究中心)。联合举办,充分发

挥世界顶尖科学家论坛、世界互联网大会、世界制造业大会、世界青年科学家峰会等的国际化效应，打造全球高端科技人才集聚、交流与合作平台。联合引才，共享海外引才渠道，探索国际人才互认，吸引和集聚全球高层次科技创新人才。在引进来和走出去的科技创新合作上，探索引入离岸管理模式。

三是协同释放全区域的高水平开放溢出效应。上海的全球性开放枢纽门户、各个中心城市的高水平开放引擎，将向长江经济带的更多地区、更多领域释放出积极活跃的溢出效应，促使更多的中小城市主动接轨和融入上海及各个中心城市，复制推广开放新经验，不断改善营商环境，主动加入区域产业链、供应链体系，共享高水平开放成果。推进内陆开放型高地建设，加快中欧班列和西部陆海新通道建设，提升中西部地区对外开放水平。另外，面对商务成本高企的现实，要促进中心城市的出口型企业充分发挥各地比较优势，通过构建利益共享机制，推动产业链向长江中上游地区有效转移，深化与"一带一路"国家和地区的贸易往来和产业合作，增强国内国际两个市场两种资源的联动效应。

10.3.2.4 积极推进区域统一大市场建设，促进要素畅通流动高效配置

建设全国统一大市场是一个渐进的过程。长江经济带可在长三角城市群、长江中游城市群、成渝城市群三地现行推进区域市场一体化建设的基础，进一步串联云南、贵州，在整个长江经济带区域推进区域统一大市场建设。

一要加快基础制度规则统一，为市场一体化提供保障。坚持先行先试，实施开放透明的市场准入制度、产权保护制度、协同监管制度、社会信用制度等，加快破除地方壁垒，为区域市场一体化建设提供制度保障。特别要清理和废除妨碍区域统一市场和公平竞争的各种规定和做法。

二要聚力提高交通物流设施互联互通水平，提高效率，降低成本。要对标国际、连接国际，确立一体化、枢纽化、国际化、智能化的市场设施高标准建设愿景导向，加快建设国际先进的现代流通网络和市场交易网络，夯实长江经济带区域市场一体化发展的基底。补齐短板，继续加大力度推进重大通道建设，完善长江经济带立体交通体系；布局建设若干专业

航空货运枢纽,推进冷链基地和冷链物流体系建设。提升能级,推进一批公水海铁空联运通道的扩容改造,包括铁路枢纽扩容改造、集装箱办理站建设、货线铁路扩大运能、运河航道升级、公水多式联运枢纽铁路专用线、综合物流园区等;优化海铁联运、江海联运、海河联运、空陆联运四大网络布局,推进多式联运"一单制";要加强资源协同,促进物流联动发展、降低成本。

三要加强要素市场一体化建设,畅通创新要素有效配置。以各地交易平台开通接口、深度链接为抓手,加快探索数据共享、平台一体化实现机制。可参照长三角公共资源交易统一门户一体化服务平台做法,在各交易市场设置统一门户的一体化服务平台,如重要商品交易平台、技术交易平台、产权交易平台、数据交易平台、人才市场平台等。以一体化服务平台建设为抓手,加快推进标准统一、规则一致、资质互认、数据共享等基础创新。特别要在交易市场基础数据跨区域共享方面实现破题。要在制度性保障、利益协调机制、数据共享平台建设三个方面进行创新突破。

四要加快消费市场大统一,不断激发消费大动能。推动商品和服务市场制度规则协同,在重点领域持续开展联合突破行动,强化新兴产业质量提升、标准制定等联动。

五要加强跨区域联合行动,推进市场监管公平统一。协同推动市场监管标准和规则统一,强化统一市场监管执法,推进智慧监管,打破地方保护和区域壁垒,联合开展反垄断和反不正当竞争。

10.3.2.5 深入实施新型城镇化战略,积极推进农业转移人口市民化

在长江经济带深入实施以人为本的新型城镇化,加强长江经济带区域九省二市的统筹,加强新型工业化、新型城镇化与乡村全面振兴的统筹,更加有效实施新一轮农业转移人口市民化行动、潜力地区城镇化水平提升行动、现代化都市圈培育行动、城市更新和安全韧性提升等四大重点行动。

一要提高认识,调动长三角地区和各个中心城市吸纳农业转移人口、完成市民化过程的积极性。以进城农民工及其随迁家属为重点,统筹推进户籍制度改革,健全常住地提供基本公共服务制度,解决好农业转移人口

最关心的稳定就业、子女教育、住房保障、社会保险等问题。要设立中央财政转移支付机制，对农民工市民化过程中的住房保障、社会保险等，对地方提供一定的补助。要建立相应的住房保障建设用地指标挂钩机制，解决因人口增加带来的建设用地指标瓶颈。

二要积极推动都市圈深度同城化建设。率先在各个都市圈，以深度同城化为抓手，推进区域一体化建设。深度同城化，包括"六个同城"，即基础设施同城、要素流动同城、核心功能同城、就业通勤同城、公共服务同城、社会治理同城。主要在公共领域的规划、建设、管理及政策制度方面，构建"标准统一、规则一致、平台链接、数据共享、一网通办"的框架体系和体制机制，推动城市间深度融合，让都市圈不仅有更大的产业和人口承载能力，还拥有更强的动力系统和统筹城乡发展、区域发展的能力，在新型城镇化中发挥更大的作用。

参考文献

［1］成长春、徐长乐、叶磊等：《长江经济带协调性均衡发展指数报告（2021—2022)》，社会科学文献出版社 2023 年版。

［2］成长春：《进一步推动长江经济带高质量发展》，《红旗文稿》2023 年第 20 期。

［3］国务院参事室："推动长江经济带高质量发展"课题组：《长江经济带高质量发展研究报告（2023—2024)》，社会科学文献出版社 2024 年版。

［4］刘志彪、陈长江、叶茂升：《以区域协同融通推进长江经济带高质量发展》，《当代财经》2024 年第 2 期。

［5］秦尊文、路洪卫：《强化长江经济带区域协同融通》，《光明日报》2024 年 1 月 25 日。

［6］尚勇敏、海骏娇：《长江经济带生态发展总报告：2021—2022》，载于《长江经济带蓝皮书 2021—2022》，社会科学文献出版社 2022 年版。

［7］王鹤鸣、田双清、陈乐宾等：《新发展格局下长江经济带协调发

展：新动能、新挑战与新路径》，《长江流域资源与环境》2023 年第 32 期。

　　[8] 王振、杨昕、王晓娟等：《长江经济带发展蓝皮书 2022—2023》，社会科学文献出版社 2023 年版。

　　[9] 王振：《深化创新链产业链跨区域合作》，《经济日报》2024 年 1 月 1 日。

　　[10] 王振等：《长江带创新驱动发展的协同战略研究》，上海人民出版社 2018 年版。

　　[11] 吴滨、胡哲力：《长江经济带产业绿色转型升级：进展、挑战与路径》，《治理现代化研究》2024 年第 40 期。

　　[12] 严飞：《长江中游城市群绿色低碳协同发展面临的困境与对策研究》，《环境经济研究》2024 年第 9 期。

　　[13] 张学良主编：《2022—2023 中国区域经济发展报告》，人民出版社 2023 年版。

　　[14] 赵晨熙：《长江流域 19 省（区、市）均完成"十三五"水环境质量约束性指标》，《法治日报》2021 年 6 月 9 日。

　　[15] 赵展慧：《经济持续健康发展，生态环境明显改善　长江经济带发展取得历史性成就》，《人民日报》2021 年 1 月 6 日。

　　[16] 郑栅洁：《深入学习贯彻习近平总书记关于推动长江经济带发展重要论述精神　奋力谱写长江经济带高质量发展新篇章》，《习近平经济思想研究》2023 年第 1 期。

　　[17] 周宏春：《长江经济带绿色发展的机遇挑战、转型路径与对策建议》，《鄱阳湖学刊》2024 年第 1 期。

11

面向"十五五"的黄河流域生态保护和高质量发展

黄河是中华民族的母亲河，孕育了古老而伟大的中华文明，推动黄河流域生态保护和高质量发展是事关中华民族伟大复兴的千秋大计。2019年9月，习近平总书记在河南省郑州市主持召开黄河流域生态保护和高质量发展座谈会并发表重要讲话。他强调，要坚持绿水青山就是金山银山的理念，坚持生态优先、绿色发展，以水而定、量水而行，因地制宜、分类施策，上下游、干支流、左右岸统筹谋划，共同抓好大保护，协同推进大治理，着力加强生态保护治理、保障黄河长治久安、促进全流域高质量发展、改善人民群众生活、保护传承和弘扬黄河文化，让黄河成为造福人民的幸福河。2021年10月，习近平总书记在山东省济南市主持召开深入推动黄河流域生态保护和高质量发展座谈会并发表重要讲话。他指出，要科学分析黄河流域生态保护和高质量发展形势，把握好推动黄河流域生态保护和高质量发展的重大问题，咬定目标、脚踏实地，埋头苦干、久久为功，确保"十四五"时期黄河流域生态保护和高质量发展取得明显成效，为黄河永远造福中华民族而不懈奋斗。黄河流域生态保护和高质量发展上升为国家重大区域战略以来，黄河流域9省区认真贯彻落实习近平总书记的系列重要讲话精神，全面实施国家战略部署，在生态保护、环境治理、产业发展、民生改善等领域取得显著成效。黄河流域生态保护和高质量发展，为我国北方经济高质量发展提供了支撑，推动了国内大循环体系的良性互动，为我国新发展格局贡献了力量。

　　"十五五"时期是以中国式现代化全面推进强国建设、民族复兴伟业的关键时期，也是进一步全面推动黄河流域生态保护和高质量发展的重要时期。进一步全面推动黄河流域生态保护和高质量发展这一重大国家区域发展战略的落地落实，要继续贯彻落实好习近平总书记在郑州座谈会和济南座谈会以及在黄河流域考察时的重要讲话精神，共同抓好大保护，协同推进大治理，着力加强生态保护治理、保障黄河长治久安、促进全流域高质量发展、改善人民群众生活、保护传承和弘扬黄河文化，让黄河成为造福人民的幸福河。

11.1 "十五五"时期黄河流域生态保护和高质量面临的机遇和挑战

11.1.1 面临的机遇

"十五五"时期乃至更长一段时期内，黄河流域生态保护和高质量发展仍然面临着良好的发展机遇。黄河流域各省区抓住机遇、乘势而上，深度融入国家重大发展战略，深度对接区域协调发展战略，稳中求进、进中向好、好中谋优，努力使黄河流域成为北方地区经济重要增长带。"十五五"时期，黄河流域生态保护和高质量发展面临的发展机遇主要有：

一是战略机遇。面临百年未有之大变局，国际经济格局和产业格局的大调整，我国为了抢抓机遇推动实现中国式现代化，在生态建设、产业发展、区域联动、民生改革等领域先后出台了一系列重大战略，推动经济社会高质量发展。这也为黄河流域生态保护和高质量发展带来了重大战略机遇。"南水北调""西电东送""东数西算""西气东输"等一系列重大跨区域工程的实施，将加快北方经济崛起，推动黄河流域成为支撑我国经济高质量发展的重要经济增长带。

二是制度机遇。党的二十届三中全会明确提出，要完善实施区域协调发展战略机制，优化长江经济带发展、黄河流域生态保护和高质量发展机制。共建"一带一路"向纵深发展，中欧班列带动国际贸易蓬勃发展，西部大开发加快形成新格局，黄河流域东西双向开放前景更加广阔。国家治理体系和治理能力现代化进程明显加快，高水平社会主义市场经济体制逐渐形成，为黄河流域生态保护和高质量发展提供了稳固有力的制度保障。

三是创新机遇。一方面是科技创新为黄河流域生态保护和高质量发展提供了新质生产力。新一轮科技和产业革命步伐加快，新技术、新产业、新业态和新模式不断涌现,绿色技术、新兴产业层出不穷,这为黄河流域生态保护和高质量发展带来了创新机遇。另一方面是体制机制创新为黄河流域生态保护和高质量发展创造了新型生产关系。体制机制创新推动制度创新,为加快形成适应新质生产力的新型生产关系创造了条件。

四是政策机遇。为了加快形成新发展格局,我国先后在区域经济发展上实施一系列重大改革举措,推动区域经济四大板块高质量发展,畅通内循环、对接外循环,经济双循环体系更加高效,南北分化趋势初步得到遏制。黄河流域生态保护和高质量发展是国家重大区域发展战略,国家将继续出台支持政策,这将为黄河流域的高质量发展继续输入政策红利。

五是社会机遇。我国社会各阶层追求经济高质量发展的氛围更加浓厚,社会发展活力更加凸显,建设美丽中国的愿望更加迫切,全民生态保护的意识显著增强。党的十八大以来,我国生态文明建设全面推进,"绿水青山就是金山银山"的发展理念深入人心,沿黄人民群众追求青山、碧水、蓝天、净土的愿望更加强烈。这为黄河流域生态保护和高质量发展奠定了良好的社会基础。

11.1.2 面临的挑战

"十五五"时期,黄河流域生态保护和高质量发展还面临一些挑战,主要表现为黄河一直"体弱多病",生态本底差,水资源十分短缺,水土流失严重,资源环境承载能力弱,沿黄各省区发展不平衡不充分问题尤为突出。具体而言,包括以下几个方面。

一是水资源短缺的矛盾尚未缓解。水资源短缺仍是"十五五"时期黄河流域面临的最大矛盾。黄河上中游大部分地区位于 400 毫米等降水量线以西,气候干旱少雨,多年平均降水量 446 毫米,仅为长江流域的 40%;并且年内分配极为不均,冬干春旱,夏秋多雨,6—9 月降水量占全年的 70%左右。黄河多年平均水资源总量 647 亿立方米,不到长江的 7%,仅占全国河川径流总量的 2%。黄河流域人均水资源量不足 600m³,为全国人均水量的 1/4。黄河水资源开发利用率高达 80%,远超 40%的生态警戒线。黄河流域社会经济可持续发展受到水资源的严重制约,黄河流域现状约有 14%的农田无水可灌,部分能源、煤化工及石油化工项目因缺水而无法落实，预测 2035 年黄河流域多年平均河道外经济社会需水量约为 $545×10^8$ m^3，河道外缺水量约为 $136×10^8 m^3$。

二是生态脆弱性问题依然存在。黄河流域生态脆弱区分布广、类型多，上游的高原冰川、草原草甸和三江源、祁连山，中游的黄土高原，下游的黄河三角洲等，都极易发生退化，恢复难度极大，并且恢复过程缓慢。黄河流域位于我国干旱、半干旱地区，流经黄土高原水土流失区和五大沙漠沙地，生态系统脆弱，时刻面临着生态退化、荒漠化、沙漠化威胁，流域 3/4 左右的面积属于中度以上脆弱区。受气候、地形、水资源等条件的影响，流域内各地区人口分布不均，全流域 70% 左右的人口集中在龙门以下的中下游地区，而该区域面积仅占全流域的 32% 左右。黄河流域近年来水环境质量持续改善，但总体上仍然低于全国平均水平，草地、湖泊、湿地等生态系统局部退化。黄河流域水土流失面积占流域总面积的 32.15%，内蒙古自治区、陕西省、甘肃省和山西省水土流失面积占全流域水土流失总面积的 75.85%。

三是保障黄河安澜任务艰巨。水沙关系不协调，下游泥沙淤积、河道摆动、"地上悬河"等老问题尚未彻底解决，下游滩区仍有近百万人受洪水威胁，气候变化和极端天气引发超标准洪水的风险依然存在。黄河下游地上"悬河"近 800 公里，其中山东黄河干流 628 公里，占"悬河"总长度的 80% 以上，防汛形势严峻复杂。黄河流域降雨量在时间和空间上都极不均衡，雨季降雨量大，并且集中在部分区域，较易造成特大洪水。

四是高质量发展仍然不够充分。黄河流域各省区传统产业比重较高，产业低质低效问题仍然较为突出。黄河流域上中游地区主导产业以能源化工、原材料、农牧业等为主的特征明显，缺乏有较强竞争力的新兴产业集群，产业转型升级的任务繁重；黄河流域下游省区的重化工业占比较高，实现绿色低碳高质量发展的任务较为艰巨。黄河流域支撑高质量发展的人才、资金等要素外流较为严重，新型要素资源比较缺乏。

五是流域协同合作水平仍需提升。沿黄各省区经济联系度历来不高，区域分工协作意识不强，高效协同发展机制尚不完善，流域治理体系和治理能力的现代化水平不高。黄河流域省区之间的产业合作和要素共享水平低于长江流域和珠江流域，流域协同合作水平仍需提升；黄河流域的制度改革和体制机制创新的步伐较为缓慢,创新创业氛围不太浓厚。

11.2 "十五五"时期黄河流域生态保护和高质量发展的基础和条件

习近平总书记对黄河流域生态保护和高质量发展一直念兹在兹,多次实地考察黄河流域生态保护和经济社会发展情况,就推进黄河流域生态保护和高质量发展作出重要指示批示。在习近平总书记亲自擘画、亲自部署、亲自推动下,黄河流域生态保护和高质量发展取得显著成效,为"十五五"时期推动黄河流域生态保护和高质量发展奠定了雄厚基础,创造了有利条件。

11.2.1 生态多样性逐步恢复,生态环境持续明显向好

围绕打造健康河流生态系统,黄河流域上中下游各省区认真践行习近平生态文明思想,因地制宜推进黄河生态廊道建设。甘肃兰州打造百里黄河风情带,推动生态廊道建设与城市高质量发展有机融合;宁夏银川通过退耕还林还草还湿,打造滩涂湿地生态带;内蒙古打造800公里长的沿黄生态廊道,构筑黄河流域安全生态屏障;山西积极推进汾河、涑水河等七条河流生态廊道建设,开建一批生态治理工程;河南和山东也积极实施黄河生态廊道建设重大工程,增强黄河下游地区生态屏障功能。黄河流域初步构建起以国家公园为主体的自然保护地体系,生态功能稳步提升。三江源等重大生态保护和修复工程加快实施,上游水源涵养能力稳定提升。中游黄土高原蓄水保土能力显著增强,实现了"人进沙退"的治沙奇迹,库布齐沙漠植被覆盖率达到53%。下游河口湿地面积逐年回升,生物多样性明显增加。水利部水土流失动态监测成果显示,黄土高原地区近一半的水土流失面积得到初步治理,主色调渐次由"黄"变"绿"。从2018年起连续实施的黄河生态调水,极大改善了湿地生态环境,为河口地区鱼

类洄游和产卵提供了有利条件。黄河三角洲河口湿地恢复区的明水水面已由统一调度前的 15% 增加到 60%，区域内有 1900 余种植物，鸟类从 187 种增加到 371 种，鸟类数量达数百万只，湿地生态系统实现良性恢复。

11.2.2 "九龙治水"形成合力，水资源治理成效显著

党的十八大以来，以习近平同志为核心的党中央着眼于生态文明建设全局，明确了"节水优先、空间均衡、系统治理、两手发力"的治水思路，加快黄河流域水沙治理。近年来，黄河流域实施水资源消耗总量和强度双控，流域用水增长过快局面得到有效控制，入渤海水量年均增加约10%，通过引水调水工程为华北地区提供了水源，有力支撑了经济社会可持续发展。黄河流域防洪减灾体系基本建成，保障了伏秋大汛岁岁安澜，确保了人民生命财产安全。黄土高原水土保持治理深入推进，陕西加快淤地坝建设，有效调节水沙关系；龙羊峡、小浪底等大型水利工程充分发挥作用，河道萎缩态势初步遏制，黄河含沙量近 20 年累计下降超过 8 成。黄河中游新建淤地坝 1461 座、粗泥沙集中来源区拦沙坝 2559 座，实施坡耕地水土流失综合治理 407 万亩，新增保土能力 4600 万吨。沿黄各省区"千吨万人"水源保护区完成划定，水源地环境整治有力推进，黄河水质明显改善。Ⅰ—Ⅲ类水质断面比例达到 84.7%，比 2019 年上升 11.7 个百分点，全面消除劣五类断面，干流水质为优，支流水质良好。

11.2.3 产业转型升级步伐加快，经济持续稳定高质量发展

从三次产业的结构变动看，黄河流域各省区总体呈现"一产降低、二产持平、三产提升"的特征。各省份第一产业占比普遍呈现缩减趋势，由2001 年的 15%—20% 降至 2022 年等于或低于 10% 水平，尤其在上游四川、中游内蒙古及下游的河南省，其缩减幅度更为明显，达到近 50%。各省份第二产业平均占比约 50%，呈现出波动中稳定的特征。其中，青海、四川、内蒙古、陕西和山西经历了先增后减的变化趋势，2011 年前后第二产业占比一度达到 60% 左右；而甘肃、河南、山东第二产业则呈现持续缩减的趋势，缩减幅度在 2011 年后愈加明显，至 2024 年二产占比仅约为 40%。各省去第三产业占比增长较快，青海、四川、甘肃等上游省区在旅游业带

动下三产比重较快攀升，河南、山东等下游省份三产比重超过 GDP 的 50%，并呈持续增长的态势。2011 年以来，黄河流域高新技术产业发展迅猛，高新技术企业工业总产值由约 2.20 万亿元攀升至 2024 年超过 10 万亿元，增长了近 5 倍。黄河流域 9 省（区）GDP 总量从 2001 年的约 2.50 万亿元增长到 2024 年的 33.37 万亿（预计数），占全国比重达到 25.21%（见表 11-1）。

表 11-1　黄河流域 9 省区 GDP 占全国经济比重

	2001 年	2006 年	2011 年	2019 年	2022 年	2023 年	2024 年 E
全流域	23.94%	27.88%	28.74%	25.08%	25.37%	25.10%	25.21%
青海	0.27%	0.30%	0.34%	0.30%	0.30%	0.30%	0.30%
四川	3.87%	3.96%	4.31%	4.73%	4.69%	4.77%	4.82%
甘肃	1.02%	1.04%	1.03%	0.88%	0.93%	0.94%	0.95%
宁夏	0.30%	0.33%	0.43%	0.38%	0.42%	0.42%	0.43%
内蒙古	1.55%	2.25%	2.94%	1.74%	1.91%	1.95%	1.97%
陕西	1.81%	2.16%	2.56%	2.61%	2.71%	2.68%	2.69%
山西	1.83%	2.22%	2.30%	1.73%	2.12%	2.04%	2.04%
河南	4.99%	5.63%	5.52%	5.50%	5.07%	4.69%	4.71%
山东	8.29%	9.98%	9.30%	7.20%	7.22%	7.30%	7.30%

注：数据来源为国家统计局；2024 年为预计数，根据政府工作报告中的经济增长目标测算。

　　黄河流域产业结构调整取得显著成效，各省区划定粮食生产功能区，大力推广良种良法配套，资源高效利用的绿色高质高效生产模式，粮食生产连年丰收，粮食净调出量不断增加。积极推进"北煤南运""西电东送""西气东输"，陕西一次能源产量超过七成外送全国各地，内蒙古、山西等推动"煤炭产业独大"向新材料、高端化工等多元产业延伸，大力延伸精细煤化工产业链。围绕绿色经济，沿黄省区落实国家"双碳"目标，积极发展清洁能源，内蒙古、甘肃等省区大力发展以风电、太阳能发电等为代表的可再生能源。宁夏以先行区建设统揽经济社会发展，大力发展清洁能源、新型材料等重点产业。郑州、西安、济南等中心城市和中原等城市群加快建设，全国重要的农牧业生产基地和能源基地的地位进一步巩固，新的经济增长点不断涌现。沿黄省（区）积极实施"双碳"行动，能耗双控各项工作取得实效，能源利用效率明显提升，山东、内蒙古能耗强度降低率达到进度要求，河南、甘肃、四川能耗强度有所降低。甘肃、山西、山东、河北、内蒙古的能源消费总量控制目标都达到了进度要求。围绕文化旅游产业高质量发展，沿黄省区加强系统性保护和整体性保护，强化创新性发展和现代化传播，彰显黄河流域非物质文化遗产的时代价值，推动建立非遗保护传承弘扬协同机制。

11.2.4 积极探索生态产品价值实现的有效路径，社会民生大幅度改善

沿黄各省区积极探索生态产品价值实现的有效路径，河南、山东两省签订《黄河流域（豫鲁段）横向生态保护补偿协议》，甘肃与四川签订《黄河流域（四川—甘肃段）横向生态补偿协议》，开启了黄河流域跨省区横向生态补偿的实践探索。山东积极构建生态产品价值核算体系、价值实现体系和生态产品交易体系，探索建设排污权、用能权、用水权交易市场。积极推进黄河立法各项工作，《中华人民共和国黄河保护法》颁布实施。通过持续开展黄河下游防洪工程建设和调水调沙，黄河下游防洪工程体系更加完善，主槽过流能力由 2002 年 1800 立方米每秒提升至 5000 立方米每秒量级，洪水漫滩概率不断降低，有力地保障了滩区群众生命财产安全。民生改善通常体现在收入水平提升、医疗条件完善、教育质量增强和社会保障健全等维度。2011—2023 年，黄河流域 9 省区城乡居民收入均出现大幅度增长，增幅接近 3 倍；医疗机构床位数和卫生技术人员数量分别增长 81.4% 和 59.7%。黄河流域各省区每十万人高等教育在校生人数的增幅都在 30% 以上，陕西省增幅最大，高于全国平均水平；其他省区接近全国平均水平。2011—2023 年，以黄河流域为整体计算其五类保险参保人数占比，均呈现增长态势，尤其在基本医疗保险参保方面，中央给予大量的财政资金支持和补贴，2023 年人数占比超越全国平均水平，已基本实现参保全覆盖。在移民迁建和共同富裕方面，青海大力实施三江源、祁连山国

家公园青海片区核心保护区等高海拔地区生态移民工程，在有效保护生态的同时，使生态脆弱地区的群众快速摆脱了贫困。河南综合施策解决黄河滩区脱贫迁建难题，补齐经济社会保障短板，30万名迁建群众搬离黄河滩。山东全面完成滩区迁建工程建设任务，彻底改变了群众居住条件、大幅改善了滩区生态、有力地推动了产业发展群众增收。沿黄河9省区近1600万贫困人口全部摆脱贫困，滩区居民迁建工程加快推进，百姓生活得到显著改善。

11.3 "十五五"时期黄河流域生态保护和高质量发展的战略任务

"十五五"时期，黄河流域生态保护和高质量发展要以习近平新时代中国特色社会主义思想为指导，全面贯彻党的二十大和二十届三中全会精神，增强"四个意识"、坚定"四个自信"、做到"两个维护"，坚持以人民为中心的发展思想，坚持新发展理念，构建新发展格局和新安全格局，准确把握重在保护、要在治理的战略要求，将黄河流域生态保护和高质量发展作为事关中华民族伟大复兴的千秋大计，统筹推进山水林田湖草沙综合治理、系统治理、源头治理，加快数字赋能、生态赋能、文化赋能，实施融合发展和协同合作战略，着力保障黄河长治久安，着力改善黄河流域生态环境，着力优化水资源配置，着力促进全流域高质量发展，着力改善人民群众生活，着力保护传承弘扬黄河文化，将黄河流域打造成为大江大河治理的重要标杆、国家生态安全的重要屏障、高质量发展的重要实验区和中华文化保护传承弘扬的重要承载区，让黄河成为永久造福人民的幸福河。

到"十五五"末，黄河流域人水关系进一步改善，流域治理水平明显提高，生态共治、环境共保、城乡区域协调联动发展的格局逐步形成，现代化防洪减灾体系基本建成，水资源保障能力显著提升，生态环境质量明显改善，国家粮食和能源基地地位持续巩固，黄河流域生态保护"一带五区多点"的空间布局和"一轴两区五极"的发展动力格局基本形成,以城市群为主的动力系统更加强劲,实现地区间要素合理流动和高效集聚,乡村振兴取得显著成效,黄河文化影响力显著扩大,基本公共服务水平明显提升,流域人民群众生活更为宽裕,获得感、幸福感、安全感显著增强。到 2035 年,黄河流域生态保护和高质量发展取得重大战略成果,黄河流域生态环境全面改善,生态系统健康稳定,水资源节约集约利用水平全国领先,现代化经济体系基本建成,黄河文化大发展大繁荣,人民生活水平显著提升。到本世纪中叶,黄河流域物质文明、政治文明、精神文明、社会文明、生态文明水平大幅提升,在我国建成富强民主文明和谐美丽的社会主义现代化强国中发挥重要支撑作用。

"十五五"时期,进一步全面推动黄河流域生态保护和高质量发展,需要以做好"水文章"和"碳文章"为重点,围绕建设幸福河的战略目标,完成好以下几个方面的主要任务。

11.3.1 强化生态保护和环境治理

"十五五"时期,黄河流域各省区要以更高站位、更新理念、更大力度、更实举措,全面落实国家重大区域发展战略,持续推动生物多样性恢复,坚持降碳、减污、扩绿、增长协同推进,坚持山水林田湖草沙的系统治理,加强生态保护修复和环境治理,全方位、全地域、全过程开展生态文明建设。

(1)逐步恢复生物多样性。加强湿地资源、植被、动物等生物多样性保护,通过封山育林、人工造林、蓄洪区静置等多种方式合理配置植物群落,建立生态功能完善、季相变化丰富、具有观赏价值和富含黄河流域植物特色的生态体系。坚持自然生态系统完整、物种栖息地连通、保护管理统一,落实生态保护红线、环境质量底线、资源利用上线和生态环境准入清单"三线一单"制度,保护好黄河流域生物物种资源。

(2)进一步强化生态系统保护。加强流域水体生态修复,在满足排洪排涝功能的前提下,逐步恢复河道动植物生态多样性和河道口受损生态系统。在保障黄河安澜上持续发力,在加强生态系统保护上久久为功,实现水库排沙、河道减淤、堤岸绿化、生态改善,生态安全保障能力不断提升。统筹实施沿黄防护林、农田防护林、城乡绿网、黄泛区和平原风沙区水土保持治理等生态保护工程,建设黄河流域城市森林公园。

(3)加快流域环境综合整治。依法开展清理整治流域沿线的探矿采矿、种植养殖等活动,在确保全省完成耕地保护和永久基本农田划定任务的基础上,稳妥推进自然保护区核心保护区耕地退田还林、还草、还湿。加强农田林网和海防林建设,实施引排水沟渠生态化改造、防护林建设工程,增强防风固沙能力,遏制土地沙化趋势。提高水土保持综合治理能力,强化监督管理,严控人为新增水土流失。统筹黄河滩区生态空间和农业空间,依据新一轮国土空间规划,推进土地利用结构调整,实施滩区土地综合整治与生态保护修复工程。

11.3.2　优化水资源配置

"十五五"时期,黄河流域将继续实施最严格的水资源保护利用制度,全面实施深度节水控水行动,坚持节水优先,统筹地表水与地下水、天然水与再生水、当地水与外调水、常规水与非常规水,优化水资源配置格局,提升配置效率,实现用水方式由粗放低效向节约集约的根本转变,以节约用水扩大高质量发展空间。

(1)统筹推动水资源污染治理。系统推进流域生态保护、污染源头削减、入河污染防治、支流达标整治和入海污染控制,强化重点河湖生态环境综合治理与修复,开展生态护岸改造及底泥清淤疏浚,增强水体环境容量和自净能力,有效控制河道内源污染,提升水资源质量。推进工业集中区污水管网和污水厂建设,加快省级及以上工业集聚区废水集中处理设施升级改造,持续提升污水收集、处理能力,保障水资源安全。

(2)保障重点领域水资源供给。着力破解黄河流域工程性缺水瓶颈,实施流域湿地生态补水,推进再生水循环利用,保障河道生态水量。健全完善应急备用水源体系,加快城乡供水一体化、农村供水规模化建设,实施农村供水工程规范化改造项目。优化城市供水水源布局,实施供水系统连通、互为备用,提高供水保证率和应对突发性水安全事件等应急能力。

(3)提高水资源配置效率。统筹黄河水、地表水、地下水和非常规水资源,完善"四方连通、流域一体,多源调剂、统筹兼顾"的水资源配置格局。进一步健全黄河流域省区内部的省市县三级行政区域规划期及年度用水总量、用水强度控制指标体系，强化节水约束性指标管理，有序推进区域流域水量分配，提高水资源利用效率。严控水资源开发利用强度，强化水资源承载能力在区域发展、产业布局等方面的刚性约束。依法开展水资源使用权确权登记，探索地区间、行业间、用水户间等多种形式的水权交易模式，建立健全工农业用水水权转换机制，提高水资源管理效能和配置效率。

（4）全力确保黄河安澜。"黄河宁，天下平"。坚持根治水患、防治干旱，以黄河干流、蓄滞洪区、支流河道为架构，加快实施防汛抗旱水利提升工程，确保黄河汛期无大险。优化水文站网布局，完善水文监测设施建设，建设水工程调度监测管理系统和堤防及重点险工、控导视频监控系统。开展"地上悬河"治理，强化综合性防洪减灾体系建设，全面提升水旱灾害综合防治能力，加强黄河岸线资源管控，构筑黄河流域人民生命财产安全的稳固防线。

11.3.3 加快生态产品价值实现

"十五五"时期，黄河流域将以"两山"理论为指导，加快黄河流域生态产业化发展，探索生态产品价值实现的新路径。

（1）完善生态产品价值实现机制。建立纵向与横向、补偿与赔偿、政府与市场有机结合的黄河流域生态产品价值实现机制，将生态资源转化为高质量发展的经济资源，实现由生态保护向高质量发展的有序转化。中央财政继续设立黄河流域生态保护和高质量发展专项奖励和补偿资金，专门用于奖励生态保护有力、转型发展成效好的地区，补助生态功能重要、公共服务短板较多的地区。在维持生态系统稳定和平衡的前提下，通过推动生态产品价值实现，全面推进"产业生态化、生态产业化"，将"绿水青山"生态系统中的服务"盈余"和"增量"转化为经济财富和社会福利。

（2）全面推广生态保护补偿机制。鼓励地方以水量、水质为补偿依据，完善黄河干流和主要支流横向生态保护补偿机制，开展渭河、湟水河等重要支流横向生态保护补偿机制试点，中央财政安排引导资金予以支持。鼓励黄河流域建立开展排污权等初始分配与跨省交易制度，以点带面形成多元化生态补偿政策体系,在黄河流域重点生态功能区开展生态综合补偿试点。支持地方探索开展生态产品价值核算计量,逐步推进综合生态补偿标准化、实用化、市场化。

(3)实现生态产品产权交易。鼓励建立排污权等初始分配与跨省交易制度,以点带面形成多元化生态补偿政策体系。实行更加严格的黄河流域生态环境损害赔偿制度,依托生态产品价值核算,开展生态环境损害评估,提高破坏生态环境违法成本。充分利用国际、国内两个市场,通过生态物质产品、生态文化服务产品、自然资源资产权属等生态产品的市场交易,直接实现生态产品价值。

11.3.4 建设现代化产业体系

"十五五"时期,黄河流域要推动科技创新与产业创新深度融合,加快形成新质生产力,推动制造业高质量发展和资源型产业转型,发展壮大战略性新兴产业,前瞻布局未来产业,建设具有核心竞争力的现代产业体系。

(1)加快科技创新。开展黄河生态环境保护科技创新,加大黄河流域生态环境重大问题研究力度,聚焦水安全、生态环保、植被恢复、水沙调控等领域开展科学实验和技术攻关。系统部署基础研究和应用基础研究,支持开展量子科学、脑科学、合成生物学、深海科学等重大原创性研究。立足现代农业、新能源、新材料等优势科学领域,加快形成一批种子、特种材料、新能源技术等应用基础研究成果。

(2)推动农牧业高质量发展。在黄淮海平原、汾渭平原、河套灌区等粮食主产区,积极推广优质粮食品种种植,大力建设高标准农田,实施保护性耕作,开展绿色循环高效农业试点示范,支持粮食主产区建设粮食生产核心区。布局建设特色农产品优势区,打造一批黄河地理标志产品,大力发展戈壁农业和耐寒耐旱农业,积极支持种质资源和制种基地建设。

(3)推动传统产业转型升级。聚焦能源、化工、钢铁、建材、有色金属、纺织服装、食品加工等传统优势产业,滚动实施"万项技改",加快推动"万企转型",全面提高产业技术、工艺设备、产品质量、能效环保等水平,加快传统产业转型升级。加快设备换芯、生产换线、机器换人,大力推进数字化车间、智能工厂建设，推动传统产业高端化、智能化、生态化转型。

（4）发展战略性新兴产业和未来产业。提高工业互联网、人工智能、大数据对传统产业渗透率，推动黄河流域优势制造业绿色化转型、智能化升级和数字化赋能。复制推广自由贸易试验区、国家级新区、国家自主创新示范区和全面创新改革试验区经验政策，推进新旧动能转换综合试验区、产业转型升级示范区、新型工业化产业示范基地建设。加强能源资源一体化开发利用，推动能源化工产业向精深加工、高端化发展。发挥黄河上游水电站和电网系统的调节能力，支持青海、甘肃、四川等风能、太阳能丰富地区构建风光水多能互补系统。

11.3.5　推动黄河流域高质量发展

"十五五"时期，黄河流域要因地制宜培育和发展新质生产力，实施数字赋能、生态赋能、文化赋能"三大赋能"，推动黄河流域高质量发展。

（1）数字赋能黄河流域高质量发展。建设黄河大数据中心，打造"孪生黄河""智慧黄河""数字黄河"大平台，建立覆盖骨干河道干支流的立体化数据采集监测网络，加强与流域管理机构共建共享，构建黄河流域生态环境感知、数据管理和业务应用体系。运用卫星通信、无人机、5G 等技术手段，提高应急通信保障能力，提升黄河流域数字化治理水平。应用数字技术推动黄河流域产业高质量发展，发展数字经济和数字民生。

（2）生态赋能黄河流域高质量发展。加快形成绿色新质生产力，推动绿水青山与金山银山同步发展，实现生态保护与经济社会协调发展。协调好生态保护和高质量发展之间的关系，理清生态产品"价值化—市场化—产业化"的发展路径，努力将生态优势转换为产业振兴和经济发展的优势。

（3）文化赋能黄河流域高质量发展。实施黄河文化遗产系统保护工程，建设黄河文化遗产廊道。提高黄河流域革命文物和遗迹保护水平，加强同主题跨区域革命文物系统保护。完善黄河流域非物质文化遗产保护名录体系，大力保护黄河流域戏曲、武术、民俗、传统技艺等非物质文化遗产。开展黄河文化传承创新工程，系统阐发黄河文化蕴含的精神内涵，建立沟通历史与现实、拉近传统与现代的黄河文化体系。强化区域之间文化旅游资源的整合和协作,推进全域旅游发展,建设一批展现黄河文化的标志性旅游目的地。

11.3.6 持续改善黄河流域社会民生

实施深度融合发展战略,推动科技创新与产业创新深度融合、数字经济与实体经济深度融合、先进制造业与现代服务业深度融合、生态保护与产业高质量发展深度融合、黄河文化与旅游业深度融合,加快黄河流域高质量发展,改善城乡居民生活条件,提升生活质量。

(1)通过融合发展提升居民收入水平。黄河流域各省区要认真贯彻落实党的二十届三中全会精神,完善收入分配制度,完善就业优先政策,健全社会保障体系,深化医药卫生体制改革,健全人口发展支持和服务体系。通过改革收入分配机制,化解收入分配领域的体制性难题,提高劳动者在国民收入分配中的比重,有效提升城乡居民收入水平。大力发展多功能特色农业,发展黄河村落民宿,打造黄河滩区乡村旅游风情带,多种途径提升黄河流域农村居民实际收入。

(2)推动黄河流域城乡深度融合。促进城乡要素自由流动、平等交换和公共资源合理配置,推动形成工农互促、城乡互补、协调发展、共同繁荣的新型工农城乡关系。建立有效激励机制,鼓励各类人才到农村创新创业,提高"三农"发展活力。加强黄河滩区迁建安置区交通基础设施和配套服务设施建设,提升公共服务设施功能,促进迁建群众就地就近就业、以创业促进就业,提高后续增收致富能力。加强医疗卫生服务体系、重大疫情防控体系和全科医生队伍建设,乡镇卫生院和社区卫生服务中心全部达到国家基本标准要求,推进基本公共服务均等化。

(3)推动黄河流域文旅深度融合。系统整理黄河文化资源,深入挖掘和阐发黄河文化的丰富内涵和时代价值,坚持法制化保护、活态化传承、现代化发展、国际化交流,实施文物保护展示利用工程和非物质文化遗产保护传承工程,建设黄河国家文化公园,打造黄河文化旅游长廊,搭建黄河流域文化"两创"大平台。以文化促旅游,挖掘黄河流域传统文化、红色文化和绿色生态文化,实施革命文物保护利用工程,打造红色旅游、文化体验、乡村漫游等旅游精品线路。

11.3.7　加快区域内部和区域间的协同合作

"十五五"时期，黄河流域将继续实施协同合作发展战略，进一步完善黄河流域内部省区之间的协同合作机制，主动对接国家重大区域发展战略，推动实现区域协调发展。

（1）流域内部 9 省区之间的协同合作。推动黄河流域东西联动、南北互补、上中下游相互合作，在"绿水青山"的保护和修复、"金山银山"的打造和拓展等方面，建立区域协作和战略合作机制，在"共建""共创"的基础上实现"共治、共享、共富"。黄河流域各省区之间需要消除行政隔阂，引导各城市之间对生态保护与补偿、产学研合作、开发黄金水道、推动基础设施连通等达成共识，建立协同合作机制和联席会议制度，促使整个区域形成"一盘棋"格局。支持山西、内蒙古、河南、山东等省区深度对接京津冀协同发展，以产业生态化和生态产业化为主要方向，深化科技创新、金融、新兴产业、能源等领域的合作，健全南水北调中线工程受水区与水源区的对口协作机制。

（2）黄河流域城市群之间的协同合作。破除资源要素跨地区跨领域流动障碍，促进土地、资金等生产要素高效流动，增强沿黄城市群经济和人口承载能力，打造黄河流域高质量发展的增长极，推进建设黄河流域生态保护和高质量发展先行区。加快城市群内部轨道交通、通信网络、环保等基础设施建设与互联互通，便利人员往来和要素流动，增强人口集聚和产业协作能力。增强城市群之间发展协调性，避免同质化建设和低水平竞争，形成特色鲜明、优势互补、高效协同的城市群发展新格局。持续营造更加优化的创新环境，支持城市群合理布局产业集聚区，承接本区域大城市部分功能疏解以及国内外制造业转移。

（3）黄河流域与其他流域的协同合作。推动黄河流域与长江流域生态保护的协同合作，实施三江源、秦岭、若尔盖湿地等跨流域重点生态功能区协同保护和修复，加强生态保护政策、项目、机制联动，以保护生态为前提适度引导跨流域产业转移。引导黄河流域省区主动对接京津冀协同发展和粤港澳大湾区建设，深度融入共建"一带一路"，为提升双循环新发展格局贡献力量。

11.4 "十五五"时期推动黄河流域生态保护和高质量发展的政策建议

"十五五"时期,推动黄河流域生态保护和高质量发展的各项战略任务落地实施,需要推动体制机制创新,制定和实施以下政策。

11.4.1 强化新型基础设施建设

加强对黄河流域传统基础设施进行技术升级和智能化、绿色化改造,在保证原有功能的基础上,提高基础设施运行效率和智能化管理水平,并逐步将其纳入智慧城市建设、智能交通建设中。结合数字经济时代下的新特征和经济高质量发展的新要求,改造和优化一批重大科技基础设施和数字化科技创新平台及应用场景,支撑各地区以科技创新引领现代化产业体系建设,催生适应新质生产力要求的新产业、新模式,并为新质生产力发展提供新动能。以信息基础设施为重点,强化全流域协调、跨领域联动,优化空间布局,提升新型基础设施建设发展水平。强化黄河流域数据中心节点和网络化布局建设,提升算力水平,加强数据资源流通和应用,在沿黄城市部署国家超算中心,在部分省份布局建设互联网数据中心,推广"互联网+生态环保"综合应用。优化完善黄河流域高速公路网,提升国省干线技术等级。加强跨黄河通道建设,积极推进黄河干流适宜河段旅游通航和分段通航。

11.4.2 进一步完善环保政策

按照《中华人民共和国黄河保护法》的基本要求,制定实施生态保护和环境治理的相关法律法规和管理办法,强化环保政策的落实落地,健全黄河的水法规与标准体系。进一步完善对饮用水水源保护区保护范围的界定、行政管理职责与部门工作协调、水资源开发利用原则、经济发展和生态保护要求等方面的要求，依法保护黄河水资源，为确保黄河饮水安全。以水环境为核心推进黄河流域自然环境的明显改善。建立市场化运作的生态保护补偿基金，拓展生态保护补偿资金来源、丰富绿色经济形态、进一步激发全社会参与生态保护补偿的积极性。水利、环保等部门应对流域水资源和水环境保护工作进行统一规划、统一监测，并实现管理和监测基础信息的资源共享，建立起以流域和区域管理相结合、水利和环保管理相配合为基础，多部门分工合作的水环境保护体制和工作机制。

11.4.3 强化财政金融支持

制定激励黄河流域生态保护的财政政策和金融政策，强化税收引导、财政激励的政策引导功能，支持企业加快技术创新和转型升级，促进黄河流域生态保护和高质量发展。加快发展普惠金融和多业态中小微金融，通过制度设计、政策调节、监管规范等手段，切实解决企业在融资成本、融资便利性、资本市场支撑性等方面存在的突出问题。实施财政转移支付和生态补偿制度，支持地方探索开展生态产品价值核算计量，逐步推进综合生态补偿标准化、实用化、市场化。鼓励开展排污权等初始分配与跨省交易制度，以点带面形成多元化生态补偿政策体系。积极发挥政策性金融、开发性金融和商业金融的优势，搭建多元化的融资平台，为现代制造业重点领域提供长期、稳定、充足的资金来源。加强创新创业金融支持，发挥政府股权投资引导基金的引导作用，健全从实验研究、中试到生产全过程的科技创新融资模式。缓解企业融资成本高问题，优化制造业企业的融资结构。健全多层次资本市场，支持符合条件的制造业企业在境内外上市融资。推动绿色金融加快发展，支持银行设立绿色金融事业部或特色分支机构，鼓励符合条件的金融机构探索开展绿色债券、绿色基金和绿色信贷资产证券化等新型金融业务。

11.4.4 完善支持性产业政策

按照"生态优先、绿色发展，因地制宜、协调发展，质量导向、共享发展，健全机制、创新发展，融合引领、特色发展"的基本原则，推动黄河流域产业转型升级。设立产业发展基金,鼓励和引导传统产业转型升级,发展壮大战略性新兴产业,培育未来产业。黄河流域各省区要抢抓机遇,客观评估和分析本地与新质生产力相关且发展基础较好的技术领域和重点产业。围绕智能制造、高端装备、新一代信息技术、绿色环保、新能源、新材料等战略性新兴产业,梳理具有影响力、辐射力的产业链和产业集群,依托本地特色产业链和产业集群因地制宜培育和发展新质生产力。建设国家级或省级未来产业技术研究院和重点实验室,打造未来技术和未来产业的应用场景和测试环境,加快新质生产力的引致性产业发展,培育新质生产力竞争新优势。

11.4.5　培育和发展新质生产力

党的二十届三中全会对发展新质生产力进行了全面部署安排。习近平总书记指出,高质量发展需要新的生产力理论来指导,而新质生产力已经在实践中形成并展示出对高质量发展的强劲推动力、支撑力。科技创新是发展新质生产力的核心要素,现代化产业体系是发展新质生产力的重要支撑。这就要求培育崇尚创新创业的社会氛围,鼓励创新和创业,通过鼓励创新加快形成新质生产力,通过支持创业推进新型工业化进程,完善现代化产业体系。聚焦水安全、生态环保、植被恢复、水沙调控等领域开展科学实验和技术攻关。支持黄河流域农牧业科技创新,推动杨凌、黄河三角洲等农业高新技术产业示范区建设,在生物工程、育种、旱作农业、盐碱地农业等方面取得技术突破。科技、产业和要素是支撑新质生产力的三大基石,要完善创新创业的支持体系,在科技自立自强、产业转型升级、要素集聚发展等领域上"新"提"质",增强征服自然、改造自然和保护自然的能力,加快发展新质生产力。

11.4.6　加快人才培育与引进

树立科技、教育、人才一体化统筹发展的"大教育观",推动教育链、人才链、创新链、产业链深度融合,加快形成与黄河流域生态保护和高质量发展需求相适应的人才结构,促进人口红利向人才红利转变。对接黄河流域产业发展需要,推进科技、教育、人才一体化发展,深化教育与现代化产业体系的融合。牢牢把握人才是第一资源的要求，要不断提高劳动者素质，加快形成素质优良、规模充裕、结构优化、分布合理的新型劳动者队伍，尤其是要加快培育能够创造新质生产力的战略型领军人才和能够熟练掌握新质生产资料的应用型人才，为发展新质生产力提供强有力的人才支撑。支持高校设置生态保护、现代农业、智能制造、公共卫生等一批急需领域学科。实施现代产业学院建设计划，组建一批跨学科、跨专业的产业学院。深入实施农民技能提升、乡村人才培育计划，加大选拔优秀农村实用人才力度，培育一批农业职业经理人、经纪人、乡村工匠、文化能人、非遗传承人。

参考文献

［1］习近平：《咬定目标脚踏实地埋头苦干久久为功，为黄河永远造福中华民族而不懈奋斗》，《人民日报》2021 年 10 月 23 日第 1 版。

［2］《中共中央国务院印发〈黄河流域生态保护和高质量发展规划纲要〉》，人民出版社 2021 年版。

［3］高国力、贾若祥、王继源、窦红涛：《黄河流域生态保护和高质量发展的重要进展、综合评价及主要导向》，《兰州大学学报（社会科学版）》2022 年第 2 期。

［4］贾若祥、王继源、窦红涛：《共抓大保护、协同大治理形成新格局，黄河流域高质量发展开创新局面》，《中国经贸导刊》2021 年第 9 期。

［5］彭绪庶：《黄河流域生态保护和高质量发展：战略认知与战略取向》，《生态经济》2022 年第 1 期。

第三部分　数据分析

12

国家重大战略区域
"十四五"时期发展
现状及"十五五"
时期发展趋势

12.1 2022 年中国城市群基本情况

12.1.1 城市群范围

2022 年 7 月，国家发展改革委印发《"十四五"新型城镇化实施方案》（以下简称《方案》），《方案》提出，要推进以人为核心的新型城镇化战略的目标任务和政策举措，提升城市群一体化发展和都市圈同城化发展水平，促进大中小城市和小城镇协调发展，形成疏密有致、分工协作、功能完善的城镇化空间格局。

为分类推动城市群发展，增强城市群人口经济承载能力，建立健全多层次常态化协调推进机制，打造高质量发展的动力源和增长极，《方案》提出，深入实施京津冀协同发展、长三角一体化发展、粤港澳大湾区建设等区域重大战略，加快打造世界一流城市群。积极推进成渝地区双城经济圈建设，显著提升经济实力和国际影响力。实施长江中游、北部湾等城市群发展"十四五"实施方案，推动山东半岛、粤闽浙沿海、中原、关中平原等城市群发展。引导哈长、辽中南、山西中部、黔中、滇中、呼包鄂榆、兰州—西宁、宁夏沿黄、天山北坡等城市群稳步发展。构筑城市间生态和安全屏障，构建布局合理、功能完备的城镇体系，形成多中心、多层级、多节点的网络型城市群结构。加强城市群对周边欠发达地区、革命老区、边境地区、生态退化地区、资源型地区、老工业城市等特殊类型地区发展的辐射带动。表 12-1 为我国主要城市群的范围，各城市群包含的城市均依据已有规划文件得到。

表 12-1　中国主要城市群及其空间范围

分类	城市群名称	空间范围
优化提升	京津冀城市群	包括两个直辖市北京、天津以及河北省的石家庄、唐山、秦皇岛、邯郸、邢台、保定、张家口、承德、沧州、廊坊、衡水，共 13 个城市
	长三角城市群	包括一个直辖市上海以及江苏省的南京、无锡、徐州、常州、苏州、南通、连云港、淮安、盐城、扬州、镇江、泰州、宿迁，浙江省的杭州、宁波、温州、嘉兴、湖州、绍兴、金华、衢州、舟山、台州、丽水，安徽省的合肥、芜湖、蚌埠、淮南、马鞍山、淮北、铜陵、安庆、黄山、滁州、阜阳、宿州、六安、亳州、池州、宣城，共 41 个城市
	珠三角城市群	包括广东省的广州、深圳、珠海、佛山、江门、东莞、中山、惠州、肇庆，共 9 个城市
	成渝城市群	包括一个直辖市重庆以及四川省的成都、自贡、泸州、德阳、绵阳、遂宁、内江、乐山、南充、眉山、宜宾、广安、达州、雅安、资阳，共 16 个城市
	长江中游城市群	包括湖北省的武汉、黄石、鄂州、黄冈、孝感、咸宁、仙桃、潜江、天门、襄阳、宜昌、荆州、荆门，湖南省的长沙、株洲、湘潭、岳阳、益阳、常德、衡阳、娄底，江西省的南昌、九江、景德镇、鹰潭、新余、宜春、萍乡、上饶、抚州、吉安，共 31 个城市
发展壮大	山东半岛城市群	包括山东省的济南、青岛、烟台、威海、东营、淄博、潍坊、日照、菏泽、枣庄、德州、滨州、临沂、济宁、聊城、泰安，共 16 个城市
	粤闽浙沿海城市群	包括福建省的福州、厦门、莆田、三明、泉州、漳州、南平、龙岩、宁德，浙江省的温州、丽水、衢州，江西省的上饶、鹰潭、抚州、赣州，广东省的汕头、潮州、揭阳、梅州，共 20 个城市
	中原城市群	包括河南省的郑州、开封、洛阳、平顶山、新乡、焦作、许昌、漯河、济源、鹤壁、商丘、周口、安阳、濮阳、三门峡、南阳、信阳、驻马店，山西省的晋城、长治、运城，安徽省的亳州、宿州、阜阳、淮北、蚌埠，河北省的邯郸、邢台，山东省的聊城、菏泽，共 30 个城市
	关中平原城市群	包括陕西省的西安、宝鸡、咸阳、铜川、渭南、商洛，山西省的运城、临汾，甘肃省的天水、平凉、庆阳，共 11 个城市
	北部湾城市群	包括广西省的南宁、北海、钦州、防城港、玉林、崇左、湛江、茂名、阳江，海南省的海口、儋州、东方市、澄迈县、临高县、昌江县，共 15 个城市

分类	城市群名称	空间范围
培育发展	哈长城市群	包括黑龙江省的哈尔滨、大庆、齐齐哈尔、绥化、牡丹江，吉林省的长春、吉林、四平、辽源、松原、延边朝鲜族自治州，共11个市州
	辽中南城市群	包括辽宁省的沈阳、大连、鞍山、抚顺、本溪、营口、辽阳、铁岭、盘锦，共9个城市
	山西中部城市群	包括山西省的太原、晋中、忻州、吕梁、阳泉，共5个城市
	黔中城市群	包括贵州省的贵阳、遵义、安顺、毕节、黔东南州、黔南州，共6个市州
	滇中城市群	包括云南省的昆明、曲靖、玉溪、楚雄、红河，共5个市州
	呼包鄂榆城市群	包括内蒙古的呼和浩特、包头、鄂尔多斯和陕西省的榆林，共4个城市
	兰州—西宁城市群	包括甘肃省的兰州、白银、定西、临夏回族自治州，青海省的西宁、海东、海北藏族自治州、海南藏族自治州、黄南藏族自治州，共9个市州。
	宁夏沿黄城市群	包括宁夏的银川、石嘴山、吴忠和中卫，共4个城市
	天山北坡城市群	包括新疆的乌鲁木齐、克拉玛依、吐鲁番、哈密、石河子、昌吉回族自治州、伊犁哈萨克自治州、博尔塔拉蒙古自治州、塔城地区，共9个市州地区

资料来源：《"十四五"新型城镇化实施方案》《全国主体功能区规划》以及各地方政府规划。

12.1.2　城市群在中国经济中的重要作用

随着经济发展，城市群在区域发展中发挥着重要作用。城市群集中了区域的优势资源，带动了区域整体发展。2022年我国城市群总面积占全国面积的38.44%，集中了全国90.18%的人口，创造了94.56%的GDP，城市群的经济密度与土地利用效率（人均GDP、地均GDP）领先于全国平均水平。其中，第一产业增加值占全国的82.91%，第二产业增加值占95.45%，第三产业增加值占95.42%。此外，城市群地区的社会消费品零售总额占全国 96.32%，公共财政收入占 85.44%，公共财政支出占 76.49%。同时，全国几乎全部的进出口都来自城市群地区。由此可见，城市群在全国的生产建设上起到了举足轻重的作用。

表 12-2　2022 年城市群在中国经济发展中的重要地位分析

	土地面积（万平方公里）	常住人口（万人）	地区生产总值（亿元）	第一产业增加值（亿元）	第二产业增加值（亿元）
19 个城市群合计	368.98	127305.63	1144358.34	73242.60	461198.74
占全国比重（%）	38.44	90.18	94.56	82.91	95.45

	第三产业增加值（亿元）	社会消费品零售总额（亿元）	公共财政收入（亿元）	公共财政支出（亿元）	进出口总额（亿元）
19 个城市群合计	609466.96	423541.96	92925.30	172077.66	440069.37
占全国比重（%）	95.42	96.32	85.44	76.49	100①

资料来源：《中国城市统计年鉴（2023）》《中国统计年鉴（2023）》以及各省（直辖市、自治区）2023 年统计年鉴，本章以下各表同②。

12.2　2022 年中国城市群比较分析

12.2.1　经济总量比较分析

本章选取了地区生产总值、第一、第二和第三产业增加值、社会消费

---

① 由于数据统计口径问题，各城市群数据加总超过全国数据总和，这里将占比记为 100%。

② 部分地区缺失数据由 2021 年的数据替代，但各地统计局在统计口径上存在差异，仍有部分数据缺失。

品零售总额、公共财政收入、外商直接投资实际使用额作为各城市群经济
总量的衡量指标（见表12-3）。

表12-3 2022年中国城市群经济总量

城市群	地区生产总值（亿元）	第一产业增加值（亿元）	第二产业增加值（亿元）	第三产业增加值（亿元）	社会消费品售总额（亿元）	公共财政收入（亿元）
京津冀	100644	4794.98	29935.26	65913.57	31136.35	10972.93
长三角	291075	10898.08	119569.63	160606.09	111181.28	27796.24
珠三角	104680	1839.82	43432.38	59409.60	34959.59	9049.47
成渝	79739	6807.88	30555.07	42374.77	35759.61	5633.43
长江中游	113690	9246.18	47431.65	57008.93	44700.65	7162.37
山东半岛	87435	6298.58	35014.13	46122.07	33236.16	6871.37
粤闽浙沿海	84019	5312.48	37890.09	40814.31	35068.84	5101.34
中原	93408	9335.02	39496.49	44577.57	38010.45	6882.46
关中平原	27665	2499.96	11592.30	13570.84	10226.1846	1652.74
北部湾	26250	4195.97	8533.73	13520.36	9596.77	1410.24
哈长	23019	3511.27	7793.70	11712.21	7523.72	1348.78
辽中南	24321	1660.00	10294.90	12365.30	8103.06	2050.28
山西中部	12616	450.43	6683.95	5481.52	3704.89	1199.97
黔中	15675	2061.84	5598.61	8014.69	4185.38	1031.15
滇中	18491	1835.67	7071.73	9583.24	6916.88	1001.07
呼包鄂榆	19536	800.61	11670.33	6765.18	3437.80	2174.14
兰州—西宁	7565	638.96	2547.70	4377.98	2726.66	487.67
宁夏沿黄	4660	332.68	2359.09	1968.12	1213.06	252.68
天山北坡	10607	1018.83	3872.51	5577.04	1919.57	882.74

（1）地区生产总值方面，各城市群差距明显。长三角城市群优势突

·265·

出，继续位列各城市群榜首，地区生产总值接近 30 万亿元；长江中游城市群列第二位，地区生产总值超过 11 万亿元；珠三角城市群和京津冀城市群分列第三、四位，地区生产总值突破 10 万亿元；中原城市群列第五位，地区生产总值超过 9 万亿元；山东半岛城市群和粤闽浙沿海城市群分别列第六、七位，地区生产总值均超过 8 万亿元；成渝城市群列第八位，地区生产总值接近 8 万亿元；关中平原城市群、北部湾城市群、辽中南城市群和哈长城市群地区生产总值均超过 2 万亿元；呼包鄂榆城市群、滇中城市群、黔中城市群、山西中部城市群和天山北坡城市群地区生产总值均在 1 万亿元以上；兰州—西宁城市群和宁夏沿黄城市群生产规模较小，地区生产总值不足 1 万亿元。

（2）第一产业增加值方面，长三角城市群第一产业增加值最高，突破 1 万亿元达到 10898.08 亿元；中原城市群和长江中游城市群第一产业增加值均在 9000 亿元以上；成渝城市群、山东半岛城市群和粤闽浙沿海城市群第一产业增加值均超过 5000 亿元；京津冀城市群和北部湾城市群未突破 5000 亿大关分别为 4794.98 亿元和 4195.97 亿元；黔中城市群、哈长城市群和关中平原城市群第一产业增加值均超过 2000 亿元；珠三角城市群、滇中城市群、辽中南城市群和天山北坡城市群第一产业增加值均超过 1000 亿元；呼包鄂榆城市群第一产业增加值刚刚突破 800 亿元，兰州—西宁城市群、山西中部城市群和宁夏沿黄城市群则均不足 700 亿元。

（3）第二产业增加值方面，长三角城市群仍具备较大优势，第二产业增加值约为 12 万亿元，远高于其他城市群；长江中游城市群、珠三角城市群、中原城市群、粤闽浙沿海城市群、山东半岛城市群和成渝城市群第二产业增加值均超过 3 万亿元，以及京津冀城市群第二产业增加值 29935.26 亿元，位于第二梯队；呼包鄂榆城市群、关中平原城市群和辽中南城市群第二产业增加超过 1 万亿元，位于第三梯队；北部湾城市群、哈长城市群、滇中城市群、山西中部城市群和黔中城市群第二产业增加值超过 5000 亿元，位于第四梯队；第二产业增加值排名后三位的城市群依次是天山北坡城市群、兰州—西宁城市群和宁夏沿黄城市群，与上述城市群差距较大，位于第五梯队。

（4）第三产业增加值方面，以上海为核心的长三角城市群第三产业增加值突破 16 万亿元,在全国范围内占据绝对优势;京津冀城市群、珠三角城市群和长江中游城市群第三产业增加值超过了 5 万亿元;山东半岛城市群、中原城市群、成渝城市群和粤闽浙沿海城市群的第三产业增加值均超过 4 万亿元;关中平原城市群、北部湾城市群、辽中南城市群和哈长城市群的第三产业增加值均超过 1 万亿元;滇中城市群、黔中城市群、呼包鄂榆城市群、天山北坡城市群和山西中部城市群的第三产业增加值高于 5000 亿元;兰州—西宁城市群和宁夏沿黄城市群的第三产业增加值则低于 5000 亿元。

(5)社会消费品零售总额方面,长三角城市群的社会消费品零售总额(111181.28 亿元)是第二名长江中游城市群(36897.51 亿元)的 2.5 倍;中原城市群、成渝城市群、粤闽浙沿海城市群、珠三角城市群、山东半岛城市群和京津冀城市群的社会消费品零售总额均超过 3 万亿元;关中平原城市群的社会消费品零售总额超过 1 万亿元;北部湾城市群、辽中南城市群、哈长城市群和滇中城市群的社会消费品零售均超过 5000 亿元;排名后六位的城市群依次是黔中城市群、山西中部城市群、呼包鄂榆城市群、兰州—西宁城市群、天山北坡城市群和宁夏沿黄城市群。

(6)公共财政收入方面,长三角城市群的公共财政收入(27796.24 亿元)是第二名京津冀城市群(10972.93 亿元)的 2.5 倍;珠三角城市群、长江中游城市群、中原城市群、山东半岛城市群、成渝城市群和粤闽浙沿海城市群的公共财政收入均超过 5000 亿元;呼包鄂榆城市群和辽中南城市群的公共财政收入均超过 2000 亿元;关中平原城市群、北部湾城市群、哈长城市群、山西中部城市群、黔中城市群和滇中城市群的公共财政收入均超过 1000 亿元;天山北坡城市群、兰州—西宁城市群和宁夏沿黄城市群的公共财政收入水平较低。

12.2.2　经济发展水平比较分析

本章选取了人均地区生产总值、地均地区生产总值和各产业比重来反映各城市群经济发展水平(见表 12-4)。

表 12-4　2022 年中国城市群经济发展水平

城市群	人均地区生产总值（元）	地均地区生产总值（万元）	第一产业比重（%）	第二产业比重（%）	第三产业比重（%）
京津冀	91767.34	4630.52	4.76	29.74	65.49
长三角	122842.89	8113.61	3.74	41.08	55.18
珠三角	133700.67	19113.83	1.76	41.49	56.75
成渝	84908.75	3328.89	8.54	38.32	53.14
长江中游	89209.48	3246.69	8.13	41.72	50.14
山东半岛	86034.45	5510.92	7.20	40.05	52.75
粤闽浙沿海	89256.83	3074.89	6.32	45.10	48.58
中原	57192.76	3268.02	9.99	42.28	47.72
关中平原	63831.87	1709.35	9.04	41.90	49.05
北部湾	59003.06	2205.21	15.98	32.51	51.51
哈长	55276.16	715.48	15.25	33.86	50.88
辽中南	79790.69	2977.70	6.83	42.33	50.84
山西中部	78037.29	1698.00	3.57	52.98	43.45
黔中	53511.97	1192.71	13.15	35.72	51.13
滇中	78982.10	1474.52	9.93	38.25	51.83
呼包鄂榆	121291.92	1118.77	4.10	59.74	34.63
兰州—西宁	49198.58	425.34	8.45	33.68	57.87
宁夏沿黄	76043.15	877.56	7.14	50.62	42.23
天山北坡	101527.15	320.93	9.60	36.51	52.58

（1）人均地区生产总值方面，19 个城市群的人均生产总值（89890.63元）领先于全国平均水平（85698.00 元）。其中，珠三角城市群、长三角城市群和呼包鄂榆城市群位列前三，人均地区生产总值分别为 133700.67元、122842.89 元和 121291.92 元；受益于当地的自然资源优势，天山北

坡城市群人均地区生产总值超过 10 万元；京津冀城市群、粤闽浙沿海城市群、长江中游城市群、山东半岛城市群、成渝市群、辽中南城市群、滇中城市群、山西中部城市群、宁夏沿黄和关中平原城市群的人均地区生产总值超过 6 万元；排名后五位的城市群依次为北部湾城市群、中原城市群、哈长城市群、黔中城市群、兰州—西宁城市群，其中，兰州—西宁城市群的人均地区生产总值不足 5 万元。

（2）地均地区生产总值方面，珠三角城市群遥遥领先，其地均地区生产总值（19113.83 万元）是第二名长三角城市群（8113.61 万元）的 2.4 倍。位于第二梯队的城市群有山东半岛城市群（5510.92 万元）和京津冀城市群（4630.52 万元）；成渝城市群、中原城市群、长江中游城市群、粤闽浙沿海城市群、辽中南城市群和北部湾城市群的地均地区生产总值均超过了 2000 万元，位列第三梯队；关中平原城市群、山西中部城市群、滇中城市群、黔中城市群、呼包鄂榆城市群的地均地区生产总值均超过了 1000 万元，位列第四梯队；宁夏沿黄城市群、哈长城市群、兰州—西宁城市群、天山北坡城市群的地均地区生产总值则相对处于较低水平。

（3）产业结构方面，第一产业比重最低的是珠三角城市群（1.76%），比重最高的是北部湾城市群（15.98%）；第二产业比重最低的的京津冀城市群（29.74%），比重最高的是呼包鄂榆城市群（59.74%）；第三产业比重最低的是黔中城市群（34.63%），比重最高的是京津冀城市群（65.49%）。各城市群中，除呼包鄂榆城市群外，其余城市群第三产业比重均已经超过第二产业，表现出一定的去工业化的特点。受区域发展政策影响，兰州—西宁城市群第三产业比重处于较高水平，为 57.87%。

12.2.3　工业经济效益比较分析

本章选取规模以上工业企业的流动资产总额与利润总额来反映各城市群的工业经济效益（见表 12-5）。

可以看到，城市群的工业经济效益指标大致由沿海地区向内陆递减，综合来看，长三角城市群工业经济效益最高，其流动资产总额和利润总额分别是排名第二的珠三角城市群的 2.3 倍和 2.2 倍；京津冀城市群、山东半岛城市群和中原城市群流动资产总额均超过 5 万亿元，但利润总额均未达到 5000 亿元；长江中游城市群、粤闽浙沿海城市群和成渝城市群的效益水平相近，流动资产总额在 4.5 万亿元上下，利润总额均超过了 5000 亿元；辽中南城市群、关中平原城市群、哈长城市群、呼包鄂榆城市群、山西中部城市群和北部湾城市群的流动资产总额超过 1 万亿元但未达到 2 万亿元，除呼包鄂榆城市群的利润总额超过 5000 亿元之外，其余六个城市群均超过 1000 亿元而未超过 2000 亿元；紧随其后的是滇中城市群、天山北坡城市群、黔中城市群、宁夏沿黄城市群和兰州—西宁城市群，工业发展空间较大，发展水平有待提升。

表 12-5 2022 年中国城市群工业经济效益

城市群	规模以上工业企业流动资产总额（亿元）	规模以上工业企业利润总额（亿元）
京津冀	71101.46	4894.70
长三角	241047.38	20578.97
珠三角	107112.04	9345.75
成渝	43620.43	6039.45
长江中游	47740.44	6979.46
山东半岛	64135.70	4677.71
粤闽浙沿海	45949.91	5619.84
中原	52085.38	4404.61
关中平原	18384.82	1998.98
北部湾	10446.16	870.02
哈长	16145.44	1319.03
辽中南	19653.12	1404.86
山西中部	12177.34	1636.70
黔中	5369.03	1196.69
滇中	7978.02	832.21
呼包鄂榆	14897.28	5885.03

城市群	规模以上工业企业流动资产总额 （亿元）	规模以上工业企业利润总额 （亿元）
兰州—西宁	3392.69	300.96
宁夏沿黄	4820.57	398.75
天山北坡	6077.64	712.95

12.2.4 城镇化进程比较分析

本章选取常住人口、城镇常住人口、城镇非私营单位从业人数来表示城镇化进程（见表12-6）。

表 12-6　2022 年中国城市群城镇化进程

城市群	常住人口 （万人）	城镇常住人口 （万人）	城镇非私营单位从业 人数（万人）
京津冀	10967.30	7647.86	1544.31
长三角	23694.90	17325.49	3565.75
珠三角	7829.43	6848.97	1717.30
成渝	9391.14	6581.84	1896.92
长江中游	12744.25	8275.22	1274.73
山东半岛	10162.79	6559.48	1072.42
粤闽浙沿海	9413.17	6158.92	971.28
中原	16332.18	9061.18	1287.74
关中平原	4334.04	2627.76	483.93
北部湾	4448.92	2496.22	374.13
哈长	4164.34	2652.04	385.01
辽中南	3048.10	2383.37	359.37

续表

城市群	常住人口 （万人）	城镇常住人口 （万人）	城镇非私营单位从业 人数（万人）
山西中部	1616.66	1120.83	219.91
黔中	2929.21	2531.99	231.20
滇中	2341.10	1443.70	206.58
呼包鄂榆	1211.22	918.90	160.82
兰州—西宁	1537.71	941.83	164.43
宁夏沿黄	612.81	431.40	61.83
天山北坡	826.35	718.92	175.33

从常住人口来看，长三角城市群常住人口超过 2 亿人，其中城镇常住人口达到 1.7 亿人；中原城市群、长江中游城市群、京津冀城市群和山东半岛城市群的常住人口均超过 1 亿人，城镇常住人口均超过 6000 万人。粤闽浙沿海城市群、成渝城市群、珠三角城市群分别拥有 9413.17 万、9391.14 万和 7829.43 万的常住人口，城镇常住人口均超过 6000 万人；北部湾城市群、关中平原城市群和哈长城市群均承载了 4000 万以上的常住人口，城镇常住人口均超过 2000 万人；辽中南城市群、黔中城市群、滇中城市群、山西中部城市群和兰州—西宁城市群的常住人口均超过 1500 万人，除兰州—西宁城市群之外，城镇常住人口均超过 1000 万人。相较来看，西部地区的呼包鄂榆城市群、天山北坡城市群和宁夏沿黄城市群的常住人口最少，均不及 1500 万人，其中城镇常住人口均不及 1000 万人。各城市群的城镇常住人口与全市常住人口情况基本相同，呈现从沿海城市群到内陆城市群递减的趋势。

从城镇非私营单位从业人数来看，长三角城市群同样具有绝对优势，拥有超过 3500 万的从业人员；成渝城市群、珠三角城市群、京津冀城市群均拥有超过 1500 万的从业人员；中原城市群、长江中游城市群和山东半岛城市群的从业人员数超过 1000 万；粤闽浙沿海城市群的从业人员接近 1000 万；关中平原城市群、哈长城市群、北部湾城市群、辽中南城市群、黔中城市群、山西中部城市群和滇中城市群容纳了 200 万以上 500 万以下的从业人员；西部地区的天山北坡城市群、兰州—西宁城市群和呼包鄂榆城市群的就业人员数均不足 200 万人，宁夏沿黄城市群的就业人员数不足 100 万人。

12.2.5 国际化进程比较分析

本章选取了货物进口额和货物出口额来反映各城市群的国际化进程（见表 12-7）。

表 12-7　2022 年中国城市群国际化进程

城市群	货物进口额（亿元）	货物出口额（亿元）
京津冀	37421.99	13101.04
长三角	81287.50	90689.16
珠三角	28386.87	50964.69
成渝	6708.96	11262.58
长江中游	5129.50	12221.70
山东半岛	13555.03	19549.93
粤闽浙沿海	9286.22	17967.46
中原	4256.52	6993.11
关中平原	1854.83	3025.28
北部湾	4073.93	4286.65
哈长	1466.59	1974.54
辽中南	4243.46	3287.91
山西中部	530.89	1055.63
黔中	310.50	605.80
滇中	1375.18	1254.92
呼包鄂榆	270.46	349.88
兰州—西宁	205.45	84.78

城市群	货物进口额（亿元）	货物出口额（亿元）
宁夏沿黄	52.84	162.32
天山北坡	316.57	503.30

从货物进口额来看，长三角城市群遥遥领先，进口额超过 8 万亿元，是位列第二的京津冀城市群（37421.99 亿元）的 2.2 倍；珠三角城市群和山东半岛城市群的货物进口额均超过 1 万亿元；粤闽浙沿海城市群、成渝城市群、长江中游城市群、中原城市群、辽中南城市群、北部湾城市群、关中平原城市群、哈长城市群和滇中城市群的货物进口额均高于 1000 亿元、低于 1 万亿元。内陆地区的城市群货物进出口较少，如天山北坡城市群、黔中城市群、呼包鄂榆城市群、兰州—西宁城市群和宁夏沿黄城市群，进口总额低于 500 亿元，其中宁夏沿黄城市群仅有 52.84 亿元。

从货物出口额来看，长三角城市群同样位居榜首，出口额超过 9 万亿元，是位列第二的珠三角城市群（50964.69 亿元）的 1.8 倍；山东半岛城市群、粤闽浙沿海城市群、京津冀城市群、长江中游城市群和成渝城市群的货物出口额均超过了 1 万亿元，处于第二梯队；中原城市群、北部湾城市群、辽中南城市群、关中平原城市群、哈长城市群、滇中城市群和山西中部城市群的货物出口额均超过了 1000 亿元，处于第三梯队；排名后五位的城市群依次为黔中城市群、天山北坡城市群、呼包鄂榆城市群、宁夏沿黄城市群和兰州—西宁城市群位于第五梯队，其中兰州—西宁城市群的出口额仅为 84.78 亿元。

12.2.6 财政金融比较分析

本章选取了 2022 年我国城市群年末金融机构人民币各项存款余额、年末金融机构人民币各项贷款余额、公共财政支出、科学技术支出和教育支出等指标反映各城市群金融和财政的收支状况（见表 12-8）。

表 12-8 2022 年中国城市群地区财政金融状况

城市群	年末金融机构人民币各项存款余额（亿元）	年末金融机构人民币各项贷款余额（亿元）	公共财政支出（亿元）	科学技术支出（亿元）	教育支出（亿元）
京津冀	350656.79	209356.83	17843.69	637.38	3179.17
长三角	656380.98	555196.98	41573.08	2093.71	6608.81
珠三角	279774.84	216585.26	12662.25	894.82	2536.65
成渝	148412.07	133664.99	12411.62	296.67	2101.99
长江中游	169942.00	161852.83	16332.16	655.15	2648.35
山东半岛	143095.72	121330.71	10938.18	210.49	2315.56
粤闽浙沿海	123001.86	117133.94	11404.81	301.06	2340.51
中原	148580.00	115608.29	14982.52	404.37	2769.12
关中平原	58425.60	47703.72	5321.35	71.11	859.38
北部湾	39418.04	42822.43	4125.05	92.04	818.57
哈长	54480.66	41811.96	5066.99	23.08	613.42
辽中南	60349.50	45216.93	3538.21	44.82	426.91
山西中部	31345.13	25075.04	2274.03	24.97	331.87
黔中	27769.44	33735.61	3247.81	48.97	727.91
滇中	27349.46	31239.95	2373.19	20.01	307.01
呼包鄂榆	25088.50	19804.48	2880.57	39.17	362.93
兰州—西宁	20013.14	23842.07	2503.72	13.66	333.52
宁夏沿黄	7885.01	8340.98	920.46	14.76	132.37
天山北坡	20780.80	16852.08	1868.72	5.90	139.64

从金融方面来看，我国城市群的金融机构人民币存款额和贷款额体量前四位均为长三角城市群、京津冀城市群、珠三角城市群和长江中游城市群，其中长三角城市群的年末金融机构人民币各项存贷款余额显著高于其他城市群。中原城市群、成渝城市群和山东半岛城市群、粤闽浙沿海城市

群存贷款余额相近，分别在 14 万亿元和 12 万亿元左右。中西部城市群的金融机构人民币存贷款余额均低于 5 万亿元，仍有较大发展空间。

从财政方面来看，2022 年长三角城市群的公共财政支出（41573.08 亿元）是位列第二的京津冀城市群（17843.69 亿元）的 2.3 倍，长江中游城市群以 16332.16 亿元位列第三；中原城市群、成渝城市群、珠三角城市群、成渝城市群、粤闽浙沿海城市群和山东半岛城市群的公共财政支出均超过了 1 万亿元。财政支出水平较高的城市群大多位于东部沿海地区，而西部地区如天山北坡城市群和宁夏沿黄城市群的公共财政支出均不足 2000 亿元。此外，各城市群的教育支出明显高于科学技术支出，其中长三角城市群的教育支出是位列第二的京津冀城市群的 2 倍，中原城市群、长江中游城市群、珠三角城市群、粤闽浙沿海城市群、山东半岛城市群和成渝城市群的教育支出均超过 2000 亿元；而科学技术支出排名前四的分别是长三角城市群、珠三角城市群、长江中游城市群和京津冀城市群，均超过 600 亿元，长三角城市群则是突破了 2000 亿元；中原城市群、粤闽浙沿海城市群、成渝城市群和山东半岛城市群的科学技术支出均超过 200 亿元，其余城市群则未超过 100 亿元。

12.2.7 城市建设比较分析

本章选取了人口密度、人均城市道路面积、万人公交车拥有量、建成区绿化覆盖率、污水处理厂集中处理率、生活垃圾无害化处理率来表示各城市群的城市建设水平（见表 12-9）。人均变量均是相应总体指标除以常住人口所得。

表 12-9　2022 年中国城市群基础设施状况

城市群	人口密度（人/km²）	人均城市道路面积（m²/人）	万人公交车拥有量（辆）	建成区绿化覆盖率（%）	污水处理厂集中处理率（%）	生活垃圾无害化处理率（%）
京津冀	504.59	6.11	4.99	44.04	98.76	100.00
长三角	660.49	8.29	4.59	44.09	96.21	99.96

城市群	人口密度 （人/km²）	人均城市 道路面积 （m²/人）	万人公交 车拥有量 （辆）	建成区绿 化覆盖率 （%）	污水处理厂 集中处理率 （%）	生活垃圾无 害化处理率 （%）
珠三角	1429.60	6.98	8.19	45.93	96.12	99.99
成渝	392.05	6.49	2.59	43.14	97.03	99.74
长江中游	363.94	5.90	3.42	44.73	97.74	100.00
山东半岛	640.55	8.49	4.02	43.85	98.48	100.00
粤闽浙沿海	344.50	5.37	2.63	44.61	97.08	100.00
中原	571.40	4.09	2.59	44.44	98.30	99.78
关中平原	267.79	5.30	3.40	41.96	98.26	99.93
北部湾	373.75	5.31	1.88	42.79	94.17	100.00
哈长	129.44	6.56	4.44	40.74	95.38	100.00
辽中南	373.19	10.64	5.42	42.75	97.22	100.00
山西中部	217.59	5.87	2.85	43.92	98.94	95.90
黔中	222.89	3.75	1.70	42.51	98.42	95.81
滇中	186.69	3.46	2.92	42.57	97.20	95.80
呼包鄂榆	69.36	9.20	4.71	42.73	96.97	99.89
兰州—西宁	86.45	3.96	3.70	38.30	96.39	99.95
宁夏沿黄	115.40	9.83	4.61	43.13	98.74	100.00
天山北坡	15.92	16.75	4.04	42.16	98.62	100.00

　　从人口密度来看，珠三角城市群的人口密度最高，超过了1400人/
km²；长三角城市群、山东半岛城市群、中原城市群和京津冀城市群紧随
其后，均超过了500人/km²；成渝城市群、北部湾城市群、辽中南城市
群、长江中游城市群、粤闽浙沿海城市群的人口密度均超过了300人/
km²；滇中城市群、哈长城市群、宁夏沿黄城市群、兰州—西宁城市群、
呼包鄂榆城市群和天山北坡城市群的人口密度均低于200人/km²，其中天

山北坡城市群仅为 15.92 人/km²。

从人均城市道路面积来看，天山北坡城市群和辽中南城市群的人均城市道路面积排名前二，分别为 16.75m²/人和 10.64m²/人；宁夏沿黄城市群、呼包鄂榆城市群、山东半岛城市群、长三角城市群的人均城市道路面积也在 8m²/人以上；珠三角城市群、哈长城市群、成渝城市群和京津冀城市群的人均城市道路面积比较接近，均在 6m²/人左右。人均道路面积较低的多为我国中南部的城市群，排名靠后的有中原城市群、兰州—西宁城市群、滇中城市群和黔中城市群，人均道路面积低于 4m²/人。

从城市交通方面来看，万人公交车拥有量第一的地区为珠三角城市群，达到 8.19 辆，远远高于随后的辽中南城市群（5.42 辆）；京津冀城市群、呼包鄂榆城市群、宁夏沿黄城市群、长三角城市群、哈长城市群、天山北坡城市群和山东半岛城市群的万人公交车拥有量均在 4 辆左右；滇中城市群、山西中部城市群、粤闽浙沿海城市群、兰州—西宁城市群、成渝城市群、中原城市群、北部湾城市群和黔中城市群的万人公交车拥有量均低于 3 辆，公交系统配备还有待完善。

从城市绿化方面来看，珠三角城市群、长江中游城市群、粤闽浙沿海城市群、中原城市群、长三角城市群和京津冀城市群的建成区绿化覆盖率较高，分别达到 45.93%、44.73%、44.61%、44.44%、44.09% 和 44.04%；较差的是哈长城市群和兰州—西宁城市群，建成区绿化率仅为 40.74% 和 38.30%。城市生活污水和生活垃圾处理率反映出对环境的重视，绝大多数城市群的生活垃圾无害化处理率在 99% 以上，山西中部城市群、黔中城市群和滇中城市群仅有 95% 左右。而污水处理厂集中处理率排名靠前的山西中部城市群、京津冀城市群、宁夏沿黄城市群、天山北坡城市群、山东半岛城市群、黔中城市群、中原城市群和关中平原城市群，处理率均在 98% 以上；值得注意的是，长三角城市群和珠三角城市群污水处理厂集中处理率较低，仅为 96.21% 和 96.12%，需进一步提高污水处理能力。

12.2.8 交通运输设施比较分析

本章选取了境内公路总里程、高速公路总里程以及公路的客运量和货运量来反映各城市群交通运输设施的建设（见表12-10）。

表12-10　2022年中国城市群交通设施状况

城市群	境内公路总里程（公里）	高速公路里程（公里）	公路客运量（万人）	公路货运量（万吨）
京津冀	246803	10881	32361	245478
长三角	535419	16776	60733	656698
珠三角	62392	5127	16431	152713
成渝	457983	11419	37376	249029
长江中游	514435	15058	37022	407018
山东半岛	291781	8069	8247	271025
粤闽浙沿海	286994	12329	22653	210850
中原	487432	12990	22934	448161
关中平原	171713	5597	8806	98793
北部湾	154516	5650	11612	131972
哈长	162359	5131	8079	64972
辽中南	70722	2823	11887	100276
山西中部	64081	2758	804	4357
黔中	152935	6328	20829	130563
滇中	122328	4949	10969	91654
呼包鄂榆	78359	3122	1157	82004
兰州—西宁	60353	1477	4076	46989
宁夏沿黄	28429	1767	835	20302
天山北坡	19578	2103	830	18639

从公路里程来看，长三角城市群和长江中游城市群的境内公路总里程与高速公路里程数均较高，公路总里程均超过50万公里，高速公路超过1.5万公里；中原城市群、成渝城市群、山东半岛城市群、粤闽浙沿海城

市群、京津冀城市群的公里数紧随其后，其中除山东半岛城市群高速公路里程为 8069 公里外，其余公路总里程和高数公路里程分别超过 2 万公里和 1 万公里；呼包鄂榆城市群、辽中南城市群、山西中部城市群、珠三角城市群、兰州—西宁城市群、宁夏沿黄城市群和天山北坡城市群的公路总里程和高数公路里程分别不足 8 万公里和 4 千公里，与其他城市群存在较大差距。

从公路流量来看，公路客运量最高的城市群是长三角城市群，超过 6 亿人；成渝城市群、长江中游城市群、京津冀城市群、中原城市群、粤闽浙沿海城市群、黔中城市群的公路客运量也均超过 2 亿人；宁夏沿黄城市群、天山北坡城市群和山西中部城市群的公路客运量较少，不高于 1000 万人。公路货运量最高的城市群依然是长三角城市群，超过 65 亿吨；中原城市群和长江中游城市群位列第二和第三，公路货运量均超过 40 亿吨；山东半岛城市群、成渝城市群、京津冀城市群和粤闽浙沿海城市群的公路货运量超过了 20 亿吨。排名靠后的城市群有兰州—西宁城市群、宁夏沿黄城市群、天山北坡城市群和山西中部城市群，公路货运量均不足 5 亿吨。

12.2.9　科教文卫事业比较分析

本章选取了普通小学和普通中学的师生比、百万人博物馆数、人均图书馆图书藏量和万人医生数来反映科教文卫事业的发展情况，体现各城市群的教育程度和软实力（见表 12-11）。各项人均指标均由常住人口数据计算得出。

表 12-11　2022 年中国城市群科教文卫事业状况

城市群	普通小学师生比（%）	普通中学师生比（%）	百万人博物馆数（个/百万人）	人均图书馆图书藏量（册）	万人医生数（人）
京津冀	6.30	7.95	4.08	0.93	39.17
长三角	6.04	8.28	5.14	1.48	33.63
珠三角	5.40	7.68	3.17	1.83	28.65
成渝	6.42	7.84	4.77	0.82	33.61

续表

城市群	普通小学师生比（%）	普通中学师生比（%）	百万人博物馆数（个/百万人）	人均图书馆图书藏量（册）	万人医生数（人）
长江中游	5.43	8.18	3.66	0.85	29.06
山东半岛	5.91	8.41	6.87	0.78	34.44
粤闽浙沿海	5.74	7.71	3.91	1.13	27.00
中原	5.62	7.95	3.62	0.46	31.45
关中平原	6.39	9.23	7.50	0.59	32.04
北部湾	5.66	6.85	1.75	0.74	26.50
哈长	8.50	9.45	4.83	0.81	34.52
辽中南	5.84	10.80	2.33	1.38	32.85
山西中部	6.73	9.79	5.26	0.82	34.19
黔中	2.48	3.48	1.50	0.26	17.03
滇中	6.21	7.50	3.08	0.77	23.91
呼包鄂榆	6.28	10.34	8.17	0.88	33.49
兰州—西宁	6.22	9.48	5.33	0.33	30.69
宁夏沿黄	5.58	7.81	6.53	1.21	32.21
天山北坡	7.52	9.13	3.99	1.11	16.88

　　从师生比来看，普通小学师生比最高的是哈长城市群，达到8.50%，其次是天山北坡城市群，达到7.52%；山西中部城市群、成渝城市群、关中平原城市群、京津冀城市群、呼包鄂榆城市群、兰州—西宁城市群、滇中城市群和长三角城市群的普通小学师生比均高于6%，长三角的普通小学师生比处于全国城市群中游的位置；黔中城市群的普通小学师生比最低，仅有2.48%。普通中学师生比最高的是辽中南城市群，达到10.80%，其次是呼包鄂榆关城市群，达到10.34%；山西中部城市群、兰州—西宁城市群、哈长城市群和关中平原城市群、天山北坡城市群的普通中学师生

比均超过了 9%；黔中城市群的普通中学师生比最低，仅有 3.48%。这种情况一方面是因为城市群内不同城市对教育的重视程度不同，另一方面也与近年来人口大规模流入与流出和新生代数量减少有很大关系。

从文化事业方面来看，由于常住人口数量较少，百万人博物馆数最多的城市群为呼包鄂榆城市群，达到 8.17 个，其次是关中平原城市群，达到 7.50 个，但其博物馆总数却处在中下水平；百万人博物馆数最少的三个城市群是辽中南城市群、北部湾城市群和黔中城市群，分别仅有 2.33 个、1.75 个和 1.50 个。人均图书馆图书量最高的是珠三角城市群，人均图书馆藏书量达 1.83 册，长三角城市群、辽中南城市群、宁夏沿黄城市群、粤闽浙沿海城市群和天山北坡城市群的图书馆图书量也处于较高水平，人均 1 册以上；人均图书馆图书量最低的三个城市群是中原城市群、兰州—西宁城市群和黔中城市群，分别仅有 0.46 册、0.33 册和 0.26 册。

从卫生事业方面来看，大多数城市群的万人医生数差距不大，排名最高的是京津冀城市群，达到 39.17 人，63.16% 的城市群的每万人拥有超过 30 名医生；长江中游城市群、珠三角城市群、粤闽浙沿海城市群、北部湾城市群和滇中城市群的万人医生数超过 20 人，黔中城市群和天山北坡城市群仅 17.03 和 16.88 人。

12.2.10　环境污染程度比较分析

本章选取了工业二氧化硫排放量、工业氮氧化物排放量、可吸入细颗粒物年平均浓度来反映各城市群的环境污染情况（见表 12-12）。

表 12-12　2022 年中国城市群环境污染程度比较

城市群	工业二氧化硫排放量（吨）	工业氮氧化物排放量（吨）	可吸入细颗粒物年平均浓度（微克/立方米）
京津冀	131428	273531	37.00
长三角	184493	405714	30.73

续表

城市群	工业二氧化硫排放量（吨）	工业氮氧化物排放量（吨）	可吸入细颗粒物年平均浓度（微克/立方米）
珠三角	21130	82870	19.22
成渝	82089	160991	34.75
长江中游	128323	272006	33.65
山东半岛	108334	223623	36.31
粤闽浙沿海	88623	199392	18.90
中原	130825	269939	46.07
关中平原	26016	54279	41.64
北部湾	31256	89431	19.27
哈长	46058	103692	28.40
辽中南	63500	150979	31.00
山西中部	47035	70173	38.20
黔中	34606	27498	22.00
滇中	58271	65279	20.00
呼包鄂榆	82624	140416	23.75
兰州—西宁	52667	39794	25.43
宁夏沿黄	36828	49785	31.67
天山北坡	15530	10587	30.33

总体来看，经济体量越大、工业比重越高的城市群排污量越多，长三角和京津冀城市群在工业二氧化硫排放量和工业氮氧化物排放量上均排名前二；而西部地区各城市群排放量均较少；相较来看，珠三角城市群的工业二氧化硫排放量和工业氮氧化物排放量均处于中下水平。这也提醒我们，在发展经济的同时，应当注重环境保护和污染治理，走出"先污染，后治理"的困境。长三角和京津冀的两项排放量都远高于其他城市群，除

了工业产值高这一因素外,也暴露了当前环境保护实际举措仍有待加强的问题。对于可吸入细颗粒物年平均浓度,中原城市群、关中平原城市群、山西中部城市群、京津冀城市群和山东半岛城市群排名靠前,浓度超过 35 微克/立方米;北部湾城市群、珠三角城市群和粤闽浙沿海城市群的可吸入细颗粒物年平均浓度均低于 20 微克/立方米。

12.3 "十四五"时期中国城市群发展成效

12.3.1 经济总量持续增长,城市群成为全国经济的核心引擎

"十四五"时期,中国城市群的经济总量表现出强劲的增长势头,进一步巩固了其作为全国经济核心驱动的地位。据统计,2021 年至 2022 年,19 个城市群的 GDP 从 104.24 万亿元增加至 114.44 万亿元,占全国 GDP 比重从 93.26% 上升至 94.56%。这一显著提升不仅彰显了城市群作为中国经济发展重要引擎的地位,也体现了其在全球化背景下日益增强的经济影响力和竞争力。

城市群经济总量的增长是多重因素共同作用的结果。从人口集聚效应来看,常住人口从 2021 年的 12.06 亿人增长至 2022 年的 12.73 亿人,占全国人口比重从 88.47% 上升至 90.18%。城市群通过产业集聚、劳动力吸引与市场需求的同步提升,推动了区域经济的快速扩张。同时,土地面积的扩展也为经济增长提供了基础条件,2022 年城市群的土地面积已达 368.98 万平方公里,占全国总面积的 38.44%,比 2021 年增加近 2 个百分点。这一趋势反映了基础设施建设的加速推进,同时也标志着城市开发力度的进一步加大,为城市群经济发展创造了更广阔的空间。

以长三角、珠三角和京津冀三大城市群为例,其经济总量的快速增长

尤为突出。2021 年至 2022 年,长三角城市群在 2022 年的 GDP 总量同比增加 14278 亿元,珠三角增长 4095 亿元,京津冀增长 4326 亿元。这三大城市群的经济表现,集中体现了中国在科技创新、产业升级和全球化背景下的区域竞争力。长三角在高新技术、制造业与金融服务领域表现突出,珠三角则凭借外向型经济优势持续巩固其在全球贸易中的重要地位,京津冀则在产业协同和政策支持下稳步扩展。这种区域经济的差异化发展,不仅增强了中国经济的韧性,还为推动全国经济平衡发展提供了重要动力。

城市群经济发展质量的提升不仅体现在总量增长上,更表现在人均地区生产总值的显著提升上。2021 年至 2022 年,大部分城市群的人均 GDP 增速较快,特别是京津冀、长三角和珠三角等经济发达区域。长三角城市群作为全国经济最具活力的区域,在高端制造业、科技创新与金融服务等领域持续发力,2022 年的人均 GDP 同比增长 5522.21 元,显示了该地区经济质量的提升。珠三角城市群则凭借其在全球供应链中的重要地位,通过强大的出口和外向型经济优势,实现了 5436.63 元的人均 GDP 增长,进一步巩固了其作为国际贸易枢纽的角色。京津冀城市群在产业协同与政策支持的推动下,2022 年的人均 GDP 增长了 4402.84 元,显示了区域经济协同效应的持续增强。

表 12-13　2022 年中国城市群各类 GDP 同比增幅

城市群	GDP 总量同比增幅 (亿元)	人均 GDP 同比增幅 (元/人)	地均 GDP 同比增幅 (万元/km²)
京津冀	4326	4402.84	227.51
长三角	14278	5522.21	383.51
珠三角	4095	5436.03	810.34
成渝	3783	11042.53	158.02
长江中游	7587	5775.17	217.7
山东半岛	4359	4329.63	267.18
粤闽浙沿海	6075	6248.95	218.92
中原	4724	3187.92	501.93

城市群	GDP 总量同比增幅（亿元）	人均 GDP 同比增幅（元/人）	地均 GDP 同比增幅（万元/km²）
关中平原	2318	5390.64	141.79
北部湾	1456	2914.82	144.66
哈长	480	2053.73	18.16
辽中南	1232	4506.48	190.86
山西中部	1318	7919.66	179.74
黔中	532	1693.7	−304.89
滇中	1172	4722.24	111.65
呼包鄂榆	2971	−17021.9	170.88
兰州—西宁	379	2401.15	9.54
宁夏沿黄	513	7888.9	25.23
天山北坡	−1724	17592.08	−32.8

此外，经济密度的提升进一步证明了城市群在土地利用效率和经济产出方面的显著进展。以地均 GDP 为例，珠三角城市群 2022 年的地均 GDP 达到 810.34 万元/km²，继续领跑全国，这反映了该区域高效的产业集聚和土地资源的集约利用。长三角城市群和京津冀的地均 GDP 分别为 383.51 万元和 227.51 万元/km²，也显示出其在推动经济高质量发展和优化空间资源配置方面的卓越表现。这种集聚效应，特别是在高科技制造业、服务业和出口导向型产业中的表现，进一步巩固了城市群在全国经济中的主导地位。

12.3.2 产业结构优化，高端制造和服务业的贡献显著

"十四五"时期，中国城市群的产业结构进一步优化，第二产业和第三产业在推动经济增长中扮演了关键角色。这一时期，各城市群不仅通过提升制造业的技术含量和产业附加值，增强了其在全球产业链中的竞争

力,还通过现代服务业的快速发展,为区域经济注入了新的活力。

第二产业的表现尤为强劲。数据显示,2021年至2022年,19个城市群的第二产业增加值从41.43万亿元上升至46.12万亿元,占全国比重从93.9%提升至95.45%。这一增长反映了制造业的持续扩展,尤其是高端制造业和高科技产业的发展。长三角、珠三角和京津冀等主要城市群的第二产业增长尤为显著。长三角城市群的第二产业增加值同比增长了6626.63亿元,珠三角城市群增长了458.59亿元,京津冀城市群则增加了453.99亿元。这种趋势表明,高端制造业逐步成为城市群经济的重要支柱,带动了区域经济的高质量发展。珠三角城市群在电子制造、信息技术等领域继续保持领先地位,2022年第二产业增加值达到16207.67亿元,显示了其高科技产业在全球市场中的强劲竞争力。京津冀的第二产业尽管增长相对缓慢,但其在高附加值制造业中的贡献依然不可忽视,特别是产业协同效应在区域经济发展中愈发明显。

与此同时,第三产业的扩展也推动了城市群经济结构的进一步优化。2022年,19个城市群的第三产业增加值增长至60.95万亿元,占全国比重从2021年的94.05%上升至95.42%。服务业,尤其是金融、科技、物流和文化产业,已成为城市群经济增长的核心动力。长三角和珠三角等城市群在现代服务业领域表现尤为突出,长三角第三产业增加值从153159.18亿元增至160606.09亿元,表明金融、物流、科技服务等行业的快速扩张对该地区经济的推动作用日益明显。珠三角城市群第三产业的增加值也从2021年的74438亿元提升至2022年的78846亿元,进一步巩固了其在全球服务经济中的竞争优势,尤其是深圳在科技创新和金融服务领域的卓越表现,为整个珠三角经济提供了强大的支撑。这种产业结构的优化并不仅局限于经济发达地区。京津冀城市群的第三产业也呈现出稳定增长态势,2022年增加了3447.01亿元,占比提升至65.49%。在北京的引领下,京津冀的高新技术产业与文化产业持续扩展,为该地区的经济转型提供了有力支持。

"十四五"时期,城市群的产业结构更加现代化,第二产业和第三产业在经济中的主导地位进一步巩固,特别是服务业的崛起带来了经济增长方式的转变。服务业的扩展反映了信息化、全球化背景下中国城市群在全球经济中的重新定位。以金融、科技服务和文化创意为代表的高附加值服务业，正在成为驱动区域经济发展的核心力量。同时，制造业通过技术创新和产业升级，继续为城市群的经济稳定增长提供坚实基础。

中西部城市群的产业结构调整也逐渐显现出成效。成渝城市群第二产业同比增长 1853.07 亿元，第三产业同比增长 3140.5 亿元，成为西部地区经济增长的重要驱动力。中原城市群和关中平原的产业结构优化也逐步推进，特别是在高附加值产业中的表现愈加显著。中原城市群第三产业增长 1793.72 亿元，反映了该地区服务业的扩展对区域经济的支撑作用。关中平原第二产业增加值增长 1507.47 亿元，显示出其在工业化和城市化进程中的显著进步。

这一系列数据表明，"十四五"时期，城市群的产业结构更加现代化，第二产业和第三产业在经济中的主导地位进一步巩固。高附加值制造业和现代服务业的崛起为城市群的经济结构提供了新的发展动力，推动了区域经济的高质量增长。随着制造业向高端制造和科技创新的转型，第二产业继续为城市群的经济稳定增长提供基础。与此同时，服务业特别是金融、科技服务、物流和文化产业的扩展，不仅改变了经济增长的模式，也重塑了城市群在全球经济中的角色。现代服务业的蓬勃发展反映了信息化和全球化进程下，中国城市群正在经历的经济转型和升级。

表 12-14   2022 年中国城市群各产业增加值及所占比重同比增幅

城市群	第一产业增加值同比增幅（亿元）	第一产业比重同比增幅（%）	第二产业增加值同比增幅（亿元）	第二产业比重同比增幅（%）	第三产业增加值同比增幅（亿元）	第三产业比重同比增幅（%）
京津冀	425.64	0.22	453.99	-0.87	3447.01	0.64
长三角	558.63	0	6626.63	0.28	7086.81	-0.28
珠三角	129.23	0.06	2458.59	0.75	1506.05	-0.82
成渝	299.11	-0.03	1627.95	0.24	1853.07	-0.21
长江中游	538.52	-0.08	3910.73	0.7	3140.5	-0.63
山东半岛	266.37	-0.06	1848.41	0.13	2247.21	-0.06

续表

城市群	第一产业增加值同比增幅（亿元）	第一产业比重同比增幅（%）	第二产业增加值同比增幅（亿元）	第二产业比重同比增幅（%）	第三产业增加值同比增幅（亿元）	第三产业比重同比增幅（%）
粤闽浙沿海	307.73	-0.1	2946.3	0.27	2818.1	-0.17
中原	379.17	-0.11	2553.72	0.62	1793.72	-0.52
关中平原	165	8.9479	1507.47	2.11	638.75	-1.97
北部湾	231.1	-0.01	709.73	0.95	513.13	-0.95
哈长	224.74	0.67	325.26	0.72	-70.44	-1.4
辽中南	80.41	-0.01	828.31	1.33	322.44	-1.32
山西中部	19.26	-0.25	1124.2	3.77	175.36	-3.52
黔中	93.57	0.15	175.35	-0.09	264.67	-0.05
滇中	51.72	-0.37	583.12	0.79	535.55	-0.41
呼包鄂榆	111.35	-0.06	2263.04	2.95	297.72	-4.41
兰州—西宁	54.62	0.32	198.46	0.99	124.89	-1.32
宁夏沿黄	31.71	-0.12	418.03	3.81	61.11	-3.76
天山北坡	-690.51	-4.26	-753.9	-1.01	-406.61	4.06

12.3.3　区域协调发展加速，中西部城市群经济活力提升

"十四五"时期，中国的区域协调发展战略取得了显著成效，中西部城市群的经济活力明显增强，成为全国经济新的增长极。在区域政策支持和产业协同效应的推动下，中西部城市群的工业化和城镇化进程加速，逐步缩小了与东部沿海发达地区的差距，展示了中国区域经济平衡发展的成就。

成渝城市群是西部经济崛起的典型代表。成渝城市群 2022 年的 GDP 同比增长 3783 亿元，这一增长显示了成渝地区在汽车制造、电子信息和现代服务业等高附加值产业中的强劲表现。成渝城市群不仅依托中央政府的

大力支持，还通过区域间的产业协同，成功打造了西部地区经济发展的新高地。在成渝城市群快速发展的过程中，工业化和城市化进程同步推进，城市功能逐步完善，基础设施建设水平显著提升，进一步增强了区域的经济竞争力。

与此同时，中原城市群的经济表现也颇为亮眼。中原城市群 GDP 同比增长 4724 亿元。这一增长归因于中原地区通过承接东部沿海地区的产业转移、加强基础设施建设、发展现代农业等措施，推动了区域经济的快速扩张。通过基础设施的持续投入和产业的优化升级，中原城市群的经济活力大幅提升，不仅缩小了与东部沿海发达地区的差距，也提升了自身在全国经济中的地位。

在衡量区域协调发展的关键指标——人均 GDP 方面，中西部城市群同样展现出强劲的增长态势。中原城市群的人均 GDP 从 2021 年的 57192.64 元增加至 2022 年的 63301.62 元，关中平原城市群的人均 GDP 则从 58441.23 元增长至 63302.19 元。这些数据表明，尽管中西部地区的人均生产总值尚未达到全国平均水平，但其增长速度显著快于东部发达地区，反映了区域协调发展战略的有效性。这种高增长率不仅缩小了区域间的经济差距，也使中西部城市群在国家整体发展布局中扮演着越来越重要的角色。

此外，中西部城市群的工业化进程加速，工业经济效益明显提升。以成渝城市群为例，其规模以上工业企业的利润总额在 2022 年达到了 6039.45 亿元，较 2021 年增长明显。关中平原城市群的工业化进展同样突出，其工业利润从 2021 年的 3760.68 亿元增加至 2022 年的 3979.42 亿元，这显示出该区域在能源和装备制造等领域的快速发展，反映了中西部地区工业结构优化和竞争力提升的趋势。

在区域协调发展战略的引导下，中西部城市群不仅在经济规模上实现了增长，产业结构也趋于合理化。随着第一产业在整体经济中的比重逐步下降，工业和服务业迅速崛起，推动了区域经济的现代化和高效发展。成渝城市群的第一产业比重从 2021 年的 8.57% 下降至 2022 年的 8.54%。中原城市群通过发展现代农业和高附加值制造业，逐渐提升了自身在全国经济中的地位，推动了城镇化和工业化的协同发展。

区域协调发展战略的实施,也使中西部城市群的城镇化进程明显加快。成渝城市群的常住人口从 2021 年的 9371.44 万人增长至 2022 年的 9391.44 万人,城镇化率从 67.96% 上升至 68.75%。中原城市群在 2022 年的城镇化率达到 60.1%,相比 2021 年显著提升。这种城镇化与工业化的协同发展,增强了中西部城市群对人口的吸引力,并为区域经济的持续增长提供了坚实的人力资源保障。

12.3.4 基础设施建设全面升级,公共服务供给能力显著提高

"十四五"时期,中国城市群的基础设施建设和公共服务供给能力显著提升,为区域协调发展和居民生活质量的提高奠定了坚实基础。城市群通过大规模的交通网络扩展、文化基础设施提升以及医疗资源的优化配置,推动了区域经济一体化进程和公共服务体系的均衡发展。这一系列的成效不仅反映了政府对基础设施和公共服务领域的持续投入,也展现了城市群在提升区域竞争力、改善宜居性方面的重要成果。

交通基础设施建设显著加强。公路总里程的持续增长反映了城市群在交通互联互通和区域经济联系方面的进展。长三角、珠三角和成渝等城市群在 2021 年到 2022 年均实现了公路总里程的稳步增长。长三角的公路里程达到 535451 公里,珠三角增加至 62932 公里,成渝地区则达到 457935 公里。这一扩展使得城市群内部及其与外部的联通能力显著增强,有效促进了区域之间的经济联系和要素流动。交通基础设施的升级不仅提升了城市群之间的经济活力,也为区域内部的产业联动和居民出行提供了便利,成为推动区域经济一体化的重要支撑。

高速公路网络的扩展加强了城市群的经济联系和资源流动。长三角的高速公路里程在 2022 年增加至 16776 公里,珠三角则达到 5127 公里,成渝城市群的高速公路里程也增长至 11419 公里。高速公路的扩展大幅提升了区域间的交通效率,推动了区域经济协同发展和物流网络的现代化。高速公路连接了城市群内外的重要经济节点,也为跨区域的货物运输和供应链管理提供了高效的交通保障,有助于推动制造业、零售业以及外贸行业的高速发展。

交通运输能力的提升是基础设施升级的另一个显著成果。2021 年至 2022 年，长三角、珠三角和成渝等城市群的公路运输量持续增长，显示了物流能力的显著增强。长三角的公路运输量达到 60733 万人，成渝地区则增至 37736 万人，货物运输量也保持在高位运行。这一趋势反映了城市群通过优化交通网络和提升物流效率，进一步推动了区域经济一体化进程和国内外贸易的扩展。

在公共服务领域，城市群文化基础设施的升级是"十四五"期间的一大亮点。博物馆数量的增加表明城市群在公共文化服务体系建设中的持续努力。长三角的博物馆数量从 2021 年的 5.07 个增长至 2022 年的 5.14 个，京津冀和成渝地区的博物馆数量也分别增加至 4.08 个和 4.77 个。这些数据反映了政府对文化资源供给的重视，文化基础设施的扩展不仅丰富了居民的精神文化生活，还增强了城市的文化软实力，为区域内的创新和社会发展提供了重要支撑。

图书馆藏书量的增加进一步提升了公共教育资源的可及性。2022 年，长三角的人均图书馆藏书量增长至 1.48 册，京津冀和成渝地区也分别提升至 0.93 册和 0.82 册。这些文化资源的扩展为居民的学习与知识获取提供了便利，推动了全民阅读和知识共享。文化基础设施的不断完善，满足了居民对文化生活的需求，为区域经济的发展提供了智力支持，特别是在创新驱动和知识经济发展的背景下，文化资源的提升对城市群的竞争力具有重要意义。

医疗资源配置的优化也是"十四五"期间公共服务升级的重要成效。各大城市群的医生数量稳步增长，医疗服务能力显著提升。长三角的每万人医生数从 2021 年的 32.32 人增至 2022 年的 33.63 人，珠三角和成渝地区的医生数量也呈现增长趋势。这一医疗资源的提升表明城市群在医疗服务供给和公共卫生领域的持续投入。通过增加医生数量和优化医疗设施配置，城市群有效提升了居民的健康保障水平，进一步推动了健康中国战略的实施。

表 12-15　2022 年中国城市群科教文卫事业状况各项指标同比增幅

城市群	百万人博物馆数同比增幅（个/百万人）	人均图书馆图书量同比增幅（册）	万人医生数同比增幅（人）
京津冀	0.26	0.09	1.19
长三角	0.07	0.06	1.31
珠三角	−0.06	0.13	1.4
成渝	0.83	0.17	4.01
长江中游	0.28	0.09	1.21
山东半岛	1.8	0	0.71
粤闽浙沿海	0.1	0.09	0.9
中原	0.27	0	1.99
关中平原	0.01	0.01	0.85
北部湾	0.08	0.14	1.59
哈长	0.11	0.04	2.25
辽中南	−0.02	0.04	0.82
山西中部	0.73	0.03	0.02
黔中	0.47	−0.06	−4.85
滇中	0.38	0.47	1.02
呼包鄂榆	0.07	0.13	0.4
兰州—西宁	0.64	0.01	4.54
宁夏沿黄	3.41	0.13	0.23
天山北坡	3.04	0.67	3.06

12.3.5　生态文明建设深化，绿色发展成效显著

"十四五"时期，中国城市群在绿色发展与生态文明建设领域取得了显著进展，体现出经济发展与环境保护协调推进的显著成效。通过大力推

动绿色转型、加强环保基础设施建设和有效控制工业污染物排放，各大城市群的环境质量得到了明显改善，城市的宜居性和可持续发展能力显著提升。这些变化不仅体现了环境治理政策的深入实施，也为中国实现高质量发展提供了重要的生态保障。

首先，城市群绿化覆盖率的提升，充分展示了生态环境建设的成效。数据显示，京津冀、长三角和珠三角等主要城市群在2022年建成区绿化覆盖率均有所提高，分别达到44.04%、44.09%和43.14%。这一增长反映了城市群在推进绿色城市建设、提升生态环境质量方面的努力。在快速城市化和工业化的背景下，增加绿地和改善城市生态环境不仅提高了居民生活质量，也增强了城市的生态竞争力和可持续发展能力。

环保基础设施的完善进一步提升了城市群的环境治理水平。污水处理和垃圾无害化处理率的提高，反映了环保基础设施的成熟和城市在环境保护方面的持续投入。例如，长三角和珠三角城市群的污水处理率分别达到96.21%和97.03%，垃圾无害化处理率接近100%。这些数据表明，环保设施的不断升级，使得城市群在处理污水和垃圾方面具备了更强的能力，有效改善了区域内的水质和土壤环境。

在工业污染物排放控制方面，各大城市群在减少工业二氧化硫和氮氧化物排放上取得了显著成效。京津冀、长三角和珠三角等区域的工业二氧化硫和氮氧化物排放量均显著减少。例如，京津冀城市群的工业二氧化硫排放量在2022年减少了5113吨，氮氧化物排放减少18178吨，这表明该地区在推动工业企业绿色转型和实施严格排放标准上取得了重大进展。长三角城市群的表现同样突出，其二氧化硫排放量减少了15135吨，氮氧化物排放减少5818吨。珠三角城市群的污染控制成效更为明显，二氧化硫排放减少了12131吨，氮氧化物减少16647吨。成渝城市群也在减少污染方面取得了进展，二氧化硫排放减少了8586吨，氮氧化物减少581吨。这一成就反映了城市群在推动工业企业绿色转型、应用环保技术和实施严格排放标准方面的努力。

空气质量的改善是绿色转型的直接体现。通过严格的污染防治措施，多个城市群的细颗粒物（PM2.5）浓度显著降低。辽中南城市群的PM2.5平均浓度下降4.22微克/立方米，治理成效最为显著；北部湾城市群紧随其后，下降 4.13 微克/立方米。这表明，区域环境治理政策已取得显著进展，居民的健康水平得到了进一步提高。空气质量的改善，不仅降低了与空气污染相关的健康风险，也提升了居民生活的幸福感和城市的宜居性。

"十四五"期间，通过大规模引入清洁能源技术、推广新能源车辆和降低高污染行业的比重，各大城市群在实现绿色经济转型的同时，也推动了区域经济的高质量发展。长三角和珠三角城市群在清洁能源应用、产业结构优化和技术创新方面的成功实践，证明了绿色发展与经济增长可以实现双赢。在哈长和成渝城市群，低碳经济和绿色产业的崛起，使得这些区域在减少污染的同时，提升了经济的创新力和竞争力。

表 12-16　2022 年中国城市群环境污染程度各项指标同比增幅

城市群	工业二氧化硫排放量同比增幅（吨）	工业氮氧化物排放量同比增幅（吨）	可吸入细颗粒物年平均浓度同比增幅（微克/立方米）
京津冀	−5113	−18178	−1.31
长三角	−15135	−5818	−0.27
珠三角	−12131	−16647	−2
成渝	−8586	581	−0.45
长江中游	−15557	−30492	−0.71
山东半岛	−16748	−20437	−2.69
粤闽浙沿海	−11592	−21182	−2.8
中原	−24339	11246	2.14
关中平原	−30475	−48626	5.37
北部湾	1709	−1417	−4.13
哈长	−13813	−10002	−0.8
辽中南	−12135	−18745	−4.22
山西中部	−4706	−7642	0
黔中	−24569	−23411	−2

城市群	工业二氧化硫排放量同比增幅（吨）	工业氮氧化物排放量同比增幅（吨）	可吸入细颗粒物年平均浓度同比增幅（微克/立方米）
滇中	4560	−7103	−1.67
呼包鄂榆	12782	28056	−2.75
兰州—西宁	511	−54	−2.97
宁夏沿黄	−6140	−6359	3.17
天山北坡	−21	−23055	0

12.3.6 国际化进程加速，城市群在全球供应链中的地位提升

中国城市群的国际化进程显著加快，在全球供应链中的战略地位日益提升。随着"一带一路"建设的深入推进和自由贸易区建设的加速，城市群通过深化与全球市场的紧密联系，逐渐巩固其作为全球经济中心的地位。进出口总额的飞跃式增长反映了这一趋势，显示出中国城市群在国际贸易、跨国投资及全球供应链中的重要性。

2021 年 19 个城市群的进出口总额为 15.45 万亿元，占全国比重为 88.86%；到 2022 年，这一数值激增至 44.01 万亿元。这种大幅增长凸显了中国城市群在全球经济中扮演了日益重要的角色，尤其是长三角和粤港澳大湾区等经济发达地区，它们通过高端制造业和出口导向型经济的扩展，继续在全球供应链中扮演核心角色。长三角城市群的进出口总额从 2021 年的 141085 亿元增长至 2022 年的 160606 亿元，显示出其在国际高科技制造业和高附加值产品出口中的关键地位。而珠三角城市群则通过进一步扩大电子产品、信息技术和跨境电商等领域的出口，其进出口总额从 78933 亿元增至 90479 亿元，稳固了其作为中国外贸中心的地位。

在具体的进出口贸易数据中，东部沿海城市群依然是中国国际化进程的核心驱动力。长三角在 2022 年货物进出口总额同比增长 30891.47 亿元，

其中进口额同比增长 22664.3 亿元,出口额同比增长了 8227.17 亿元,表明其不仅是全球制造业中心,也是高科技原材料的重要进口基地。这一地区通过先进制造业与高附加值产品的出口,进一步巩固了在全球供应链中的主导地位。珠三角城市群尽管货物进口略有减少,但其出口额表现出色,2022 年出口增长了 2835.22 亿元,进出口总额增加了 418.27 亿元。展现了其在全球化中的强大竞争力,特别是在电子和高科技产品出口方面的优势日益明显。京津冀城市群在全球市场中的地位也稳步提升,尽管增速相对较缓,但其在汽车制造和重工业领域的国际竞争力逐渐增强,2022 年的出口额增至 13101.04 亿元。

与东部沿海地区相比,中西部城市群的国际化进程虽起步较晚,但增速显著。成渝、中原和关中平原城市群的进出口额逐年增长,表明这些地区正在逐步融入全球经济体系。成渝城市群 2022 年的出口额达到 11262.58 亿元,反映出其在汽车制造、机械设备和电子产品出口领域的崛起。中原城市群的出口额增长至 6993.11 亿元,凭借其区位优势和承接东部产业转移,逐渐成为全球供应链中的重要一环。关中平原城市群的出口增速尤为突出,2022 年其出口额达到 3025.28 亿元,显示出该区域在高技术制造业中的参与度正在加深,逐步推动其在全球贸易中的角色日益重要。

中国城市群的出口结构也在"十四五"期间逐渐优化,表现出从低附加值产品向高附加值、高技术含量产品的转型。以长三角为例,2022 年其出口总额达到 90689.16 亿元,其中高端技术产品的比重显著上升。珠三角则依托其在深圳等地的科技创新优势,通过跨境电商和高技术产品的出口,进一步提升了全球竞争力。出口结构的这一变化不仅标志着中国城市群在全球供应链中的地位向价值链高端迈进,也反映了中国在全球贸易分工中的角色正在发生质的转变,越来越多的高技术产品在全球市场中占据了重要位置。

此外,区域间经济的互联互通也在加速,进一步增强了中国城市群在全球供应链中的战略地位。京津冀城市群作为中国北方的工业和贸易枢纽,其进口额从 2021 年的 31392.04 亿元增长至 37421.99 亿元,显示出其在全球供应链中扮演着连接国内外市场的重要角色。而长三角和珠三角这两个全球制造业和外贸中心，通过稳定的出口增长和全球市场的紧密联系，不断巩固其在全球经济中的枢纽地位，尤其是在全球科技与制造业分工协作中起到了核心作用。这些区域通过进出口贸易，增强了中国在全球供应链中的竞争力和影响力，为全球供应链的稳定和高效运转提供了强有力的支持。

总的来看，"十四五"时期中国城市群的国际化进程显著加速，全球供应链中的战略地位得到进一步巩固。通过与全球市场的深度融合，东部沿海城市群稳固了其全球经济中心的地位，而中西部城市群则通过出口导向型经济的扩展，逐步融入全球市场，成为未来中国国际化进程的重要增长点。这一时期的成效不仅推动了中国经济的国际化进程，也为全球供应链的稳定与发展作出了重要贡献。

表 12-17　2022 年中国城市群国际化进程指标同比增幅

城市群	货物进口额同比增幅（亿元）	货物出口额同比增幅（亿元）	进出口总额同比增幅（亿元）
京津冀	6029.95	91.87	6121.82
长三角	22664.3	8227.17	30891.47
珠三角	−2416.95	2835.22	418.27
成渝	65.1	467.75	532.85
长江中游	472.99	2356.4	2829.39
山东半岛	1804.99	1873.87	3678.86
粤闽浙沿海	−286.77	2285.59	1998.82
中原	285.84	440.47	726.31
关中平原	−400.39	397.9	−2.49
北部湾	145.95	1279.69	1425.64
哈长	−1037.13	1297.61	260.48
辽中南	38.3	135.61	173.91
山西中部	−214.24	−170.11	−384.35

续表

城市群	货物进口额同比 增幅（亿元）	货物出口额同比 增幅（亿元）	进出口总额同比 增幅（亿元）
黔中	164.98	138.21	303.19
滇中	443.32	−219.51	223.81
呼包鄂榆	20.09	82.73	102.82
兰州—西宁	13.25	26.76	40.01
宁夏沿黄	13.58	−12.22	1.36
天山北坡	33.79	−488.84	−455.05

12.4 "十五五"时期中国
城市群发展趋势

　　"十四五"时期，中国城市群建设取得了显著成效，城市群作为我国经济发展的主要空间载体，在全球经济、产业链布局以及生态文明建设中发挥了关键作用。城市群内部的协同发展、创新驱动和绿色转型，为我国经济高质量发展提供了有力支撑。然而，随着全球环境的不确定性增加、国际竞争格局的深刻变化以及国内经济转型升级的迫切需求，"十五五"时期中国城市群的发展面临新的挑战和机遇。未来，中国城市群将继续承担全国经济增长和结构转型的核心引擎作用，并在国际化、创新驱动、绿色低碳、区域协调和数字化转型等领域取得新的突破，为实现我国经济社会高质量发展和共同富裕目标作出更大贡献。

12.4.1 创新驱动发展模式加速，科技产业升级显著

　　"十五五"时期，创新驱动发展将持续成为中国城市群建设的核心战

略。在全球新一轮科技革命和产业变革加速演进的背景下，中国城市群面临着提升科技创新能力、加快产业转型升级的紧迫任务。通过深化创新体制机制改革，优化创新生态环境，推动科技成果转化，中国城市群将为实现高质量发展提供强大动力。

长三角城市群将继续引领全国的创新驱动发展。区域内已形成以企业为主体、市场为导向、产学研深度融合的创新体系，聚集了大量高水平科研机构、创新型企业和高素质人才。"十五五"时期，长三角将进一步强化原始创新和关键核心技术攻关，重点在量子信息、人工智能、生命科学、新材料等前沿科技领域取得重大突破。上海作为科技创新中心，将加快建设张江综合性国家科学中心和长三角国家技术创新中心，聚焦基础研究和应用基础研究，提升原始创新能力。通过实施"科技创新 2030—重大项目"和"揭榜挂帅"等机制，攻克"卡脖子"技术，增强自主可控能力。杭州将发挥数字经济优势，深化"互联网+"战略，推进数字产业化和产业数字化，建设全球数字经济第一城，打造具有国际影响力的数字产业集群。南京、合肥等城市也将深化科技创新合作，共建创新平台，促进创新资源共享，形成区域创新合力。合肥将依托"综合性国家科学中心"建设，聚焦量子信息、核聚变、人工智能等领域，打造国际一流的科研高地。在此过程中，长三角城市群将深化产学研合作，推动创新链与产业链深度融合。通过建设科技创新走廊和高新技术产业开发区，集聚创新要素，培育新兴产业，推动传统产业转型升级。加强科技人才培养和引进，构建开放、协同、高效的区域创新体系，提升全球创新资源配置能力。

粤港澳大湾区将进一步巩固其全球科技创新中心的地位。深圳将加快建设中国特色社会主义先行示范区，深化改革开放，打造全球创新之都。通过在新一代信息技术、5G通信、人工智能、生物医药等领域的持续创新，深圳将引领全国乃至全球的科技创新潮流。实施"基础研究十年行动计划"和"科技企业孵化培育计划"，加强基础研究和原始创新，支持科技企业成长壮大。香港将发挥国际金融中心和国际创新科技中心的双重优势，深化与内地的科技合作，促进科技成果转化和产业化。通过建立粤港澳科技创新合作机制，共建联合实验室和创新平台，推动创新要素跨境流动。广州将加快建设国际科技创新枢纽和综合性国家科学中心，聚焦生物医药、新能源、新材料等领域,增强区域创新能力。粤港澳大湾区还将加强创新政策协同,推进知识产权保护和成果转化,完善创新创业生态体系。通过引进和培育高端创新人才,建设高水平科研机构,打造具有全球影响力的科技创新高地。

中西部城市群将通过创新驱动实现跨越式发展。成渝地区双城经济圈依托雄厚的科研基础和国家政策支持,加速科技成果转化和高新技术产业发展。重点发展电子信息、装备制造、新能源汽车、航空航天等战略性新兴产业,构建现代产业体系。成都将建设具有全国影响力的科技创新中心,深化与高校和科研院所的合作,推动产学研用协同创新。建设西部(成都)科学城,聚焦前沿科技和关键核心技术攻关。重庆将继续打造西部(重庆)科学城,整合区域创新资源,建设国家实验室和重大科技基础设施,提升自主创新能力。成渝地区将共建成渝综合性科学中心,构建区域协同创新体系。

关中平原城市群将充分利用西安、咸阳等地的高校和科研院所资源,提升自主创新能力。西安作为科教资源丰富的城市,将加快建设西安国家自主创新示范区和西部科技创新港,发展航空航天、光电信息、人工智能等高新技术产业。通过推进军民融合,促进科技成果转化,培育新兴产业集群。加强创新人才培养和引进,提升区域创新活力。

中原城市群将依托郑州、洛阳等城市,推进国家自主创新示范区和高新技术产业开发区建设。郑州将聚焦电子信息、新材料、生物医药等领域,提升科技创新能力,促进科技与经济深度融合。洛阳将发挥装备制造和新材料产业优势,推进科技创新和产业升级。通过加强区域创新合作,构建创新平台和载体,提升区域整体创新水平。

同时,国家将支持有条件的地方建设区域科技创新中心,推动形成主体功能明确、优势互补、高质量发展的区域创新布局。通过加强区域间科技合作,建立跨区域的创新网络和科技协同机制,促进创新资源的合理流动和高效配置。完善创新政策和制度环境,加强知识产权保护,激发全社会创新活力。推进科技体制改革,优化科研项目管理和评价机制,营造良好的创新生态。

12.4.2　区域协调发展持续深化，中西部城市群崛起

"十五五"时期，区域协调发展战略将进一步深化，中西部城市群的崛起将成为推动我国经济增长和高质量发展的新引擎。为了缩小区域发展差距，实现共同富裕，国家将继续深入实施西部大开发、中部崛起、东北振兴等区域发展战略，加大对中西部地区的政策支持和资源投入，促进区域间基本公共服务均等化、基础设施互联互通和人民生活水平的整体提升。

成渝地区双城经济圈作为西部地区的核心增长极，将在国家战略的支持下，充分发挥其区位、资源和产业优势，承接东部沿海地区的产业转移，推动区域产业结构优化升级，实现跨越式发展。国家将加大对成渝地区基础设施建设的投入，重点完善高速铁路、高速公路、航空网络和信息网络等综合交通和通信基础设施，构建内联外通的现代化交通运输体系，提升区域交通便捷度和物流效率。同时，成渝地区将积极融入"一带一路"建设，深化与沿线国家和地区的经贸合作，打造内陆对外开放新高地，建设内陆开放型经济新体制，增强对西部地区乃至全国经济发展的辐射带动作用。

在产业发展方面，成渝地区将着力培育和发展高端制造业、战略性新兴产业和现代服务业，推动传统产业转型升级和新兴产业集群发展。通过加强科技创新能力建设，打造国家级创新平台和产业基地，提升区域自主创新能力和核心竞争力。同时，深化与东部地区的产业合作，促进产业链、供应链和价值链的深度融合，形成优势互补、协同发展的产业格局。例如，推动电子信息、装备制造、航空航天、新材料等产业的发展，加快建设西部科学城和成都高新区、重庆两江新区等创新高地。

中原城市群作为连接东部沿海和西部内陆的重要枢纽，将以郑州、洛阳为中心，加快推进产业结构调整和升级，发展现代制造业、现代服务业和高新技术产业。郑州作为国家中心城市，将进一步提升其综合竞争力和区域经济辐射带动能力，加快推进郑州航空港经济综合实验区建设，打造国家重要的交通枢纽和现代物流中心，构建国际航空物流网络，提升对外开放水平。洛阳将充分发挥其在装备制造、文化旅游等领域的优势，推动

产业创新发展和文化产业升级，形成中原地区新的经济增长极。

在基础设施建设方面，中原城市群将加快推进高速铁路、高速公路、航空和信息网络等基础设施的互联互通，提升区域内外交通便捷度和信息化水平。通过实施一系列重大工程项目，完善区域综合交通运输体系，构建中原地区"米"字形高速铁路网，增强区域交通枢纽功能。同时，推进区域内基本公共服务均等化，提高教育、医疗、社保等公共服务水平，提升人民生活品质，促进城乡统筹发展。

关中平原城市群将以西安为核心，建设国家中心城市和具有国际影响力的现代化大都市。西安作为我国西部地区的重要科技、教育和文化中心，拥有众多高等院校、科研院所和科技人才资源，将充分发挥其在科技创新、文化创意和高新技术产业方面的优势，推动区域创新驱动发展。通过加快建设西安国家自主创新示范区和西咸新区，打造高水平的科技创新平台和产业集聚区，提升区域自主创新能力和核心竞争力。

同时，关中平原城市群将加强与周边城市的协同发展，推进产业协同、基础设施互联互通和公共服务共建共享，提升区域一体化水平。加快构建高效便捷的综合交通运输体系，完善高速铁路、高速公路和城市轨道交通网络，形成区域内"1小时通勤圈"，提升区域交通便捷度和经济联系紧密度。推动区域生态环境共建共享，加强秦岭生态保护，构筑西部生态安全屏障。

东北地区的城市群发展也将迎来新的机遇。国家将继续支持东北地区深化改革开放，推动哈长城市群和辽中南城市群的振兴发展。通过优化营商环境，深化国有企业改革，激发市场活力，吸引人才和资本流入，促进传统产业的转型升级和新兴产业的发展。哈长城市群将发挥其在农业、林业和装备制造等领域的优势，推动高端装备制造业和现代农业的发展，提升区域经济竞争力。辽中南城市群将依托其在重工业、港口物流和海洋经济等方面的优势，加快产业结构调整和升级，发展高技术产业和现代服务业，促进区域经济复苏和可持续发展。

在区域协调发展过程中，中西部和东北地区的城市群将与东部沿海地区加强合作，深化产业分工与协作，促进区域间资源要素的合理流动和高效配置。通过共建产业园区、科技合作平台和人才交流机制，推动区域间的协同创新和共同发展，形成东中西部互动融合、优势互补的区域发展新格局。同时，国家将完善区域协调发展的体制机制，创新区域合作模式，促进各地区共同实现高质量发展。

12.4.3 城市群数字化转型升级，智慧城市建设引领未来

"十五五"时期，数字经济将成为推动我国经济增长和社会转型的重要引擎。城市群作为数字经济发展的重要载体，将全面推进数字化转型和智慧城市建设，提升城市治理能力和居民生活品质。依托国家"数字中国"战略和新型基础设施建设的政策支持，城市群将广泛应用新一代信息技术，推动数字产业化和产业数字化，构建现代化经济体系，促进经济社会高质量发展。

长三角城市群和粤港澳大湾区将继续引领全国的数字化转型和智慧城市建设。长三角地区将加快建设新型数字基础设施，推进 5G 网络全覆盖，发展工业互联网、人工智能、区块链、物联网等前沿技术，构建全球领先的数字经济产业集群。上海将加快建设全球科创中心和国际数字之都，推动数字技术与实体经济的深度融合，打造数字经济新高地。通过推进"智慧城市"建设，提升城市治理的智能化、精细化水平，实现城市管理的数字化、网络化和智能化。杭州作为数字经济发展的先行者，将深化"城市大脑"建设，推进数字政府、数字社会和数字经济的融合发展，打造全球智慧城市的样板。苏州、南京等城市也将发挥各自优势，推动区域内数字产业协同发展，形成具有国际竞争力的数字经济带。

粤港澳大湾区将充分发挥在信息技术、数字经济领域的优势，推动智慧城市群建设。深圳作为全球科技创新和数字经济的重要中心，将深入推进智慧城市、智慧交通、智慧医疗、智慧教育等领域的应用，提升城市治理的智能化水平和公共服务的质量。香港将深化智慧城市战略，加强与内地在数字技术、信息服务和智慧城市建设方面的合作，推动区域内数字经济的发展和数字化转型的协同推进。通过建设粤港澳大湾区大数据中心和云计算平台，促进数据资源的共享和协同利用，提升区域数字经济的整体竞争力。广州、珠海等城市也将积极参与智慧城市建设，推动数字技术在城市治理和产业发展中的广泛应用。

中西部城市群也将在数字化转型中取得显著进展,推动区域经济的转型升级和高质量发展。成渝地区双城经济圈将建设西部数字经济高地,重点发展大数据、云计算、物联网、人工智能等新兴产业,打造数字产业集群。成都、重庆将共同推进智慧城市建设,深化城市治理数字化转型,提升城市综合竞争力。通过推进"数字成渝"建设,实现城市群内的数据互联互通和信息资源共享,促进区域一体化发展。成渝地区还将加强与东部地区的数字经济合作,承接数字产业转移,推动区域数字经济的快速发展。

中原城市群将加快数字基础设施建设,推进 5G 网络、大数据中心、工业互联网等新型基础设施的布局,发展电子信息、软件服务、人工智能等数字经济产业。郑州将依托其在交通、物流和通信枢纽方面的优势,打造全国重要的数字经济发展基地和信息枢纽,推进郑州大数据综合试验区和中原大数据中心建设,提升数据资源的集聚和应用能力。洛阳等城市将加强数字技术在制造业、文化旅游等领域的应用,推动传统产业的数字化转型升级,促进产业链、供应链的智能化和现代化。

关中平原城市群将以西安为核心,推进数字经济和智慧城市建设。西安作为科教资源丰富的城市,将加快发展电子信息、人工智能、大数据等新兴产业,构建数字经济产业体系。推进西安高新区和西咸新区的数字经济示范区建设,打造西部地区数字经济发展的新高地。通过推进智慧城市、智慧园区、智慧社区建设,提升城市治理水平和公共服务质量。加强与周边城市的数字化合作,促进区域内信息资源的共享和产业协同发展,形成区域数字经济发展的合力。

国家层面将推动城市群之间的数字互联互通,建设全国一体化的大数据中心体系,实现跨区域的数据资源共享和协同利用。通过建立统一的数字基础设施和技术标准,促进数据要素的自由流动和高效配置。深化数字政府、数字社会和数字经济建设,推动政府治理、公共服务、产业发展和居民生活的数字化、智能化转型,提升全社会的数字化水平和信息化能力。

12.4.4　绿色低碳转型加速推进，生态文明建设成为重点

"十五五"时期，中国在生态文明建设和绿色发展方面将继续深入推进，积极应对全球气候变化挑战，履行碳达峰、碳中和的国际承诺。城市群作为经济活动和人口集聚的主要空间，将在推动中国经济增长的同时，进一步加快绿色低碳转型，构建绿色生产生活方式，实现经济发展与生态环境保护的协同共进，为建设美丽中国作出积极贡献。

东部沿海城市群将在绿色低碳转型中继续发挥引领作用。长三角城市群将深入贯彻落实"双碳"目标，推动经济社会发展全面绿色转型。通过大规模应用清洁能源技术，推进能源结构优化，加快煤炭、石油等化石能源的清洁高效利用和替代。大力发展光伏、风电、核电等可再生能源，加强新能源技术的研发和产业化应用，提升在全球市场的竞争力。推动工业、交通、建筑等领域的低碳化转型，推广节能环保技术和装备，发展循环经济。建设一批绿色产业示范园区，培育绿色制造、绿色建筑、绿色金融等新兴产业。

长三角还将加强生态环境协同治理，推进跨区域的大气污染、水污染和生态保护合作。建立区域生态补偿机制，促进生态产品价值实现。推进绿色低碳生活方式，倡导绿色出行、绿色消费，提升居民环保意识。

粤港澳大湾区将依托其科技创新优势，推动绿色金融、碳交易市场和绿色技术研发。通过建立健全绿色金融体系，支持绿色产业和项目的融资，助力区域绿色发展。香港作为国际金融中心，可发挥其在绿色债券、绿色基金、碳金融等方面的优势，推动区域内外的绿色投资合作。深圳将探索建立碳排放权交易市场，提高碳市场的运行效率和影响力。推进绿色技术创新，发展新能源汽车、节能环保、生物技术等绿色产业。加强生态环境保护，提升区域生态系统质量和稳定性。

中西部城市群将在绿色低碳转型中发挥重要作用。成渝地区双城经济圈将加快产业结构调整，优化能源结构，减少高污染、高耗能产业比重。大力发展绿色低碳产业，推进绿色制造和清洁生产。加强长江上游生态保护，实施山水林田湖草沙一体化修复工程，筑牢长江上游生态屏障。推进水土保持、防洪减灾和生物多样性保护，保障区域生态安全。

中原城市群将推动农业绿色发展，推广节能环保技术，减少农业面源污染。实施化肥、农药减量增效行动，发展生态农业、有机农业和循环农业。保障粮食安全的同时，保护耕地质量和生态环境。加强黄河流域生态保护，推进水资源的合理利用和水环境治理。

关中平原城市群将加快推进清洁能源替代，发展新能源、新材料、节能环保等绿色产业。优化能源结构，提升可再生能源利用比例。加强大气污染防治，推进"蓝天保卫战"，改善区域环境空气质量。实施国土绿化行动，增加森林和草地面积，提升生态系统碳汇能力。

同时，城市群内部将加强生态环境协同治理。通过建立区域生态环境联防联控机制，共同应对大气污染、水污染、土壤污染等跨区域环境问题。推进生态环境信息共享和监测预警体系建设，提高环境治理的科学化和精准化水平。建立健全生态补偿机制，促进生态产品价值实现，激励生态保护和修复。在政策支持方面，国家将健全生态文明建设的体制机制，完善绿色发展的法律法规和标准体系。推进生态文明体制改革，落实生态环境损害赔偿制度和生态环境责任追究制度。推动绿色金融发展，引导社会资本投向绿色产业和项目。加强环保意识教育，倡导绿色生活方式，营造全社会共同参与生态文明建设的良好氛围。

12.4.5　国际化进程进一步深化，全球供应链地位持续巩固

"十五五"时期，中国城市群的国际化进程将进一步深化，城市群将在更广泛的空间尺度和更深层次的领域融入全球经济体系。随着"一带一路"倡议的深入实施和《区域全面经济伙伴关系协定》（RCEP）的生效，城市群在全球供应链中的枢纽作用将更加凸显。特别是东部沿海的长三角城市群和粤港澳大湾区，将继续巩固其作为全球制造业、科技创新和金融中心的地位，提升我国在全球价值链中的地位和影响力。

长三角城市群，作为全球供应链中高端制造业的核心区域，将通过持续的技术创新和产业升级，不断增强在智能制造、集成电路、新能源汽车、生物医药等战略性新兴产业领域的全球竞争力。依托自贸试验区的政策优势和对外开放平台，长三角将深化与东南亚、欧洲等地区的经贸合作，进一步提升进出口贸易总额和质量。同时，通过积极参与全球经济治

理和规则制定，长三角将为构建开放型世界经济贡献力量。

粤港澳大湾区依托深圳的科技创新优势、香港的国际金融中心地位和澳门的多元文化交流平台，将继续在全球科技产业链中占据重要位置。通过深化内地与港澳在科技、金融、贸易等领域的合作，粤港澳大湾区将推动形成更高水平的对外开放新格局。此外，利用跨境电商、数字贸易等新兴贸易形式，扩大对全球市场的辐射能力，增强在全球供应链、产业链、价值链中的影响力。

中西部城市群的国际化进程也将加速推进。成渝地区双城经济圈、中原城市群和关中平原城市群，将在承接东部沿海地区产业转移的基础上，借助"一带一路"倡议和中欧班列等国际物流通道，进一步融入全球供应链体系。成渝地区双城经济圈将通过发展高端制造业、现代服务业和数字经济，打造西部地区对外开放的新高地，成为连接中亚、欧洲市场的重要门户。关中平原城市群凭借在能源、装备制造、航空航天等领域的优势，提升在全球供应链中的战略地位。中原城市群将以农业现代化和高科技制造业的崛起为契机，增强在国际市场中的竞争力，成为新兴国际化经济体的重要组成部分。

此外，东北地区的哈长城市群、辽中南城市群等也将通过深化改革开放，积极参与国际经济合作，寻求新的发展动力。通过打造对外开放的新平台，加快融入东北亚区域经济合作，提升在全球供应链中的地位。

图表索引

责任编辑：陈　登
封面设计：汪　阳

图书在版编目（CIP）数据

2023—2024 中国区域经济发展报告 ：面向"十五五"
的区域协调发展 ／ 上海财经大学城市与区域科学学院等
主编. -- 北京 ： 人民出版社，2024. 12. -- ISBN 978－7－01－
026995－5

Ⅰ. F127

中国国家版本馆 CIP 数据核字第 202431SG84 号

2023—2024 中国区域经济发展报告

2023—2024 ZHONGGUO QUYU JINGJI FAZHAN BAOGAO
——面向"十五五"的区域协调发展

上 海 财 经 大 学 城 市 与 区 域 科 学 学 院
上海财经大学长三角与长江经济带发展研究院　张学良　主编
国 家 区 域 重 大 战 略 高 校 智 库 联 盟

人 民 出 版 社 出版发行
（100706　北京市东城区隆福寺街 99 号）

北京中科印刷有限公司印刷　新华书店经销

2024 年 12 月第 1 版　2024 年 12 月北京第 1 次印刷
开本：710 毫米×1000 毫米 1/16　印张：20. 25
字数：319 千字

ISBN 978－7－01－026995－5　定价：90. 00 元

邮购地址 100706　北京市东城区隆福寺街 99 号
人民东方图书销售中心　电话（010）65250042　65289539